U0792727

地方应用型大学
文化建设的探索与实践

——池州学院校园文化建设研究

主　编　孙晓峰
副主编　俞念胜　郑龙发

合肥工業大學出版社

图书在版编目(CIP)数据

地方应用型大学文化建设的探索与实践:池州学院校园文化建设研究/孙晓峰主编. —合肥:合肥工业大学出版社,2021. 4

ISBN 978-7-5650-5338-2

Ⅰ. ①地… Ⅱ. ①孙… Ⅲ. ①地方高校—校园文化—建设—研究—池州 Ⅳ. ①G647

中国版本图书馆 CIP 数据核字(2021)第 062584 号

地方应用型大学文化建设的探索与实践

——池州学院校园文化建设研究

孙晓峰 主编　　责任编辑 江 鼎 王钱超 张 慧

出 版	合肥工业大学出版社	版 次	2021 年 4 月第 1 版
地 址	合肥市屯溪路 193 号	印 次	2021 年 4 月第 1 次印刷
邮 编	230009	开 本	710 毫米×1010 毫米 1/16
电 话	人文社科出版中心:0551-62903205	印 张	14
	营销与储运管理中心:0551-62903198	字 数	230 千字
网 址	www. hfutpress. com. cn	印 刷	安徽昶颉包装印务有限责任公司
E-mail	hfutpress@ 163. com	发 行	全国新华书店

ISBN 978-7-5650-5338-2　　定价: 58.00 元

如果有影响阅读的印装质量问题,请与出版社营销与储运管理中心联系调换

编 委 会

褚亚敏　俞念胜　彭　梅　郑龙发
苏　翔　杨慧宇　吴永平　陈周庆
孙　琪　陈　鑫　孙晓峰

目　　录

第一章

导论：地方应用型大学文化建设研究分析

第一节 选题缘起与研究意义

（一）选题缘起

当前，我国已经建立起世界上规模最大的高等教育体系。截至2019年，我国高等教育毛入学率达到51.6%，已由大众化阶段进入普及化阶段。然而，随着经济的快速发展和社会的进一步转型，面对经济结构调整、产业升级优化和创新驱动发展战略的实施，我国高等教育的结构性矛盾也越来越突出：人才培养的结构和质量不符合现代市场经济对人才资源的需求、办学同质化倾向越来越严重、招生吸引力不足、毕业生竞争力不强等。因此，经济结构的转型迫切要求高等教育同步实现转型，从而适应我国经济发展的新常态。基于此，2015年10月发布的《教育部 国家发展改革委 财政部关于引导部分地方普通本科高校向应用型转变的指导意见》明确要求："各地各高校要从适应和引领经济发展新常态、服务创新驱动发展的大局出发，切实增强对转型发展工作重要性、紧迫性的认识，摆在当前工作的重要位置，以改革创新的精神，推动部分普通本科高校转型发展。"① 在这样的巨大契机下，实现普通

---

① 《教育部 国家发展改革委 财政部关于引导部分地方普通本科高校向应用型转变的指导意见》，教发〔2015〕7号，2015年10月21日。

本科院校向应用型转变既是贯彻落实党中央、国务院关于高等教育发展的重大决策部署，也是地方普通本科院校实现自身内涵式发展的重要举措。越来越多具备转型条件的普通本科院校，要结合自身的优势条件，向建立地方应用型大学的方向转型发展。

池州学院是安徽省属全日制普通本科院校，始建于1977年，初为安徽劳动大学池州地区专科班，1980年更名为池州师范专科学校，1999年原池州工业学校并入，2002年原安徽省经贸学校并入，2007年经教育部批准升格为全日制普通本科院校，定名为池州学院。学校坚持“以生为本，以用为先”的人才培养理念，坚持“能力导向、素养为基、专长分流、合作培养”的人才培养模式，致力于建设“特色鲜明的地方应用型大学”，秉持为地方经济社会发展提供有力的人才支撑和技术支持的发展目标。池州学院坐落在“千载诗人地”的中国优秀旅游城市——池州市，是中国唯一的具有全徽派建筑风格的高校。学校坚持“以服务求支持，以贡献求发展”，组建“乡村振兴学院”，成立“半导体学院”，积极深化校地合作，努力扮演好促进池州地方经济、文化、旅游、生态、服务发展的“智力宝库”角色。学校坚持以文化人、以文育人，深入挖掘地方优秀传统文化资源，成立池州学院家风文化馆和皖南民俗文化研究中心，建设千米“校友大道”，积极反哺社会，为促进地方文明城市建设和弘扬社会主义核心价值观营造了良好的文化环境。学校坚持打造学科与专业发展平台，形成一批契合地方经济社会发展要求的学科群、特色专业。学校坚持“以孔子为师，以行知为友”的校训精神，强调明志、修德、博学、重行，契合学校以生为本、以用为先的办学理念。池州学院紧跟地方经济社会发展的趋势，积极向地方应用型大学转型，为建设高等教育强省和服务于区域创新发展作出自己应有的贡献。

地方普通本科高校向应用型转变，其核心在于办学理念与人才培养目标的重新定位。转变的关键是把办学理念转到服务于地方经济社会发展上来，把人才培养目标转到培养应用型人才上来。转型之路，文化先行。如何提高毕业生就业竞争力从而培养出现代市场经济紧缺的复合型、应用型、创新型的人才？如何提高大学生综合素质与综合能力从而实现大学服务于地方经济社会发展的目标？如何挖掘地方优秀传统和地域特色文化从而发挥好传承、繁荣地方文化的职能？如何吸纳更多的人才增强招生吸引力从而提高大学自身办学质量和水平？如何在转型中实现建立“特色鲜明的地方应用型大学”

的发展目标？这一切问题的解答都离不开文化建设。校园文化建设在大学转型过程中发挥着不可替代的作用。大学转型，意味着校园文化也应同步实现转型。地方应用型大学文化建设不仅仅要扎根于立德树人与价值引领这一基本立足点，更要在校园环境的构建中营造地方应用型大学特有的文化场域，在科学通识课程教育与创新创业实践教育等课堂中养成地方应用型大学应有的科学求真精神，在人文艺术素养课程教育和地方文化、艺术研究与文化传统、艺术遗产的传承中塑造地方应用型大学的人文崇善与艺术尚美精神。本书以池州学院作为案例，通过查阅文献、问卷调查等研究方法，全面阐释和分析地方应用型大学池州学院文化建设现状。在此基础上，基于以政治引领、立德树人的文化建设价值目标，融合科学、人文、艺术等领域探索重塑应用型大学文化建设的路径，从而为实现普通本科高校向应用型转变，促进应用型人才培养、服务于地方经济社会发展提供有力的文化支撑。

从当前社会发展变化的新阶段来看，我国高校校园文化建设的时代背景和内外环境发生了深刻的变化，迫切要求高校校园文化建设要与时俱进、开拓创新。从国内来看，我国进入了经济社会发展的转型期，面对经济结构调整、社会结构变动、生活方式深刻变化，人们在思想上、观念上乃至价值判断与选择上的分化也进一步加剧。从国际来看，西方敌对势力对社会主义国家“西化”“分化”的图谋从未停止，意识形态领域的斗争始终存在。国内的转型与国际上西方文化的输出，必然给人们的思想观念带来巨大的冲击。高校校园文化作为社会文化的重要组成部分，在引领社会先进文化、繁荣提升主流文化中发挥着重要作用。然而，当前我国高校校园文化建设却不容乐观。“利己主义、功利主义、享乐主义、消费主义等资产阶级的人生观、道德观和价值观，通过校园文化在大学生中滋生蔓延，在大大削弱了高校校园文化育人功能的同时，也导致了部分大学生对以马克思主义为指导思想的社会主义主流意识形态的日益淡化和认同危机。”① 在这样的时代背景和内外环境下，如何加强高校校园文化建设，应对文化多元化的挑战，加强社会主义核心价值体系对高校校园文化的引领，确保高校校园文化发展的正确方向就成为所有高校都必须重视和解决的时代课题。而地方应用型大学面临着转型与发展社会主义先进文化、主流文化的双重任务，因而亟待解决文化建设问题。

---

① 蔡桂珍：《新时期高校校园文化建设研究：以福建省高校为例》，福建师范大学，2013 年 6 月。

新时期如何把握地方应用型大学文化建设的实现路径，牢牢掌握高校意识形态工作的领导权，推进社会主义文化发展繁荣，体现学校的办学思路、办学特色以及发展目标定位，培养出符合学校人才培养目标要求的应用型人才，从而为促进地方经济社会发展、传承地方优秀传统文化、发展社会主义先进文化提供强大的智力支持和精神动力。

（二）研究意义

本书以池州学院这一地方应用型大学为个案，对其校园文化建设进行理论研究与实践探索，不仅对于深化高校校园文化建设理论研究、拓宽高校校园文化建设研究视角具有重要的理论意义，而且对于建设具有地方应用型大学特色的校园文化、实现地方应用型大学的人才培养目标、推动社会主义文化大发展与大繁荣具有重要的现实意义。

1. 理论意义

（1）深化高校校园文化建设理论研究

当今世界正处于大发展、大变革和大调整时期，世界多极化、经济全球化、文化多样化深入发展，各种思想观念相互碰撞，各种新情况、新问题层出不穷，因此，提高文化软实力越来越成为共识。从文化自觉到文化自信，不仅是对文化作为一种精神力量对个人与社会发展具有重要作用的清醒认识，更是对文化作为一种综合国力竞争的重要因素的深刻把握。当前，发展社会主义先进文化、建设社会主义文化强国已经成为每一个国人义不容辞的责任。我国高校校园文化作为社会主义先进文化的一种重要表现形式，高校作为发展社会主义先进文化的示范区和辐射源，对社会主义精神文明建设发挥着不可估量的重要作用。高校承担着人才培养、科学研究、社会服务、文化传承与创新、国际交流与合作的重要职能。无论是哪种职能的实现，可以说都离不开校园文化建设。对高校校园文化建设的研究无论是从国家社会进步的层面，还是从高校自身发展的层面都永不过时。本书对地方应用型大学文化建设个案的深刻研究，有助于深化当前的高校校园文化建设理论、丰富已有的高校校园文化建设的研究成果。

（2）拓宽高校校园文化建设研究视角

从当前的研究成果来看，虽然关于高校校园文化建设的研究成果相当丰硕，对地方应用型大学的研究也日益深入，却鲜有学者将二者结合起来，探讨地方应用型大学文化建设的规律与经验。正因为如此，本书结合地方普通本科高校向应用型转变的背景，从地方应用型大学视角入手，研究高校校园文化建设，厘清地方应用型大学建设与高校校园文化建设的关系，开拓了高校校园文化建设研究的新视角、新思路，也在一定程度上探索了高校校园文化建设的价值与功能。本书通过对池州学院这一地方应用型大学文化建设现状的梳理，总结当前地方应用型大学文化建设存在的问题，深入分析其深层次的原因，全面阐释应用型大学文化场域的营造。在此基础上，重申地方应用型大学的价值文化建设，并从科学、人文、艺术的角度挖掘当前应用型大学文化建设的题中应有之义，最后着力于发展社会主义先进文化这一基本立足点，明确新时代地方应用型大学文化建设的使命担当和发展方向。本书提供一个全新的高校校园文化建设研究理论视角，以期能在顺应当前高等教育改革与发展的潮流中为高校校园文化建设提供一些有益的尝试。

2. 现实意义

（1）有利于构建地方应用型大学特色校园文化

向应用型高校转变不仅是适应经济转型升级的客观要求，也是地方普通本科院校生存发展的现实需求。然而，作为一个新转型的地方应用型大学，与经历了几十年发展的传统的职业型院校应用型人才培养工作相比较显然不占优势，而在与学术型院校的资源竞争中也处于劣势。因此，地方应用型大学如何在转型中实现自身内涵式发展，或者说，地方应用型大学如何朝着“特色鲜明”“高水平”甚至是“一流的”的目标迈进，特色校园文化建设可以说是提供了一个发展的思路。本书的目的性较强，主要针对池州学院的校园文化建设现状进行分析，总结其校园文化建设的规律；同时，用了大量篇幅从山水学林、文化场馆和亦师亦友三个方面对池州学院环境文化进行了系统阐述，并从组织文化、制度文化、教学文化等方面全面分析池州学院校园文化建设，展现了池州学院这一地方应用型大学特有的校园文化。本书不仅旨在推进池州学院自身的特色校园文化建设，也为有同等需求的地方应用型大学特色校园文化建设提供参考实例。

（2）有利于实现地方应用型大学人才培养目标

地方应用型大学以培养应用型技术技能型人才为其职责使命，只有培养出一大批掌握现代职业技能和专业基础知识的应用型、复合型、创新型人才，才能抓住新产业、新行业、新技术的发展机遇，加快融入区域经济社会发展中。与此同时，时代的发展对大学生的成长、成才也提出了新的、更高的要求。大学生不仅要掌握专业知识、实践能力，更要提升个人的文化素养，成为一个全面发展的人。校园文化以其特有的育人功能，通过“润物细无声”的方式潜移默化地影响每一个成员。本书研究地方应用型大学文化建设，更加强调校园文化建设要基于地方应用型大学这一现实彰显特色，同时要服务于地方应用型大学人才培养目标突出成效。地方应用型大学的发展既要强调“技术扬帆”，也要突出“人文导航”。本书尝试从科学求真、人文崇善与艺术尚美的角度，进一步挖掘地方应用型大学文化建设的内涵与价值，培养当代大学生的科学精神与人文素养，为实现地方应用型大学人才培养目标添砖加瓦。

（3）有利于推动社会主义文化大发展、大繁荣

校园文化的力量深深融汇在学校的生命力、创造力和凝聚力当中，是团结师生推动学校发展的精神支撑。从某种意义上来说，办大学，就是办氛围、办风气、办文化。文化建设是任何一个高校都不容忽视的重要课题。地方应用型大学不仅强调应用性，同时要突出其地方性的特征。地方应用型大学要走地方化之路。“走地方化之路主要从学校的办学使命是否具有鲜明的地方化特征，专业学科布局结构是否与地方经济社会发展的需要紧密结合，校园文化建设、文明建设是否与地方文化相互联结，甚至是否成为地方文化传承与开发创新的主要载体。”① 由此可见，地方应用型大学更加强调特色文化研究，强调对地方文化、艺术的研究，挖掘地方优秀传统文化资源，取其精华、去其糟粕，实现优秀传统文化和艺术遗产的传承反哺；同时，结合时代要求，处理好文化继承与文化创新的关系，弘扬社会主义核心价值观，加强社会主义先进文化建设，从而进一步推动地方文化的传承与发展。从这个意义上来说，研究地方应用型大学文化建设有利于促进社会主义文化大发展、大繁荣。

综上所述，对地方应用型大学文化建设的研究无论是从理论上还是从实践上都具有非常重要的意义。当下，时代变革与高等教育转型既是挑战，也是机遇。以地方应用型大学建设为着力点，深化高校校园文化建设理论研究，探索高校校园文化建设的实现路径，从而为地方普通本科高校转型发展与高校校园文化建设提供些许参考。

---

① 陈小虎：《新型应用型本科院校发展定位、使命、路径和方法选择》，《中国大学教学》，2014年第3期。

第二节　研究现状与研究方法

（一）国内研究现状

我国学者对校园文化建设的研究可以追溯到20世纪80年代。进入21世纪以来，学者对校园文化建设尤其是高校校园文化建设的研究已经进入一个全面、深入发展的阶段。据统计，与高校校园文化内容相关的著作已出版了120余本。关于目前国内学者研究论文的情况，笔者在中国知网以“校园文化”为篇名进行搜索，共获得25217篇相关文献资料，其中博士论文6篇，优秀硕士论文900篇；以“高校校园文化”为篇名进行搜索，共获得6279篇相关文献资料，其中博士论文4篇，优秀硕士论文327篇。随着高等教育的转型发展，众多学者对地方应用型大学的研究也不断深入。截至2020年8月，与应用型大学内容相关的著作已出版了380余本，与地方应用型大学内容相关的著作则较为少见，仅有7本。在中国知网以“应用型大学”为关键词进行搜索，共获得2112篇相关文献资料，其中博士论文2篇，优秀硕士论文40篇；以“地方应用型大学”为关键词进行搜索，共获得78篇相关文献资料，其中博士论文1篇，优秀硕士论文3篇。以“主题”为检索项，以“地方应用型大学”并含“文化建设”为检索词，仅获得13篇相关文献资料。根据以上检索结果，同时通过对相关文献的梳理，我们可以看出：对高校校园文化的研究已经形成了一个较为成熟的体系，对地方应用型大学的研究正处于上升时期，而以个案的方式将地方应用型大学与高校校园文化建设联系起来进行协同研究也越来越受到学者们的关注。这些研究成果为本书的深入研究奠定了良好的理论基础。出于本研究的需要，现对“高校校园文化建设”和“地方应用型大学”的相关研究做一番梳理。

1. 关于高校校园文化建设的研究

大学文化是育人之纲，文化建设始终是高校发展的重要课题。我国对高校校园文化建设的理论探讨和实践思考由来已久，形成了较为系统、丰富的理论成果。目前国内学者对高校校园文化建设的研究主要集中在以下两个方面：

一是对高校校园文化建设基本理论的研究。由孙晓峰等著的《科学·人文·艺术通识读本》（合肥工业大学出版社 2008 年版），挖掘人类历史的科学精神、人文精神和艺术精神，从科学求真、人文求善、艺术求美三个角度构建高校校园文化建设的体系，以帮助高校大学生养成科学思维，培养健全人格，提升审美情怀。由郑慎德等著的《高校校园文化研究》（武汉理工大学出版社 2002 年版），以对高校校园文化内涵和特征的阐释为其逻辑起点，从横向和纵向两条线展开，比较了中外高校校园文化的个性特征，研究高校校园文化的历史轨迹，全面探讨了高校校园文化建设的现状与建设思路，明确了高校校园文化建设的前进方向。由郭广银、杨明等著的《新时期高校校园文化建设的理论与实践》（南京大学出版社 2007 年版），回顾了我国高校校园文化的发展历程，分析了国外高校校园文化建设的基本思想、突出特点和经验教训，总结了新时期我国高校校园文化建设取得的成就、存在的主要问题以及原因。在此基础上，该书对我国高校校园文化建设进行了理论重构，并就我国高校校园文化建设的动力系统、基本原则和总体要求进行了深刻的解析；最后从物质文化、活动文化、制度文化和精神文化四个维度对我国高校校园文化建设的实现途径进行了探讨。由孙庆珠主编的《高校校园文化概论》（山东大学出版社 2010 年版），运用马克思主义的世界观与方法论，从高校校园文化这一现象入手，研究了高校校园文化的本质，透过高校校园文化的历史找到了其发展规律；以感性认识为基础，把高校校园物质文化、标志性文化、文化识别系统等实体进行理论升华，并对其应用结构和理论结构进行了划分和概括；最后通过比较研究方法，从文化形式的角度把高校校园文化与其他文化形式进行比较，分析它们之间的联系与区别，从而比较深入地把握了校园文化的特殊性，解读了高校校园文化的真正内涵。由冯刚、柯文进主编的《高校校园文化研究》（中国书籍出版社 2011 年版），从理论的角度，重点对高校校园文化的内涵、分类、功能、基本特征与基本属性进行了详细解读；从历史的角度，在对近代以来高校校园文化的形成与发展进行梳理的基础上，重点对新中国高校校园文化的发展历程进行了深入分析；从现实的角度，重点探讨了高校校园文化建设的原则与方针；分章节阐释了高校校园物质文化、制度文化、精神文化和活动文化，并分别对其地位与功能、内容与要素、特征与载体、管理与建设作了深刻解析；同时，对高校校园文化建设的载体与平台以及高校校园文化建设的主体也进行了较为全面的探讨。由侯长林著的《高校校园文化基本理论研究》（人民出版社 2014 年版），对高校校园文化基本理论的内涵进行了界定，并从本质、结构、价值、发展和建设五个方面对高校校园文化进行了较为系统和全面的阐述。总体来看，对高校校园文化基本理论进行梳理的著作较为丰富，同时也有越来越多的学者试图从不同的角度来阐释高校校园文化建设。如陈艳红从思想政治教育的角度进行了梳理，认为："高校校园文化具有思想政治教育功能，它是思想政治教育的重要载体和有效途径，思想政治教育能够主导高校校园文化建设的方向，它是高校校园文化建设的灵魂，二者在培养优秀人才的使命上达到了契合。"① 周萍从立德树人的视角对高校校园文化建设进行了研究，从主要特征、基本构成和重要功能三个方面对高校校园文化进行了理论剖析，认为"立德树人构成了高校校园文化建设的本体功能"②。从内涵认知偏差化、建构方式片面化、目标取向模糊化三个方面对高校校园文化建设的现状进行了问题剖析，认为发展高校校园文化要始终遵循立德树人的价值取向。

二是关于高校校园文化建设的实践思考。近年来，对高校校园文化建设实现路径的思考越来越受到学者们的普遍关注。尤其是随着经济全球化、社会信息化与文化多元化的发展，新时代探索建设高校校园文化的策略与途径越来越成为学者们研究的热点。由贾霄燕等主编的《高校校园文化建设探索》（河北人民出版社 2015 年版），提出了市场经济条件下高校校园文化建设的应对措施，从传统文化、网络文化与西方文化对高校校园文化的影响分析入手，指出了新时代高校校园文化建设的对策与建议。由苏婵著的《高校校园文化建设管理研究》（东北师范大学出版社 2016 年版）对高校校园文化的基本理论进行了概述，并从校园环境、校园学术文化、校园网络文化、校园企业文化等多方面探讨了高校校园文化管理建设的措施。由宋伟著的《社会主义核心价值观融入高校校园文化建设研究》（人民日报出版社 2017 年版），分析了社会主义核心价值观融入高校校园文化建设的必然性，梳理了当前我国高校社会主义核心价值观融入高校校园文化建设的现状，详细阐述了社会主义核心价值观融入高校校园文化建设的目标、内容、原则和机制，并从精神文化、制度文化、行为文化、物质文化和网络文化四个方面对社会主义核心价值观

---

① 陈艳红：《思想政治教育视角下的高校校园文化建设探微》，《思想教育研究》，2009 年第 2 期。

② 周萍：《立德树人视域下高校校园文化建设研究》，《思想教育研究》，2020 年第 6 期。

融入高校校园文化建设的途径进行了思考。由全国大学生思想政治教育发展研究中心编的《全国高校校园文化建设优秀成果选编》（光明日报出版社2018年版），收集了国内44所高校校园文化建设的成功经验与特色做法，从厚植核心价值、秉承优良校风、创设多元载体、弘扬传统文化、点缀艺术人生、打造“双创”品牌六个方面为当代高校校园文化建设提供了有益启示。吕倜然分析了目前校园文化建设面临价值引领作用发挥不够、组织工作困难、传承与创新不足等方面的困境，指出高校校园文化建设应从增强校园文化底蕴、规范校园文化管理、创新校园文化品牌等方面探寻未来的出路①。茅海燕从全媒体时代角度出发，认为高校校园文化建设应坚持非制度性建设与制度性建设相结合、主流价值导向与多元利益诉求相结合②。管辉、申彦彦阐述了高校校园文化建设的困局，分析了高校校园文化建设的影响因素，从坚持文化传承与创新相结合、坚持科学精神与人文精神相协调、学校特色与时代特征相融合、立德树人与内涵发展相平衡四个方面详细论述了当代高校校园文化建设的路径③。

2. 关于地方应用型大学的研究

我国学者对地方应用型大学的研究是建立在近年来建设地方应用型大学的基础上逐渐兴起的。国内关于地方应用型大学的相关研究虽然时间不长，但是成果颇丰。特别是随着高等教育的转型发展，对地方普通本科高校向应用型转变、建立特色鲜明的高水平地方应用型大学的研究越来越成为学术界研究的热点，涌现出一系列研究成果。目前国内学者对地方应用型大学的研究主要集中在以下几个方面：

一是关于地方应用型大学办学定位的研究。办学定位决定一所学校的发展方向和目标，明确办学定位问题对地方应用型大学的发展至关重要。孙晓峰认为，地方高校的功能定位要以科学发展观为指导，以服务地方、能级分类、追求特色为原则，促进地方高校与区域经济社会的共同发展④。薛岩松、

① 吕倜然：《高校校园文化建设的困境与出路》，《吉林省教育学院学报》，2020年第6期。

② 茅海燕：《全媒体时代高校校园文化建设路径探析》，《江苏高教》，2014年第6期。

③ 管辉，申彦彦：《困局与突围：高校校园文化建设的路径优化》，《沈阳大学学报（社会科学版）》，2018年第6期。

④ 孙晓峰：《地方高校功能定位与区域经济社会发展》，《安庆师范学院学报（社会科学版）》，2006年第4期。

梅映雪认为，地方应用型大学在办学目标定位上，应紧紧围绕服务于地方经济社会发展、产教融合校企合作、培养应用型技术技能型人才、增强学生就业创业能力的办学思路，体现培养应用型技术技能型人才的人才培养目标，立足地方社会现状、突出应用型的办学类型，满足服务于区域与行业的发展需求、突出办学特色；在服务面向定位上，应着力于面向地方社会、区域行业；在师资队伍定位上，应侧重于建设“双师双能型”教师队伍；在人才培养定位上，应建立创新应用型技术技能型人才培养模式，将创新创业教育融入人才培养的全过程，注重培养学生的创新创业能力和技能应用能力；在学科专业定位上，应注重应用性教育，同时还要突出本校特色，根据学校优势开设彰显自身特色的学科专业①。袁渊泉认为，地方应用型本科院校的办学定位应突出地方特色、彰显价值取向，在宏观层面上服务于地方经济社会发展，在微观层面上着眼于地方应用型本科教育自身的个性和特色②。张越锋认为：“应用型大学的定位应该是‘科研’与‘应用’相结合，二者相辅相成，缺一不可。应用型大学既要搞科研又要培养实践应用型人才，科学研究应该与市场需求、地方经济发展相适应，以解决困扰地方经济发展的难题为重点，让新思想、新技术真正用到实践当中。”③

二是关于地方应用型大学转型发展的研究。地方普通本科高校如何顺利实现向应用型大学的转变也是国内学者普遍关注的问题。陈光磊、张婕明确了地方本科院校转型的重要意义，提出了地方本科院校转型的路径和策略，认为在应用型转型的过程中，应根据经济社会发展要求，按照高等教育规律，勇于担当，敢于创新转型，通过建立大学董事会与校内运行体系、多渠道引入办学资金、实行大学校小单位的“包干”制度、采取科研绩效激励、对高层次学术人员不限编制等措施促进地方本科院校转型发展④。张国浩、王以雷从分析新时代地方应用型本科院校转型发展面临的整体基础薄弱、资源支持乏力、发展定位不准确、人才培养体系不完善的四大困境入手，提出转型发

① 薛岩松，梅映雪：《地方普通本科高校转变应用技术大学后的办学定位探究》，《东南大学学报（哲学社会科学版）》，2016年第A2期。

② 袁渊泉：《地方应用型本科院校办学定位研究》，《中国成人教育》，2016年第1期。

③ 张越锋：《应用型大学的定位及人才培养模式探究》，《教育现代化》，2019年第105期。

④ 陈光磊，张婕：《地方本科院校建设应用型高校的转型路径研究》，《高校教育管理》，2017年第3期。

展应坚持政府主导实施，加大财政投入力度；院校找准定位，坚持特色发展；企业积极融入，培养应用型人才；社会力量协同参与，推进开放合作办学①。王蓉认为，新建地方本科院校向应用型转型需要深化产教研合作，不断创新多元化的校政企协作新模式；突出自身优势，构建和完善具有特色的职业应用课程体系；重视课堂实践，打造以培养学生应用能力为中心的“金课”课堂②。

三是关于地方应用型大学人才培养的研究。人才培养是大学的基本属性，也是大学的第一要务，自然成为教育理论界与实践中重点关注的话题。在地方应用型大学的转型发展过程中，人才培养问题始终是学者们研究的重点问题。目前国内学者偏重于从不同的角度探索地方应用型大学人才培养的模式与路径。如柳友荣等在阐述应用型人才培养的指导思想与基本原则的基础上，以池州学院为例，探索了地方应用型大学培养应用型人才的现实路径，并就加强应用型人才培养提出了几点思考③。孙凯传等从学科竞赛的角度提出了六位一体的地方应用型高校人才培养模式，分别从学校竞赛管理部门专门统筹、学院领导组织管理、指导教师团队负责、学生团体组织实施、竞赛助理传承引导、实验室部门协助六个方面介绍了六位一体培养模式的思路④。王恩燕、张猛将工匠精神与地方应用型大学人才培养结合起来研究，认为现阶段的应用型高校既肩负着高校的基本职责任务，又承担着时代赋予的培养具有工匠精神人才的重要使命。实现具有工匠精神的人才培养目标，需要注重教师队伍思想素质与能力素质培养、注重专业及实践教学体系设置、注重学生实践及素质拓展培养、注重学生校企合作培养⑤。李士晓从“大众创业、万众创新”的时代背景出发，探讨了地方应用型高校“双创”教育人才培养模式，

---

① 张国浩，王以雷：《新时代地方应用型本科院校转型发展的困境与突破》，《教育与职业》，2019 年第 23 期。

② 王蓉：《新建地方本科院校向应用型转型的探索和研究》，《当代教育实践与教学研究》，2020 年第 1 期。

③ 柳友荣，汪志国，韩志才等：《以生为本　以用为先——池州学院应用型本科人才培养的探索与思考》，《池州学院学报》，2010 年第 2 期。

④ 孙凯传，陈海宝，杨斌等：《探索地方应用型高校学科竞赛人才培养模式》，《陕西学前师范学院学报》，2017 年第 11 期。

⑤ 王恩燕，张猛：《浅析工匠精神与地方应用型高校的人才培养培育》，《改革与开放》，2018 年第 1 期。

认为从“双创”的视域观察，当前地方应用型高校人才培养模式存在思想认识滞后、创新创业课程设置不合理、人才培养模式建构不完善等问题，提出了树立“双创”教育理念、开发优质的“双创”课程体系、创新人才培养模式等应用型高校双创教育人才培养模式创新的基本路径①。谭丽从校企合作的角度阐述了地方应用型高校国际校企合作人才培养模式，认为培养国际校企合作人才要建立国际校企合作理事会，增强培养国际化人才的意识；要对国际化人才培养体系加以完善，培养高素质的国际化人才；要制定国际校企合作的激励政策，培养合格的国际化人才；建立企业海外培训机制，培养海外本地国际化人才②。

四是关于地方应用型大学教学与师资队伍的研究。柳友荣等提出产教融合是应用型本科院校自我发展以及服务于地方经济社会发展的重要途径，深入分析了应用型本科院校产教融合模式及其影响因素问题，并且给出了应用型本科院校在选择合理的产教融合模式上的结论与建议③。李蒙、李传锋借鉴德国职业教育教学经验，提出教师思想改变是根本、教学内容改变是实质、教学方法改变是途径、创新能力培养是目的的结论④。谢妙以玉林师范学院“Java 程序设计”课程为例，介绍了一种基于 MOOC 的翻转课堂教学模式，探索了地方应用型本科高校创新课堂教学模式⑤。姚岚、王晓宇以应用型人才培养为切入点深入分析应用型人才培养的教学模式，针对地方本科高校课程体系、课堂教学、考核评价和实践教学的现状，提出了地方本科高校教学模式构建的途径：优化课程设置，促进理论教学与实践教学相互融合；转变课堂教学模式，以学生为中心设计课堂内容；改革考核评价方式，重视持续性评

① 李士晓：《地方应用型高校双创教育人才培养模式创新探究》，《创新创业理论研究与实践》，2019 年第 13 期。

② 谭丽：《地方应用型高校国际校企合作人才培养模式探究》，《科学大众（科学教育）》，2019 年第 4 期。

③ 柳友荣，项桂娥，王剑程等：《应用型本科院校产教融合模式及其影响因素研究》，《中国高教研究》，2015 年第 5 期。

④ 李蒙，李传锋：《德国职业教育教学经验对地方应用型高校教学改革的启示》，《大学教育》，2017 年第 6 期。

⑤ 谢妙：《地方应用型本科高校创新课堂教学模式探索——以玉林师范学院〈Java 程序设计〉课程为例》，《教育现代化》，2017 年第 41 期。

价；重视校内外实验实践基地建设，加强实效考核①。总体来看，国内学者对地方应用型大学教学的研究主要围绕着教学方法、教学模式、教学实践等方面的教学改革来进行。教学改革离不开师资队伍建设，为此，国内学者就地方应用型大学师资的现存问题和师资队伍建设问题展开了探讨。王丽萍等认为，在向应用技术型大学转型过程中，对师资队伍建设的着力点的研究应放在拓展教师国际化视野、提升教师教学科研能力、突出应用研发和工程实践能力等方面；对于建立实践经验丰富的双师型教师队伍问题，作者指出，要建设应用型师资队伍，离不开制度环境和政策环境作保障②。冯君莹探讨了我国地方应用型本科院校师资队伍中存在的主要问题并对其队伍建设不足之处进行了原因分析，认为学校自身条件和区域环境以及教师自身认识因素是制约师资队伍建设的主要因素，据此分别从政策和经费支持、观念转变、完善培养与考核制度等方面提出了地方应用型本科院校师资队伍建设的措施③。周杰龙从"一带一路"倡议的背景着眼，就社会对人才的需求进行了分析，结合地方应用型高校师资队伍建设存在的问题，认为："一带一路环境下，要解决区域经济发展和教育事业发展之间的矛盾，地方应用型本科院校必须发挥自身作用，强化师资队伍建设，促进教师科研水平、创新水平和社会服务能力的提高，配合相应的机制和制度，调动教师从事科研活动的积极性，为一带一路建设提供可靠支撑。"④

3. 关于应用型大学文化建设的研究

虽然直接以"地方应用型大学文化建设"为主题的研究成果数量不多，但是也有一定数量的关于"应用型大学文化建设"的研究成果出现，这源于我国十余年来建设应用型大学的理论与实践探索。梳理这些研究成果，能够为本书的研究提供许多有益的启示。

一是从宏观层面对应用型大学文化建设的特点、现状、问题以及策略等进行研究。时伟从分析应用型大学文化的困境入手，重点对应用型大学的文

---

① 姚岚，王晓宇：《地方本科高校应用型人才培养教学模式探讨》，《黑河学院学报》，2018 年第 11 期。

② 王丽萍，罗文文，赵宝云：《地方高校向应用技术型大学转型中师资队伍建设研究》，《教育教学论坛》，2017 年第 10 期。

③ 冯君莹：《地方应用型本科院校师资队伍建设探索》，《合作经济与科技》，2018 年第 14 期。

④ 周杰龙：《一带一路环境下地方应用型本科院校师资队伍建设分析》，《当代教育实践与教学研究》，2019 年第 9 期。

化特征进行了描述，认为“创新精神”与“实践能力”是应用型大学文化的基本特征，贯穿在应用型大学物质文化、精神文化和制度文化建设的方方面面①。关雯文指出，新型应用型本科院校大学文化建设是其转型发展的根本属性和内在动力，是提高办学水平和培育高级应用型人才的客观需要，是开展应用性科学研究的思想基础，也是引领区域文化社会发展的必然要求。然而，大多数新型应用型本科院校由于建校时间短且处于多校合并升本后的文化融合期，导致文化建设缺乏历史传承、文化向心力尚未形成、缺乏长效机制等，因此新型应用型本科院校大学文化建设应以“应用型”为切入点，扬弃各校原有办学理念与大学文化，吸收区域文化营养，凝练特色大学文化；以学校转型实践活动中迸发出的创新创业精神为大学精神和大学文化的活水之源，发挥大学文化对新型院校转型发展的精神动力作用；以“人”为大学文化建设的根本，努力形成学校组织成员中不同群体的认同基础，打造大学文化建设的长效机制；以社会主义核心价值观为统领，重视网络新媒体等传播手段，努力提升新型应用型本科院校大学文化建设的水平和效果②。冼春梅、陈宏认为，当前我国即将转型或正在转型的地方普通本科高校的校园文化建设普遍存在着缺乏整体规划、与区域文化融合不明显、校园文化活动应用性不明显等问题，指出应用型大学校园文化的取向与定位应该围绕“应用型”的特征，“突出实践教育，注重产学研相结合，强调学以致用的浓厚氛围，充分体现出学校的办学理念和办学精神”。由此作者提出应用型大学校园文化建设的四条建议：校园文化系统规划要围绕应用性；环境设施建设要突出应用性；顶层设计要凸显应用性；校风、教风、学风要强调应用性③。吴丽芳对应用型大学校园文化建设现状进行了分析，认为当前应用型大学校园文化建设没有充分重视校园文化建设的重要性，文化活动缺乏应用性，无法培养学生的创新能力，校园文化建设缺乏规划性，单一化人才培养模式无法有效融合区域文化。同时，作者提出应用型大学校园文化建设的有效对策：培育应用型校园精神文化，开发校园品牌文化，提升物质文化的应用价值，建设具备特色的院系

① 时伟：《应用型大学的文化定位与建构路径》，《中国高教研究》，2016 年第 9 期。

② 关雯文：《新型应用型本科院校大学文化建设的意义、挑战及路径》，《淮海工学院学报（人文社会科学版）》，2016 年第 6 期。

③ 冼春梅，陈宏：《应用型大学校园文化建设存在的问题及对策研究》，《当代教育理论与实践》，2018 年第 1 期。

文化，优化校园基础设施建设，注重建立智慧型校园，建立和完善学生管理制度①。

二是从微观层面以某转型对象为案例，对应用型大学文化建设进行理论思考与实践探索。通过梳理现有的研究成果，我们可以发现，近年来对应用型大学文化建设的研究开始从一般探讨转向具体研究，学者们越来越青睐以某一个转型高校案例为切入点，分析其转型过程中校园文化建设的现状与问题，总结其成功经验与特色做法，从而为其他转型高校校园文化建设提供参考。如孙晓峰在《传承弘扬优良家风　培育造就时代新人——关于家风文化进校园系列活动的思考与实践》（《池州学院学报》，2019 年第 4 期）一文中，以池州学院为例，以家风文化为切入点，强调了传承弘扬优良家风文化的重大而特殊的意义，阐述了挖掘地方家风文化资源以及开展家风文化进校园系列活动对大学生健康成长具有的深刻影响，在论述池州学院开展家风文化理论研究和宣传教育活动、成立家风文化研究中心、成立大学生家风宣讲团等经验和做法的基础上，积极探索了地方应用型大学家风文化建设的现实路径。李志强在《部分地方普通本科高校向应用型转变形势下的校园文化建设——以中国石油大学胜利学院为例》（《中国石油大学胜利学院学报》，2016 年第 2 期）一文中，以中国石油大学胜利学院为例，阐述了应用型大学校园文化建设的指导思想和目标，梳理了应用型大学校园文化建设的主要任务，探讨了应用型大学校园文化建设的实现路径。徐巧玲在《应用型本科院校转型中的精神文化研究——以山西某高校为例》（《经营与管理》，2016 年第 12 期）一文中，以山西某高校为例，对大学精神文化现状进行了调查与分析，找出当前高校精神文化建设存在的问题并提出了解决对策。陈园园在《应用型高校校园文化品牌建设研究——以南宁学院为例》（《教育现代化》，2019 年第 48 期）一文中，重点分析了高校校园文化的品牌建设问题。彭伟在《应用型本科院校校园文化建设与地方传统文化融合的实践——以移通学院为例》（《天津中德应用技术大学学报》，2019 年第 3 期）一文中，探讨了应用型本科院校校园文化与地方传统文化的内涵，在此基础上，从人才培养、文化传承、学校发展等角度论述了应用型本科院校校园文化建设与地方传统文化融合的

① 吴丽芳：《应用型大学校园文化建设中的问题及对策研究》，《文化创新比较研究》，2019 年第 26 期。

意义，提出了校园文化建设与地方传统文化融合的具体策略。华峥、文超在《应用型本科院校创新创业文化建设改革实践研究——以广东科技学院为例》（《农村经济与科技》，2019年第4期）一文中，从创新创业的角度出发，深入分析了当前应用型本科院校在创新创业文化建设方面存在的问题，探讨了广东科技学院加强创新创业氛围、改善制度体系、搭建创业平台等路径选择，为加强应用型本科院校创新创业文化建设提供了有益的启示和经验。

从国内现有的文献资料来看，学者们对高校校园文化建设与地方应用型大学的相关研究已经取得了不少研究成果，但对地方应用型大学文化建设的研究还处于相对薄弱的状态。同时，我们也从文献的梳理中发现了以下几个特点：

一是研究深度不够。目前，国内学者对地方应用型大学文化建设的认知还主要集中在高校校园文化建设的共性问题上。如对地方应用型大学文化建设的重要性与必要性、内涵与特征、现状与问题、任务与功能以及路径与策略等基本问题的研究，大都是从高校校园文化建设的一般层面上去阐述的，而很少真正把“地方应用型大学”与“文化建设”统一起来，深入研究作为新转型的地方应用型大学应该如何建设具有“应用型”特点的校园文化。此外，总体来看，对地方应用型大学文化建设的理论研究较多，而对其实践思考较少。虽然已经有部分学者从微观层面入手，以某一个正在转型或已经转型的高校为切入点进行案例分析，也总结了一些地方应用型大学文化建设的经验与具有特色的做法，但是从研究数量和研究深度来看，此类研究还处于尝试阶段，尚未形成比较成熟、系统的研究成果。

二是研究视野单一。有关地方应用型大学文化建设的研究，绝大多数是个案研究。通过梳理、分析这些文章发现，这些研究往往都从某一个侧面或者某一个角度出发探讨地方应用型大学文化建设问题。如重点研究地方应用型大学的物质文化或精神文化建设、制度文化或行为文化建设、治理文化建设、创新创业文化建设等，或与社会主义核心价值观、中华优秀传统文化、思想政治教育等进行融合研究，缺少从整体上全面地、系统地探索地方应用型大学的文化建设问题。本书根据地方应用型大学文化建设的含义、基本特征等理论成果，以池州学院这一地方应用型大学为案例，在对其文化建设进行现状分析的基础上，试图融合科学、人文、艺术与美育等几个方面全面分析、探讨地方应用型大学的文化建设问题。

（二）国外研究现状

本书研究的是地方应用型大学的文化建设，也是现代意义上大学的文化建设。对大学文化建设的研究离不开对近代高等教育、近代大学历史演变的梳理，因此，笔者将对国外近代大学、大学理念的历史发展和对近代大学校园文化的相关阐述进行梳理，以期为本书的研究提供一些理论借鉴。

1. 关于应用型大学的研究

19 世纪中期以后，国外大学在学科、课程的设置上便开始倾向于反映国家工业化和地方工商业发展的需求。如英国出现众多技术学院，开设机械、造船、采矿、冶金等实用课程，大量培养技术型和职业型人才。19 世纪后期，随着工业化的进一步发展，法国、德国、俄国等国家的技术学院也开始相继涌现，大量设置了与工业发展密切相关的实用课程，培养了一大批掌握近代自然科学和技术的人才，从而满足了工业化迅速发展的需求。进入 20 世纪以后，西方高等教育快速发展，并开始进行大调整，由“精英教育”过渡到“大众教育”，高等教育的结构也发生了新的变化。如法国形成了综合性大学、高等专科院校和其他高等院校三种不同类型的高等学校。英国形成了大学、技术学院和培训学院的办学格局。随着近代高等教育的发展，大学理念也经历了一个重要的发展过程。比较有代表性的是洪堡大学理念和威斯康星思想。德国学者威廉·冯·洪堡提出了“大学自治与学术自由”和“教学与科研相统一”的思想，认为大学的本质是“客观的学问与主观的教育相结合”，主张学生通过学习与研究纯粹的客观学问从而具备科学研究者的素质与能力。在洪堡理念的支持下，德国创立了柏林大学，成为近代大学的一大典范。它首次将科学研究纳入大学的职能之中，使大学具备了培养人才与科学研究的双重职能，也使得如何正确处理科学研究与国家经济社会发展的关系问题成为高等教育领域理论和实践的重要课题。洪堡大学理念对近代大学的发展和科学研究的深入具有积极的推动意义，然而，这种追求纯粹的客观学问、反对大学教育职业化和实用性的理念，越来越不符合当时社会政治、经济、文化等发展的需要。美国大学在推崇德国大学追求真理、致力于科研的同时，也将自己的“求实精神”融入大学的办学理念与办学实践中去，从而兴起了一批“赠地学院”。所谓“赠地学院”源于美国总统林肯签署的一份著名的《莫里尔法案》。这一法案规定各州凡有国会议员一名，拨地约 121 平方千米，用这些土地的收益维持、资助至少一所学院，而这些学院主要开设与农业和机械专业有关的课程，培养工农业技术人才。威斯康星大学是这批获得赠地的高校之一，因其“威斯康星思想”而著名，成为美国高等教育史上具有重要地位的赠地学院。“威斯康星思想”明确提出大学应具有社会服务这一重要职能，认为大学的基本任务除了培养人才和科学研究之外，还应致力于向广大民众传播科学文化知识，并使之能用这些知识解决人们在生产、经济、政治、社会、生活方面的问题，大学因此具备了为社会服务的职能。为了更好地发挥大学社会服务的职能，威斯康星大学成立知识推广部，向社会提供专家服务，使得大学走出“象牙塔”，开始理论联系实际、全面面向社会，担负起对社会各个领域的指导职责。大学理念的不断变化也反映出在近代大学类型的不断调整之中，越来越多的综合性、职业性和技术应用型院校逐渐兴起。

2. 关于大学校园文化的研究

美国学者华勒在其1932年出版的《教学社会学》一书中首次提出“学校文化”一词，普遍被我国学者认为是国外关于现代意义上高校校园文化研究的起点。华勒认为，“学校中形成的特别文化……是校内文化的一部分……而且能满足学生的需要”。国外学者对高校校园文化的研究主要集中在大学使命、大学功能、大学制度、大学理念和大学精神等方面。英国牛津大学约翰·亨利·纽曼认为，“大学的真正使命是培养良好的公民并随之带来社会的和谐发展”。剑桥大学阿什比认为，“大学是继承西方文化的机构，它保存、传播和丰富了人类的文化，任何类型的大学都是遗传和环境的产物”[①]。此外，加拿大比尔·雷尔斯的《废墟中的大学》、德国卡尔·雅斯贝尔斯的《大学之理念》、美国布鲁姆的《走向封闭的美国精神》、英国杰勒德·德兰迪的《知识社会中的大学》等，都从不同角度研究了大学的文化现象[②]。当前，科学与人文逐渐分裂为两种对立的文化，在大学教育中突出表现为科学教育取代人文教育，实用主义、功利主义和职业主义甚至成为相当普遍的社会价值观念。许多国家的高等教育已经开始致力于推进科学教育、人文教育、艺术教育融合的进程。如美国许多大学都开设人文社会科学选修课，并设立跨学科课程和跨学科学位；英国政府在《高等教育——应付新的挑战》一书中，鼓励人

① ［英］阿什比（著），滕大春（译）：《科技发达时代的大学教育》，人民教育出版社。

② 侯长林：《高校校园文化基本理论研究》，人民出版社，2014年。

们在艺术、人文和社会科学方面获得更好的成就；日本许多大学都开设了文、理、工三方面结合的跨学科教育和跨学科研究，有的大学创建了文科和理工科双学位；英国牛津大学开设了多门跨文理或文理工学科的综合渗透课程。从总体上看，国外高校推进科学教育、人文教育、艺术教育、美育教育融合主要是采取跨学科模式（跨学科课程和跨学科学位）为主要路径。本书从科学、人文、艺术、美育融合的视角探讨地方应用型大学的文化建设，因此，了解国外有关情况对本研究有一定的启发。

近代大学起源于欧洲，其理论界关于大学文化的研究也比较丰富，掌握国外有关研究情况、吸收借鉴其研究成果对本书的研究有一定的益处。此外，我们需要运用马克思主义的立场，辩证分析其有关理论，结合我国高校的发展实际，加以创新发展，从而积极探索出一条适合我国地方应用型大学文化建设的实践路径。

（三）研究思路

本书从地方应用型大学文化建设的必要性与重要性、现状、问题与原因等展开研究，结合相应的实际案例和调查结果，探索切实有效的建设路径与地方性、应用型特色。本书共分八章，内容包括：

第一章为导论，主要阐述本研究选题缘起和研究意义，国内外相关研究的状况，研究思路与研究方法，研究的重点与难点，同时对“文化”“地方应用型大学”“大学文化建设”等核心概念作出界定。

第二章以池州学院为研究对象，分析当前池州学院这一地方应用型大学文化建设和素养教育的现状。详细介绍“池州学院校园文化建设现状研究”调查问卷和素养教育调研的有关情况和数据分析，在此基础上梳理地方应用型大学文化建设和素养教育融通存在的问题，进而分析这些问题产生的原因，为下一步深入进行理论分析和实践探索奠定基础。

第三章从山水学林、文化场馆和亦师亦友三个方面阐释池州学院文化场域的营造，详细分析其大学文化的生成环境、发展空间和形象标识，突出地方应用型大学文化建设的区域特色。

第四章从组织文化、制度文化和教学文化三个方面全面阐释池州学院的文化建设，明确地方应用型大学文化建设的价值取向。

第五、六、七章将科学、人文、艺术与地方应用型大学文化建设融合起来进行研究，全面分析了地方应用型大学科学通识课程、创新创业课程、人文素养课程及艺术素养课程与大学生科学精神、工匠精神、人文素养以及审美旨趣的关系，深入分析了地方文化、艺术研究与文化传统、艺术遗产的传承反哺作用，在此基础上探索建设融科学求真、人文崇善与艺术尚美于一体的地方应用型大学文化建设路径。

第八章从文化自觉与文化自信的视角出发，论述地方应用型大学文化建设的动力源泉与使命担当，从而明确新时代地方应用型大学先进文化的建设方向。

（四）研究方法

1. 文献研究法

文献检索与资料查阅是所有研究必不可少的方法，也是人文社会科学最为常用的一种研究方法。本研究充分利用学校网络资源和图书馆资源，收集、整理大量与本研究相关的国内外研究文献，并且购买相关著作，尽可能地掌握第一手的、大量的文献资料。在此基础上，课题组成员对收集到的文献资料进行梳理、筛选和分析、总结，以把握地方应用型大学文化建设研究的现状和前沿动态，进而为本研究的进一步开展奠定理论基础。本书收集的文献主要有：马克思主义经典著作，国内外公开发表的相关的学术著作、期刊论文等，学校相关的规章制度文件、调研报告等。

2. 问卷调查法

本研究以池州学院作为个案进行研究，需要对池州学院文化建设现状进行科学把握，客观、准确、详细地分析其文化建设存在的问题。本研究设计了“池州学院校园文化建设现状研究调查问卷”，内容主要涉及校园物质文化、校园精神文化、校园活动文化和校园制度文化等方面，以期全面掌握第一手资料。通过对所掌握的数据进行整理分析，形成相应的调查报告，为进一步的研究提供真实、可靠、有效的材料支撑。

3. 多学科综合研究法

高校校园文化建设是一个系统的、复杂的工程，任何局限于某一视角的研究都是不完整的。对地方应用型大学文化建设的研究亦是如此。本研究综合运用相关学科的知识进行交叉研究，融合了自然科学、社会学、文化学、艺术学、美学等多学科研究视野，借鉴、吸收了不同学科领域研究的成果，试图系统地、全面地探讨地方应用型大学文化建设的路径。

第三节　研究重点与核心概念

（一）研究重点

本书研究的重点是以池州学院作为切入点，对地方应用型大学文化建设进行深刻的、全面的理论研究与实践探索，重塑一条体系完整、切实可行的地方应用型大学文化建设的路径。本研究的难点：一是如何挖掘地方应用型大学文化建设在坚持正确的价值取向、坚持先进文化的前进方向的前提下所蕴含的追求真善美的特定内涵？如何将科学求真、人文崇善、艺术尚美融入地方应用型大学文化建设的理论依据与实践方案讲清楚、讲透彻。二是本书研究视角具有一定的创新性，国内外关于地方应用型大学文化建设的研究并不是很多，而基于科学、人文与艺术融合的视角研究地方应用型大学文化建设的更是鲜有先例，可借鉴的比较成熟的研究成果相对缺乏，这给本课题的研究带来了一定的挑战。

（二）核心概念界定

1. 应用型大学、地方应用型大学

目前来看，我国学界对高等学校的分类比较公认的看法是：我国高等学校大致可以分为三种基本类型，一是学术型大学（或称综合性大学、研究性大学），二是应用型本科高校，三是职业技术高校。在应用型本科高校中，既包含有较长历史沿革的部属老校，也包含一批由专科学校升本或是几所学校合并新建的地方普通本科院校。本书中的地方应用型大学指的是后一种情形，特指2000年以后经教育部批准设立的本科院校。地方应用型大学区别于一般的应用型本科高校在于其“地方性”的特征，即从范围和外延上看，它指的是不包括中央部属高校在内的应用型本科高校，是省市政府所属的院校，与部属院校和民办院校相对应。对于地方应用型大学这一概念的内涵，理论界不同的学者有不同的观点。在厘清地方应用型大学的内涵之前，不妨先梳理应用型大学这一概念。潘懋元、车如山从办学定位的角度对应用型本科院校进行了深入的分析。他认为，从发展目标定位来看，应用型本科院校发展目标的制定必须体现出自身办学特色，培养应用型创新人才；从学科专业定位

来看，应用型本科院校在学科、专业和课程的设置上必须紧紧围绕地方经济社会发展的需求；从服务面向定位来看，应用型本科院校应积极主动服务于地方、区域的经济社会发展；从教学定位来看，应用型本科院校应突出实践教学和产学研相结合的办学模式；从人才培养定位来看，应用型本科院校应致力于培养社会需求的应用型人才；从师资队伍来看，应用型本科院校要大力加强“双师型”教师队伍建设；从科学研究定位来看，应用型本科院校科研的直接目标是服务于地方经济社会发展①。也有学者把应用型大学概括为：“适应时代科技化、高等教育大众化、普及化趋势，与经济、生产第一线和地方大众生活紧密联系并为之直接服务，并侧重于科技应用方面的知识、技术和素质的培养、训练和科研，在内部设置及其结构上不同于传统大学的新兴大学。”② 还有学者从应用型大学的特点和发展路径对应用型大学进行了解释，认为应用型大学无论在办学定位、人才培养模式还是学科专业建设方面都应凸显应用性，在发展路径上走产学研相结合的道路③。基于此，笔者认为，地方应用型大学不仅要突出“应用性”，更要突出“地方性”：在办学定位上，地方应用型大学应立足于地方，服务于地方经济社会发展；在人才培养目标上，地方应用型大学应致力于培养满足地方经济社会发展需求的创新型、应用型人才。

2. 文化、校园文化、高校校园文化

“文化”一词，古已有之。《易经》云：“观乎天文，以察时变；观乎人文，以化成天下。”这里的“天文”是指天地运行的规律，“人文”是指伦理道德，“化”则有“教化”之意。西汉刘向《说苑·指武》曰：“圣人之治天下也，先文德而后武力。凡武之兴，为不服也。文化不改，然后加诛。”这里的“文化”为文治教化之意。《现代汉语词典》对“文化”有三种解释：一是指人类在社会历史发展过程中所创造的物质财富和精神财富的总和；二是考古学用语，是指同一个历史时期的不依分布地点为转移的遗迹、遗物的综合体；三是指运用文字的能力及一般知识。在西方，“文化”一词来源于拉丁文，本义为耕作、栽培、养育等。英文“culture”一词对应中国的“文化”，

---

① 潘懋元，车如山：《略论应用型本科院校的定位》，《高等教育研究》，2009 年第 5 期。

② 《北京联合大学发展战略研究》课题组：《探索应用型大学发展之路》，《北京联合大学学报（人文社会科学版）》，2006 年第 1 期。

③ 徐英俊：《应用型大学的特点及发展路径》，《大学（研究与评价）》，2007 年第 3 期。

释义为国家或群体的一种风俗、信仰、艺术、生活方式或是对艺术、音乐、文学等的统称。西方学者泰勒认为：“文化或文明，就其广泛的民族学意义来说，是包括全部的知识、信仰、艺术、道德、法律、风俗，以及作为社会成员的人所掌握和接受的任何其他的才能和习惯的复合体。”[①] 一般来说，理论界对“文化”的定义有广义和狭义之分。广义上的文化通常是指人类在社会历史实践活动过程中所创造的一切物质产品和精神产品的总和，狭义上的文化则特指文学艺术、科学知识以及受教育程度等。本书更倾向于从中义的角度来理解文化，认为文化是相对于经济、政治而言的人类全部精神活动及其产品。文化是由人所创造的，为人所特有的，是人类特有的实践活动的产物。文化具有实践性、民族性、地域性、时代性、历史性、阶级性等特点。

校园文化，顾名思义，就是存在于校园环境中的一种文化。相对于社会文化而言，它是一种“亚文化”。对于校园文化的概念，不同的学者从不同的角度进行了阐释。有学者认为，“校园文化，可指以全校师生为主体创造的教学、科研、学习、生活等社会实践活动中所表现出的文化意识和行为，甚至可以更微观地体现为仅以大学生为主体进行的校园课外文化活动，即‘第二课堂’”[②]。这种观点倾向于把校园文化理解为是相对于课堂文化而言的一种课外文化。也有学者认为，校园文化是一种精神文化，体现着一所学校特有的精神风貌，是维系广大师生遵循共同价值取向与行为方式的精神力量。还有学者认为，校园文化其实就是校园里开展的各种文化艺术活动。这几种观点都是从狭义的角度来理解校园文化，虽有助于人们从某一个侧面深入把握校园文化的内涵，但是不利于人们对校园文化应有功能和价值的进一步挖掘。因此，现代学者越来越倾向于从广义的角度来对校园文化的概念作出界定，认为校园文化是由校园物质文化、精神文化、制度文化、行为文化等组成的有机体。如有学者认为：“校园文化是以社会先进文化为主导，以师生文化活动为主体，以校园精神为底蕴，是学校在长期发展变革过程中由师生员工共同创造形成的校园物质文化、制度文化、精神文化、活动文化、生态文化等综合起来且互相影响而形成的指导学生个体或团体行为以及认识理解校园内

① ［英］泰勒（著），连树声（译）：《原始文化》，上海文艺出版社，1992 年。
② 黄宁：《关于当前高校校园文化建设的思考》，《思想政治教育研究》，2006 年第 2 期。

外一些事件、行为提供参考框架的一种模式。"[①] 本书认为，校园文化是全体师生在长期的、共同的教与学实践活动过程中所形成的，以校园环境为空间、以各种活动为载体、以先进文化为导向的一切物质文明和精神文明的总和。

高校校园文化，也称大学校园文化。目前理论界对高校校园文化的概念并没有形成统一的、普遍的共识。有学者认为，大学文化是以物质文化为依托、以制度文化为保障、以精神文化为核心的一个有机统一体，通过三者整合及其功能的发挥，达到实施素质教育的目标[②]。本书认为，高校校园文化在外延上包括高校物质文化、精神文化、制度文化、行为文化和网络文化。所谓高校物质文化是指高校内以物质形态呈现出来的文化形式，包括校园环境、生活场所、建筑设施、园林绿化、文化景观以及校园形象标识等。高校精神文化是指高校在历史发展过程中形成的一种精神理念，包括大学精神、大学理念、校风、教风、学风、校园氛围、价值体系等。高校制度文化则是指高校办学过程中形成的相关规章制度、准则规范、指导思想等，包括学校制度、校风校纪、道德规范等。高校行为文化，也称高校活动文化，是指以高校师生为参与主体的各种科研、学习、文化、娱乐、体育、艺术等活动。高校网络文化是指以网络信息技术为基础，在网络空间形成的为大学师生所共享和传递的文化活动、文化方式、文化产品和文化观念的集合。

---

① 张茜秋，成祖松：《论大学生思想政治教育的校园文化向度》，《内蒙古农业大学学报（社会科学版）》，2011 年第 3 期。

② 胡玲琳：《大学校园文化的生成机制》，《现代大学教育》，2002 年第 4 期。

第二章

调研报告：地方应用型大学文化建设与素养教育探索

文化是一个国家和民族的灵魂。党的十九大报告指出：“文化兴国运兴，文化强民族强。没有高度的文化自信，没有文化的繁荣兴盛，就没有中华民族伟大复兴”，并提出“激发全民族文化创新创造活力，建设社会主义文化强国”① 的重大战略任务。在社会主义文化建设过程中，高校是极为关键的场所，其肩负着文化传承与发展的伟大任务，肩负着引导大学生树立正确“三观”，培养意志坚定、品行高洁、知识丰富、文化深厚、具备创新性与实践能力的复合型人才的宏伟任务。大学校园文化是高校改革发展的内在驱动力和灵魂所在，对师生道德情操、精神面貌、言行举止等产生潜移默化的影响力和塑造力。办好中国高等教育，培养能够担当民族复兴大任的时代新人，必须深入实施文化强校战略，习近平总书记对教育工作提出明确要求，要“深化教育改革，推进素质教育”，这也是我国提高人才培养质量的根本途径。因此，加强高校校园文化建设，提高高校校园文化建设的实效性，就成为推进建设社会主义文化强国、推动社会主义文化大发展大繁荣的时代课题。

自 20 世纪 90 年代以来，移植和借鉴世界范围内通识教育的理念，中国积极在北京大学、清华大学、中国人民大学等 52 所高校推行文化素质教育试

① 习近平：《决胜全面建成小康社会　夺取新时代中国特色社会主义伟大胜利——在中国共产党第十九次全国代表大会上的报告》，人民出版社，2017 年。

点工作，开始探索符合时代要求和国情的通识教育模式，开启了通识教育本土化的进程，取得了新进展。但在通识教育实践中，通识教育选修课普遍存在着“内容杂、结构乱、质量差、地位低”的现象，究其原因是深化通识课程改革涉及本科教育理念、人才培养模式的综合改革乃至大学管理体制、运行机制和组织制度等更深层次的变革。地方应用型大学也开设文化素质选修课来推进通识教育。在高等教育大众化推进和“新大学”崛起之际，2018 年 1 月，教育部发布了《普通高等学校本科专业类教学质量国家标准》，包含了对于各专业的通识课程的概念内涵的界定。在人文社会学科类专业中，哲学类专业将通识课程纳入专业课程体系，包括相关的人文科学、社会科学、自然科学等领域课程以及创新创业类课程。法学类专业将通识课程与思想政治理论课分开，说明各专业可以根据各自特点和社会的实际需要，设置一定数量的通识课程，应当涵盖外语、体育、计算机以及逻辑学课程，人文社会科学和自然科学课程应该设置平衡。政治学类专业将通识课程纳入公共基础课程，将其与公共必修课分开，主要包括人文知识与修养课程，如中国史、中国思想经典导读、世界史、西方经典思想导读、艺术审美等；自然科学基础和方法课程，如自然科学技术史、科学哲学；社会科学基础和方法课程，如经济学原理、法理学、社会学原理、管理学原理、社会心理学；创新创业课程。教育学类专业认定通识教育课程涵盖思想政治理论课、外语、计算机、体育、文化素质教育课程、创业基础课程、就业创业指导课程，旨在提升学生的基本知识素养、科学与人文素养、道德品质和身心素质。体育学类专业认定通识教育课程包括公共必修课和公共选修课，要求公共必修课应遵照教育部的规定，选修课要求学校根据自身特点、彰显学校特色而开设的通识教育课程。中国语言文学类专业界定通识课程主要包括中国通史、中国思想史、中华文化典籍导读。外国语言文学类专业将通识课程界定为公共基础课和校级通识课程，包括提升学生知识素养、道德品质和身心素质的人文社会科学和自然科学课程。理工科类专业一般对通识类知识作出界定，比如材料类专业认定学生通识类知识“包括人文社会科学类知识、工具性知识、数学和自然科学类知识、经济管理和环境保护类知识”。理工类专业普遍地界定通识课程为公共必修课和素质教育课程，包括人文社会科学类、自然科学类、艺术素养类、创新创业类课程，由各高校根据自身优势和特点设计与开设。高校专业的通识教育在国家标准中，属于广义的通识教育范畴，狭义的通识教育课程即选修课程。通识课程的教育目标是旨在提升学生的基本知识素养、科学与人文素养、道德品质和身心品质，课程设计囊括人文社会科学类、自然科学类、艺术素养类，是根据学校实际和优势来规划并彰显特色。

第一节　地方应用型大学文化建设的现状调查报告

地方应用型大学多属新建高校，这类高校由于其办学历史积淀、办学定位、办学基础条件、教育管理过程等因素的限制，学校的校园文化建设往往容易出现一定程度的偏差。本书以池州学院为调查个案，为了解池州学院开展校园文化建设的实际情况和真实效果，课题组于2020年6月制定了《池州学院校园文化建设现状研究调查问卷》，因为新冠疫情突袭而至，只能依托网络平台进行问卷的发放和数据的处理。此次调查问卷发布在问卷星网络平台上，由各二级学院辅导员分享链接交由学生填写，共回收有效问卷1179份。调查问卷主要分为三个部分：第一部分是调查对象的基本信息；第二部分是问卷的主体，从物质文化、精神文化、校园文化活动、教学文化、制度文化等维度设计了56个问题，采用了单项选择和多项选择的形式；第三部分是采用开放式问答的形式，征集学生对池州学院校园文化建设工作的意见和建议。问卷采用无记名形式，由每个学生独立完成。现将问卷结果分析如下（占比为四舍五入后的数值，故占比之和不全等于100%，特此说明）。

（一）调查对象基本情况

问卷调查对象的性别分布情况是：男509人，占总人数的43.17%；女670人，占总人数的56.83%（见表2-1）。

表2-1　调查对象性别分布情况

选项	人数	占比（%）
男	509	43.17
女	670	56.83
本题有效填写人次	1179	

问卷调查的对象包括了不同年级的学生，其中大一新生为92人，占总数的7.8%；大二学生为459人，占总数的38.93%；大三学生为281人，占总

数的23.83%；大四学生为347人，占总数的29.43%（见表2-2）。本次调查中大一学生所占比例较小，参与问卷调查的积极性不高。

表2-2　调查对象年级分布情况

选项	人数	占比（%）
大一	92	7.8
大二	459	38.93
大三	281	23.83
大四	347	29.43
本题有效填写人次	1179	

问卷的调查对象的专业分布情况是：人文社科类744人，占总数的63.1%；理工类435人，占总数的36.9%（见表2-3）。

表2-3　调查对象专业分布情况

选项	人数	占比（%）
人文社科类	744	63.1
理工类	435	36.9
本题有效填写人次	1179	

调查对象的政治面貌分布情况是：党员或预备党员60人，占总数的5.09%；入党积极分子202人，占总数的17.13%；团员845人，占总数的71.67%；群众72人，占总数的6.11%（见表2-4）。本次调查对象的政治面貌分布情况中团员所占比例最大。

表2-4　调查对象政治面貌分布情况

选项	人数	占比（%）
党员或预备党员	60	5.09
入党积极分子	202	17.13
团员	845	71.67
群众	72	6.11
本题有效填写人次	1179	

（二）大学校园文化建设情况

1. 物质文化方面

物质形态的校园文化是校园文化的外在表现，是最显而易见的，也是最容易被人们所认可的。为了了解我校开展校园物质文化建设的基本情况，课题组设计了11个选题。

第一，“您认为我校的校园环境和硬件设施建设怎么样?”选择“设施完善先进、环境优美”的人数为178人，占总人数的15.1%；选择“校园环境优美，各类设施基本完善”的人数为393人，占总人数的33.33%；选择“设施不够完善，但环境不错”的人数为458人，占总人数的38.85%；选择“环境建设有待加强，硬件设施也不够完善”的人数为150人，占总人数的12.72%（见表2-5）。目前我校学生基本上是在学校住宿，他们的学习、生活、日常社会活动大多在校园里开展，因此，他们对于校园环境和硬件设施的评价，能较为直观地反映出当前我校校园物质文化建设的现状。通过学生的选项可以看出，87.28%的学生认为校园环境比较优美，但51.57%的学生认为硬件设施不够完善，还有待加强建设。

表2-5　校园环境和硬件设施情况

选项	人数	占比（%）
A. 设施完善先进、环境优美	178	15.1
B. 校园环境优美，各类设施基本完善	393	33.33
C. 设施不够完善，但环境不错	458	38.85
D. 环境建设有待加强，硬件设施也不够完善	150	12.72
本题有效填写人次	1179	

第二，校园标志性建筑是一所高校校园文化属性的重要载体和符号，标志性建筑作为建筑群落的核心，应该显眼、突出、令人印象深刻，因此我们设计了选题“您对学校的一些代表性建筑印象深刻吗?”选择“印象很深”的人数为320人，占总人数的27.14%；选择“较有印象”的人数为525人，占总人数的44.53%；选择“一般”的人数为247人，占总人数的20.95%；选择“不太有印象”的人数为56人，占总人数的4.75%；选择“根本没印

象”的人数为21人，占总人数的1.78%；选择“说不清楚”的人数为10人，占总人数的0.85%（见表2-6）。对数据进行分析可知，大部分学生对我校的标志性建筑印象深刻。

表2-6 标志性建筑印象情况

选项	人数	占比（%）
A. 印象很深	320	27.14
B. 较有印象	525	44.53
C. 一般	247	20.95
D. 不太有印象	56	4.75
E. 根本没印象	21	1.78
F. 说不清楚	10	0.85
本题有效填写人次	1179	

第三，“您对学校的草木、湖泊、碑刻、小道等景观的印象深刻吗?”选择“印象很深”的人数为264人，占总人数的22.39%；选择“较有印象”的人数为509人，占总人数的43.17%；选择“一般”的人数为315人，占总人数的26.72%；选择“不太有印象”的人数为68人，占总人数的5.77%；选择“根本没印象”的人数为15人，占总人数的1.27%；选择“说不清楚”的人数为8人，占总人数的0.68%（见表2-7）。

表2-7 景观印象情况

选项	人数	占比（%）
A. 印象很深	264	22.39
B. 较有印象	509	43.17
C. 一般	315	26.72
D. 不太有印象	68	5.77
E. 根本没印象	15	1.27
F. 说不清楚	8	0.68
本题有效填写人次	1179	

第四，“您认为图书馆对校园文化氛围的影响是怎样的？”选择“影响很大”的人数为482人，占总人数的40.88%；选择“较有影响”的人数为484人，占总人数的41.05%；选择“一般”的人数为163人，占总人数的13.83%；选择“没什么影响”的人数为27人，占总人数的2.29%；选择“根本没影响”的人数为13人，占总人数的1.1%；选择“说不清楚”的人数为10人，占总人数的0.85%（见表2－8）。其中选择“影响很大”和“较有影响”的累加百分比为81.93%，由此可见，大部分学生都认为图书馆对校园文化建设具有十分重要的意义。

表2－8　图书馆对校园文化建设情况调查

选项	人数	占比（%）
A. 影响很大	482	40.88
B. 较有影响	484	41.05
C. 一般	163	13.83
D. 没什么影响	27	2.29
E. 根本没影响	13	1.1
F. 说不清楚	10	0.85
本题有效填写人次	1179	

第五，“您认为与学科专业相关的图书资料是否完备？”选择“很丰富，既有经典书目也有学科前沿资料”的人数为447人，占总人数的37.91%；选择“一般，经典资料较多，但学科前沿资料较少”的人数为626人，占总人数的53.1%；选择“比较缺乏，经典资料不全，学科前沿资料很少”的人数为90人，占总人数的7.63%；选择“非常缺乏，与学科相关的资料非常少”的人数为16人，占总人数的1.36%（见表2－9）。统计数据显示，我校与专业相关的图书资料比较完备，但学科前沿资料相对较少。

表2－9　学校与专业相关的图书资料完备情况

选项	人数	占比（%）
A. 很丰富，既有经典书目也有学科前沿资料	447	37.91

（续表）

选项	人数	占比（%）
B. 一般，经典资料较多，但学科前沿资料较少	626	53.1
C. 比较缺乏，经典资料不全，学科前沿资料很少	90	7.63
D. 非常缺乏，与学科相关的资料非常少	16	1.36
本题有效填写人次	1179	

第六，“您的学校是否有醒目的校牌标识？”选择“是”的人数为1020人，占总人数的86.51%；选择“否”的人数为159人，占总人数的13.49%（见表2－10）。

表2－10　校牌标识醒目情况

选项	人数	占比（%）
A. 是	1020	86.51
B. 否	159	13.49
本题有效填写人次	1179	

第七，“您的学校是否设置了文化长廊？”选择“是”的人数为848人，占总人数的71.93%；选择“否”的人数为331人，占总人数的28.07%（见表2－11）。

表2－11　文化长廊设置情况

选项	人数	占比（%）
A. 是	848	71.93
B. 否	331	28.07
本题有效填写人次	1179	

第八，“您对校服满意吗？”选择“满意，好看又耐穿”的人数为470人，占总人数的39.86%；选择“样式可以，但不耐穿”的人数为215人，占总人

数的18.24%；选择“耐穿，但样式难看”的人数为255人，占总人数的21.63%；选择“既不好看也不耐穿”的人数为239人，占总人数的20.27%（见表2-12）。

表2-12　校服满意情况

选项	人数	占比（%）
A. 满意，好看又耐穿	470	39.86
B. 样式可以，但不耐穿	215	18.24
C. 耐穿，但样式难看	255	21.63
D. 既不好看也不耐穿	239	20.27
本题有效填写人次	1179	

第九，“优美的环境也是营造校园文化氛围的一个重要手段，您是否赞成这种说法?”选择“很赞成”的人数为839人，占总人数的71.16%；选择“较赞成”的人数为243人，占总人数的20.61%；选择“一般”的人数为76人，占总人数的6.45%；选择“不太赞成”的人数为9人，占总人数的0.76%；选择“根本不赞成”的人数为4人，占总人数的0.34%；选择“说不清楚”的人数为8人，占总人数的0.68%（见表2-13）。由数据可知，大部分学生认为打造优美的环境是营造校园文化氛围的一个重要手段。

表2-13　优美的校园环境调查情况

选项	人数	占比（%）
A. 很赞成	839	71.16
B. 较赞成	243	20.61
C. 一般	76	6.45
D. 不太赞成	9	0.76
E. 根本不赞成	4	0.34
F. 说不清楚	8	0.68
本题有效填写人次	1179	

第十，“您认为目前本校的校园物质文化建设有何不足之处?”选择“师资匮乏”的人数为82人，占总人数的6.96%；选择“经费不足”的人数为

194 人，占总人数的 16.45%；选择“设施陈旧”的人数为 435 人，占总人数的 36.9%；选择“设施不够全面”的人数为 405 人，占总人数的 34.35%；选择“其他”的人数为 63 人，占总人数的 5.34%（见表 2－14）。由数据可知，在学生看来，校园物质文化建设方面最薄弱的是校园内的相应设施建设。

表 2－14　不足之处调查情况

选项	人数	占比（%）
A. 师资匮乏	82	6.96
B. 经费不足	194	16.45
C. 设施陈旧	435	36.9
D. 设施不够全面	405	34.35
E. 其他	63	5.34
本题有效填写人次	1179	

第十一，“如果您是学校领导，现有一笔资金，您会考虑进行哪方面的投入?”选择“食堂、超市”的人数为 538 人，占总人数的 45.63%；选择“体育馆、运动场”的人数为 427 人，占总人数的 36.22%；选择“图书馆、教学楼”的人数为 766 人，占总人数的 64.97%；选择“活动中心”的人数为 479 人，占总人数的 40.63%；选择“科研创新团队”的人数为 422 人，占总人数的 35.79%；选择“其他”的人数为 98 人，占总人数的 8.31%（见表 2－15）（本题为多选题）。由数据可知，在校园物质文化建设方面，学生更关注图书馆、教学楼、食堂、超市、活动中心的建设情况。

表 2－15　资金投入情况

选项	人数	占比（%）
A. 食堂、超市	538	45.63
B. 体育馆、运动场	427	36.22
C. 图书馆、教学楼	766	64.97
D. 活动中心	479	40.63
E. 科研创新团队	422	35.79
F. 其他	98	8.31

2. 精神文化方面

精神形态的校园文化是校园文化的最高层面，高校校园精神文化是高校发展的历史过程中，经过长期的积淀、选择、凝聚、发展而形成的精神财富，它集中反映了一所学校的办学宗旨、培养目标及其独特个性，并为广大师生员工所认同。主要包括学校的传统精神和师生员工的价值观、道德观、文化观及其思维方式、心理氛围、精神信念等，往往以校风、学风、班风、校歌、校训等外在的形式表现出来。为了了解我校校园精神文化建设的现状，课题组设计了9个选题。

第一，“您的学校有校徽吗?”选择“有”的人数为1103人，占总人数的93.55%；选择“没有”的人数为26人，占总人数的2.21%；选择“不太清楚”的人数为50人，占总人数的4.24%（见表2－16）。

表2－16 校徽调查情况

选项	人数	占比（%）
A. 有	1103	93.55
B. 没有	26	2.21
C. 不太清楚	50	4.24
本题有效填写人次	1179	

第二，“您对学校的校徽满意吗?”选择“很满意”的人数为453人，占总人数的41.07%；选择“比较满意”的人数为514人，占总人数的46.6%；选择“不太满意”的人数为67人，占总人数的6.07%；选择“不满意”的人数为18人，占总人数的1.63%；选择“说不清楚”的人数为51人，占总人数的4.62%（见表2－17）。由第一、二选题的数据分析可知，大部分学生对我校校徽情况比较清楚，认同度较高。

表2－17 校徽满意度调查情况

选项	人数	占比（%）
A. 很满意	453	41.07
B. 比较满意	514	46.6
C. 不太满意	67	6.07

（续表）

选项	人数	占比（%）
D. 不满意	18	1.63
E. 说不清楚	51	4.62
本题有效填写人次	1103	

第三，“您的学校有明示的校训吗？”选择“有”的人数为1132人，占总人数的96.01%；选择“没有”的人数为9人，占总人数的0.76%；选择“不太清楚”的人数为38人，占总人数的3.22%（见表2－18）。

表2－18 校训调查情况

选项	人数	占比（%）
A. 有	1132	96.01
B. 没有	9	0.76
C. 不太清楚	38	3.22
本题有效填写人次	1179	

第四，“校训对您有影响吗？”选择“影响很大”的人数为386人，占总人数的34.1%；选择“较有影响”的人数为496人，占总人数的43.82%；选择“一般”的人数为205人，占总人数的18.11%；选择“没什么影响”的人数为31人，占总人数的2.74%；选择“根本没影响”的人数为12人，占总人数的1.06%；选择“说不清楚”的人数为2人，占总人数的0.18%（见表2－19）。通过第三、四选题的数据分析可知，大部分学生对我校校训情况认知较为明确，并且认同校训对自己的影响。

表2－19 校训影响调查情况

选项	人数	占比（%）
A. 影响很大	386	34.1
B. 较有影响	496	43.82
C. 一般	205	18.11
D. 没什么影响	31	2.74

（续表）

选项	人数	占比（%）
E. 根本没影响	12	1.06
F. 说不清楚	2	0.18
本题有效填写人次	1132	

第五，“您的学校有明示学风吗？”选择“有”的人数为949人，占总人数的80.49%；选择“没有”的人数为44人，占总人数的3.73%；选择“不清楚”的人数为186人，占总人数的15.78%（见表2-20）。通过数据可知，大部分学生对我校学风认知明确，但是依然有19.51%的学生对学风情况不了解，说明学风建设还有待加强。

表2-20　学风调查情况

选项	人数	占比（%）
A. 有	949	80.49
B. 没有	44	3.73
C. 不太清楚	186	15.78
本题有效填写人次	1179	

第六，“学风对您有影响吗？”选择“影响很大”的人数为403人，占总人数的42.47%；选择“较有影响”的人数为394人，占总人数的41.52%；选择“一般”的人数为141人，占总人数的14.86%；选择“没什么影响”的人数为6人，占总人数的0.63%；选择“根本没影响”的人数为3人，占总人数的0.32%；选择“说不清楚”的人数为2人，占总人数的0.21%（见表2-21）。由此可见，大部分学生认同学风对自己的影响。

表2-21　学风影响调查情况

选项	人数	占比（%）
A. 影响很大	403	42.47
B. 较有影响	394	41.52
C. 一般	141	14.86

（续表）

选项	人数	占比（%）
D. 没什么影响	6	0.63
E. 根本没影响	3	0.32
F. 说不清楚	2	0.21
本题有效填写人次	949	

第七，“您是否了解学校的办学理念和办学特色?”选择“很了解”的人数为272人，占总人数的23.07%；选择“较了解”的人数为459人，占总人数的38.93%；选择“一般”的人数为313人，占总人数的26.55%；选择“不太了解”的人数为103人，占总人数的8.74%；选择“根本不了解”的人数为15人，占总人数的1.27%；选择“说不清楚”的人数为17人，占总人数的1.44%（见表2－22）。由此可见，大部分学生对学校的办学理念和办学特色有一定的认知，但是这种认知可能会存在不全面、不具体、不深刻等问题。

表2－22　办学理念和办学特色调查情况

选项	人数	占比（%）
A. 很了解	272	23.07
B. 较了解	459	38.93
C. 一般	313	26.55
D. 不太了解	103	8.74
E. 根本不了解	15	1.27
F. 说不清楚	17	1.44
本题有效填写人次	1179	

第八，“师生道德素质建设方面，您认为我们校园文化建设情况如何?”选择“道德素质很高，能体现高校水准”的人数为747人，占总人数的63.36%；选择“道德素质一般”的人数为400人，占总人数的33.93%；选择“道德水准较低”的人数为23人，占总人数的1.95%；选择“道德水准很低，令人反感”的人数为9人，占总人数的0.76%（见表2－23）。由数据

可知，大部分学生认可我校师生道德素质建设，但仍然有 36.64% 的学生认为应该加强我校师生道德素质建设。

表 2-23 道德水准调查情况

选项	人数	占比（%）
A. 道德素质很高，能体现高校水准	747	63.36
B. 道德素质一般	400	33.93
C. 道德水准较低	23	1.95
D. 道德水准很低，令人反感	9	0.76
本题有效填写人次	1179	

第九，“您认为目前本校的校园精神文化建设有何不足之处?”选择“缺乏趣味性”的人数为 747 人，占总人数的 63.36%；选择“肤浅低俗”的人数为 46 人，占总人数的 3.9%；选择“空洞单一”的人数为 256 人，占总人数的 21.71%；选择“其他”的人数为 130 人，占总人数的 11.03%（见表 2-24）。由数据可知，大部分学生认为我校精神文化建设存在缺乏趣味性和形式单一的问题，因此，校园文化建设中应该有针对性地弥补这些问题。

表 2-24 精神文化不足之处调查情况

选项	人数	占比（%）
A. 缺乏趣味性	747	63.36
B. 肤浅低俗	46	3.9
C. 空洞单一	256	21.71
D. 其他	130	11.03
本题有效填写人次	1179	

3. 校园文化活动方面

校园文化活动是高校人在校园内日常从事的，具有自身特点的教学、科研、学习、体育、娱乐及生活等行为的活动，是高校校园文化建设不可或缺的一部分，体现了高校师生的精神状态、行为操守和文化品位。为了了解我校校园文化活动开展的实际情况，课题组设计了 13 个选题。

第一，“您认为大学生应该参加校园文化活动吗？”选择“都应该参加”的人数为325人，占总人数的27.57%；选择“适当参加”的人数为773人，占总人数的65.56%；选择“可参加可不参加”的人数为78人，占总人数的6.62%；选择“不应该参加”的人数为3人，占总人数的0.25%（见表2-25）。由数据可知，大部分学生能认识到参与校园文化活动的重要性。

表2-25 校园文化活动参加与否调查情况

选项	人数	占比（%）
A. 都应该参加	325	27.57
B. 适当参加	773	65.56
C. 可参加可不参加	78	6.62
D. 不应该参加	3	0.25
本题有效填写人次	1179	

第二，“大学期间您是否参加过我校的校园文化活动？”选择“经常参加”的人数为376人，占总人数的31.89%，选择“偶尔参加”的人数为744人，占总人数的63.1%，选择“没参加过”的人数为59人，占总人数的5%（见表2-26）。通过数据分析可知，大部分学生参与校园文化活动的积极性较高。

表2-26 校园文化活动参加情况调查

选项	人数	占比（%）
A. 经常参加	376	31.89
B. 偶尔参加	744	63.1
C. 没参加过	59	5
本题有效填写人次	1179	

第三，“您的学校举办的校园文化活动最能影响您的是？”选择“竞技性的（如文体比赛）”的人数为241人，占总人数的20.44%；选择“参与性的（如晚会、郊游）”的人数为345人，占总人数的29.26%；选择“公益性的（如志愿者活动）”的人数为422人，占总人数的35.79%；选择“学术创新性的（如科技创新、创业计划）”的人数为122人，占总人数的10.35%；选择“自助性的（如勤工助学）”的人数为49人，占总人数的4.16%（见

表2－27)。在这组数据中位居榜首的是“公益性的”，排第二的是“参与性的”，排第三的是“竞技性的”，因此，在举办校园文化活动的过程中既要考虑到多样性，避免类型单一，同时也要结合学生的兴趣有针对性地开展相应的校园文化活动。

表2－27　校园文化活动最具影响力的类型调查情况

选项	人数	占比（%）
A. 竞技性的（如文体比赛）	241	20.44
B. 参与性的（如晚会、郊游）	345	29.26
C. 公益性的（如志愿者活动）	422	35.79
D. 学术创新性的（如科技创新、创业计划）	122	10.35
E. 自助性的（如勤工助学）	49	4.16
本题有效填写人次	1179	

第四，“相比之下，您会优先选择什么机构组织的活动？（此选题为多选题）”选择“自己宿舍”的人数为700人，占总人数的59.37%；选择“所在班级”的人数为876人，占总人数的74.3%；选择“党团组织”的人数为470人，占总人数的39.86%；选择“各类社团”的人数为530人，占总人数的44.95%；选择“朋友自发”的人数为362人，占总人数的30.7%；选择“社会团体”的人数为296人，占总人数的25.11%；选择“政府机关”的人数为215人，占总人数的18.24%（见表2－28)。在这组数据中位居榜首的是“所在班级”，第二是“自己宿舍”，第三是“各类社团”。由数据可知，大学生更愿意在自己较为熟悉的小团体中参与校园文化活动。

表2－28　组织机构调查情况

选项	人数	占比（%）
A. 自己宿舍	700	59.37
B. 所在班级	876	74.3
C. 党团组织	470	39.86
D. 各类社团	530	44.95

（续表）

选项	人数	占比（%）
E. 朋友自发	362	30.7
F. 社会团体	296	25.11
G. 政府机关	215	18.24

第五，“您认为参加校园文化活动的目的是什么？（此选题为多选题）”选择“锻炼自己，提升个人技能”的人数为1047人，占总人数的88.8%；选择“感兴趣去玩玩”的人数为500人，占总人数的42.41%；选择“被学生组织社团强制要求参加”的人数为175人，占总人数的14.84%；选择“为班级充场”的人数为181人，占总人数的15.35%；选择“施展个人特长、才艺”的人数为488人，占总人数的41.39%；选择“综合素质测评加分”的人数为583人，占总人数的49.45%；选择“拓展社交范围”的人数为569人，占总人数的48.26%；选择“无聊，打发时间”的人数为85人，占总人数的7.21%；选择“其他”的人数为14人，占总人数的1.19%（见表2-29）。在这组数据中位居榜首的是“锻炼自己，提升个人技能”，第二是“综合素质测评加分”，第三是“拓展社交范围”。由数据可知，大学生参与校园文化活动更看重的是，这些校园文化活动是否能对自己的技能、评优评奖、人脉等有加持作用，其目的带有一定的功利性。

表2-29 学生参与校园文化目的调查情况

选项	人数	占比（%）
A. 锻炼自己，提升个人技能	1047	88.8
B. 感兴趣去玩玩	500	42.41
C. 被学生组织社团强制要求参加	175	14.84
D. 为班级充场	181	15.35
E. 施展个人特长、才艺	488	41.39
F. 综合素质测评加分	583	49.45
G. 拓展社交范围	569	48.26
H. 无聊，打发时间	85	7.21
I. 其他	14	1.19

第六，“您认为本校的校园文化活动组织情况及参与度如何？（此选题为多选题）”选择“社团组织类型全面，社团多，活动参与度高”的人数为596人，占总人数的50.55%；选择“社团多、活动参与度一般”的人数为590人，占总人数的50.04%；选择“文化活动较多，社团一般，参与度一般”的人数为379人，占总人数的32.15%；选择“社团与学生活动都很多，但规模偏小且缺乏影响力”的人数为256人，占总人数的21.71%；选择“社团和活动都较少，参与度也不高”的人数为72人，占总人数的6.11%（见表2-30）。由数据可知，我校校园文化活动的组织情况较好，学生的参与度较高。

表2-30　校园文化活动组织情况和参与度调查情况

选项	人数	占比（%）
A. 社团组织类型全面，社团多，活动参与度高	596	50.55
B. 社团多、活动参与度一般	590	50.04
C. 文化活动较多，社团一般，参与度一般	379	32.15
D. 社团与学生活动都很多，但规模偏小且缺乏影响力	256	21.71
E. 社团和活动都较少，参与度也不高	72	6.11

第七，“您认为社团活动重要吗？”选择“很重要”的人数为315人，占总人数的26.72%；选择“比较重要”的人数为492人，占总人数的41.73%；选择“一般”的人数为313人，占总人数的26.55%；选择“不怎么重要”的人数为39人，占总人数的3.31%；选择“根本不重要”的人数为13，占总人数的1.1%；选择“说不清楚”的人数为7，占总人数的0.59%（见表2-31）。通过数据可以看出，大部分学生认可社团活动的重要性。

表2-31　社团重要性调查情况

选项	人数	占比（%）
A. 很重要	315	26.72
B. 比较重要	492	41.73

（续表）

选项	人数	占比（%）
C. 一般	313	26.55
D. 不怎么重要	39	3.31
E. 根本不重要	13	1.1
F. 说不清楚	7	0.59
本题有效填写人次	1179	

第八，“社团活动对学生的影响大吗?”选择“影响很大”的人数为295人，占总人数的25.02%；选择“较有影响”的人数为497人，占总人数的42.15%；选择“一般”的人数为314人，占总人数的26.63%；选择“没什么影响”的人数为45人，占总人数的3.82%；选择“根本没影响”的人数为16人，占总人数的1.36%；选择“说不清楚”的人数为12人，占总人数的1.02%（见表2－32）。通过数据可知，大部分学生认为社团活动对大学生有较大的影响。

表2－32 社团活动的影响调查情况

选项	人数	占比（%）
A. 影响很大	295	25.02
B. 较有影响	497	42.15
C. 一般	314	26.63
D. 没什么影响	45	3.82
E. 根本没影响	16	1.36
F. 说不清楚	12	1.02
本题有效填写人次	1179	

第九，“您是否加入了学校的社团?”选择“是”的人数为839人，占总人数的71.16%；选择“否”的人数为340人，占总人数的28.84%（见表2－33）。由数据可知，我校社团组织覆盖率较高。

表2-33 是否加入社团情况调查

选项	人数	占比（%）
A. 是	839	71.16
B. 否	340	28.84
本题有效填写人次	1179	

第十，“相对而言，您最喜欢哪类社团?”选择“理论实践类”的人数为169人，占总人数的14.33%；选择“学术科技类”的人数为79人，占总人数的6.7%；选择“志愿者服务类”的人数为299人，占总人数的25.36%；选择“体育类”的人数为135人，占总人数的11.45%；选择“文艺类”的人数为250人，占总人数的21.2%；选择“社会实践类”的人数为156人，占总人数的13.23%；选择“创新创业类”的人数为71人，占总人数的6.02%；选择“其他”的人数为20人，占总人数的1.7%（见表2 34）。由此可知，大学生更喜欢志愿者服务、文艺和理论实践等类型的社团，而学术科技、创新创业等类型的社团相对来说不太受欢迎。

表2-34 社团类型调查情况

选项	人数	占比（%）
A. 理论实践类	169	14.33
B. 学术科技类	79	6.7
C. 志愿者服务类	299	25.36
D. 体育类	135	11.45
E. 文艺类	250	21.2
F. 社会实践类	156	13.23
G. 创新创业类	71	6.02
H. 其他	20	1.7
本题有效填写人次	1179	

第十一，“您如何看待学生社团与校园文化之间的关系？”选择“学生社团的活动是校园文化建设的主要构成，应加大力度做大做强”的人数为475人，占总人数的40.29%；选择“学生社团的活动文化内涵丰富，形式多样，应鼓励积极参加”的人数为584人，占总人数的49.53%；选择“学生社团的活动花费时间太多，应限制开展”的人数为55人，占总人数的4.66%；选择“学生社团的活动内容繁杂，品位不高，对校园文化建设意义不大”的人数为53人，占总人数的4.5%；选择“学生社团的活动管理很差，扰乱学生生活秩序，对校园文化起消极影响”的人数为12人，占总人数的1.02%（见表2－35）。通过数据可知，大部分学生肯定了学生社团活动对校园文化建设的重要作用，认为应该进一步加强学生社团建设。

表2－35 学生社团与校园文化调查情况

选项	人数	占比（%）
A. 学生社团的活动是校园文化建设的主要构成，应加大力度做大做强	475	40.29
B. 学生社团的活动文化内涵丰富，形式多样，应鼓励积极参加	584	49.53
C. 学生社团的活动花费时间太多，应限制开展	55	4.66
D. 学生社团的活动内容繁杂，品位不高，对校园文化建设意义不大	53	4.5
E. 学生社团的活动管理很差，扰乱学生生活秩序，对校园文化起消极影响	12	1.02
本题有效填写人次	1179	

第十二，“您认为参加校园文化活动是否有收获？”选择“收获很大”的人数为341人，占总人数的28.92%；选择“有一些收获”的人数为715人，占总人数的60.64%；选择“收获不大”的人数为103人，占总人数的8.74%；选择“没有收获”的人数为20人，占总人数的1.7%（见表2－36）。

表2-36　参加校园文化活动收获调查情况

选项	人数	占比（%）
A. 收获很多	341	28.92
B. 有一些收获	715	60.64
C. 收获不大	103	8.74
D. 没有收获	20	1.7
本题有效填写人次	1179	

第十三，“您认为我校文化活动的不足在哪里？（此选题为多选题）”选择“活动场地太少”的人数为796人，占总人数的67.51%；选择“时间限制太死”的人数为434人，占总人数的36.81%；选择“活动申请太难”的人数为339人，占总人数的28.75%；选择“经费支持不够”的人数为571人，占总人数的48.43%；选择“活动新意不够”的人数为545人，占总人数的46.23%；选择“活动宣传力度不够”的人数为374人，占总人数的31.72%；选择“主题不明确，没意义”的人数为166人，占总人数的14.08%（见表2-37）。这组数据中位居榜首的是“活动场地太少”，第二是“经费支持不够”，第三是“活动新意不够”，其他的几个选项，勾选的人数也较多。由此可知，大部分学生认为我校校园文化活动存在的不足之处较多，需要加强建设。

表2-37　校园文化活动不足之处调查情况

选项	人数	占比（%）
A. 活动场地太少	796	67.51
B. 时间限制太死	434	36.81
C. 活动申请太难	339	28.75
D. 经费支持不够	571	48.43
E. 活动新意不够	545	46.23
F. 活动宣传力度不够	374	31.72
H. 主题不明确，没意义	166	14.08

4. 教学文化方面

高校的主要职能是教育教学、科学研究、服务社会以及传承文明，教育教学活动也是高校最基础、最重要的工作，教育教学活动既传道、授业、解惑，也产生了其特有的文化，并随着教育教学活动的展开得以传承、改造或创新。因此，教学文化应该是高校校园文化不可或缺的一部分。为了了解我校教学文化建设的情况，课题组设计了13个选题。

第一，“在教学方面您认为本校校园文化建设情况如何?”选择“很好，老师水准很高，课堂吸引人”的人数为469人，占总人数的39.78%；选择“一般，老师比较负责，但课堂吸引力不够”的人数为632人，占总人数的53.6%；选择“老师作用不大，全靠学生自觉”的人数为71人，占总人数的6.02%；选择“很差，老师上课枯燥，让人反感”的人数为7人，占总人数的0.59%（见表2－38）。由数据可知，大部分学生认可老师的教学水准和态度，但是在课堂吸引力方面认同度不高。

表2－38　教学方面调查情况

选项	人数	占比（%）
A. 很好，老师水准很高，课堂吸引人	469	39.78
B. 一般，老师比较负责，但课堂吸引力不够	632	53.6
C. 老师作用不大，全靠学生自觉	71	6.02
D. 很差，老师上课枯燥，让人反感	7	0.59
本题有效填写人次	1179	

第二，“给您印象最深刻的任课老师是哪种类型的教师?（此选题为多选题）”选择“和蔼可亲的”人数为876人，占总人数的74.3%；选择“专业知识渊博的”人数为700人，占总人数的59.37%；选择“教学经验丰富的”人数为641人，占总人数的54.37%；选择“比较严厉的”人数为159人，占总人数的13.49%；选择“其他”人数为27人，占总人数的2.29%（见表2－39）。通过数据可知，学生最在意的是任课教师的亲和力，也就是说师生之间的关系融洽对学生来说印象最为深刻。

表 2-39　教师的类型调查情况

选项	人数	占比（%）
A. 和蔼可亲的	876	74.3
B. 专业知识渊博的	700	59.37
C. 教学经验丰富的	641	54.37
D. 比较严厉的	159	13.49
E. 其他	27	2.29

第三，“您最喜欢的任课老师对您的影响主要是什么方面？（此选题为多选题）”选择“为人”的人数为905人，占总人数的76.76%；选择“治学”的人数为716人，占总人数的60.73%；选择“做事”的人数为689人，占总人数的58.44%；选择“个性”的人数为465人，占总人数的39.44%；选择“其他”的人数为27人，占总人数的2.29%（见表2-40）。从数据可以看出，选择“为人”的学生比例最大，选择“治学”“做事”“个性”的人数也较多。由此可知，大部分学生认为任课教师对自己的人生和成长具有多方面的影响力，其中人品影响最大。

表 2-40　教师的影响调查情况

选项	人数	占比（%）
A. 为人	905	76.76
B. 治学	716	60.73
C. 做事	689	58.44
D. 个性	465	39.44
E. 其他	27	2.29

第四，“您认为本校老师与学生之间的关系是怎样的？（此选题为多选题）”选择“敬而远之的”的人数为190人，占总人数的16.12%；选择“和谐互动的”的人数为865人，占总人数的73.37%；选择“君子之交淡如水的”的人数为340人，占总人数的28.84%；选择“平等民主的”的人数为523人，占总人数的44.36%；选择“师道为尊的”的人数为283人，占总人

数的24%；选择“其他”的人数为12人，占总人数的1.02%（见表2-41）。通过数据可知，学生对我校师生关系的认同度较高。

表2-41 师生关系调查情况

选项	人数	占比（%）
A. 敬而远之的	190	16.12
B. 和谐互动的	865	73.37
C. 君子之交淡如水的	340	28.84
D. 平等民主的	523	44.36
E. 师道为尊的	283	24
F. 其他	12	1.02

第五，“您认为读研的主要目的是?”选择“全面提高自身素质，为实现人生理想做准备”的人数为764人，占总人数的64.8%；选择“掌握一技之长，为就业打好基础”的人数为311人，占总人数的26.38%；选择“为了获得文凭”的人数为72人，占总人数的6.11%；选择“没想过”的人数为26人，占总人数的2.21%；选择“其他”的人数为6人，占总人数的0.51%（见表2-42）。通过数据可知，大部分学生对读研的认知较为明确，认为继续学习深造的主要目的是提高自身素质，实现人生理想。

表2-42 考研的目的调查情况

选项	人数	占比（%）
A. 全面提高自身素质，为实现人生理想做准备	764	64.8
B. 掌握一技之长，为就业打好基础	311	26.38
C. 为了获得文凭	72	6.11
D. 没想过	26	2.21
E. 其他	6	0.51
本题有效填写人次	1179	

第六，“您在课余时间主要做什么？（此选题为多选题）”选择“学习”的人数为864人，占总人数的73.28%；选择“参加社团活动”的人数为629人，占总人数的53.35%；选择“健身、运动”的人数为515人，占总人数的43.68%；选择“睡懒觉”的人数为387人，占总人数的32.82%；选择“和同学闲聊”的人数为349人，占总人数的29.6%；选择“打扑克、棋牌等”的人数为42人，占总人数的3.56%；选择“和同学沟通联络感情”的人数为380人，占总人数的32.23%；选择“上网”的人数为440人，占总人数的37.32%；选择“其他”的人数为37人，占总人数的3.14%（见表2-43）。由数据可知，大学生的课余活动丰富多样，大部分学生在课余时间仍然坚持学习各类知识，学习的积极性较高。

表2-43　课余活动调查情况

选项	人数	占比（%）
A. 学习（包括读课外书）	864	73.28
B. 参加院、系组织的社团活动	629	53.35
C. 健身、运动	515	43.68
D. 睡懒觉	387	32.82
E. 和同学闲聊	349	29.6
F. 打扑克、棋牌等	42	3.56
G. 和同学沟通联络感情	380	32.23
H. 上网	440	37.32
I. 其他	37	3.14

第七，“课余时间里，您使用电脑的主要目的？（此选题为多选题）”选择“上网查资料”的人数为958人，占总人数的81.26%；选择“游戏”的人数为296人，占总人数的25.11%；选择“聊天”的人数为370人，占总人数的31.38%；选择“收发邮件”的人数为323人，占总人数的27.4%；选择“应用软件学习”的人数为654人，占总人数的55.47%；选择“其他”的人数为109人，占总人数的9.25%（见表2-44）。这组数据中位居榜首的是“上网查资料”，第二是“应用软件学习”，第三是“聊天”。“00后”大学生作为网络

“原住民”，他们在使用网络时表现得较为理性，更在意网络的工具性。

表 2－44 使用电脑的目的调查情况

选项	人数	占比（%）
A. 上网查资料	958	81.26
B. 游戏	296	25.11
C. 聊天	370	31.38
D. 收发邮件	323	27.4
E. 应用软件学习	654	55.47
其他	109	9.25

第八，“你在学习过程中跟老师的交流怎么样?”选择“很好，经常讨论问题”的人数为 320 人，占总人数的 27.14%；选择“一般，有事才找老师谈”的人数为 787 人，占总人数的 66.75%；选择“除了上课外从来不交流”的人数为 72 人，占总人数的 6.11%（见表 2－45）。由数据可知，大部分学生跟老师交流的主动性不强。

表 2－45 师生交流调查情况

选项	人数	占比（%）
A. 很好，经常讨论问题	320	27.14
B. 一般，有事才找老师谈	787	66.75
C. 除了上课外从来不交流	72	6.11
本题有效填写人次	1179	

第九，“您是通过何种途径获得本学科的最新学术动态?”选择“自己看书”的人数为 262 人，占总人数的 22.22%；选择“学术讲座”的人数为 78 人，占总人数的 6.62%；选择“课堂学习”的人数为 382 人，占总人数的 32.4%；选择“网络资源”的人数为 440 人，占总人数的 37.32%；选择“其他”的人数为 17 人，占总人数的 1.44%（见表 2－46）。由数据可知，网络资源和课堂学习是大部分学生获得学科前沿学术动态的主要途径，因此，应

该加强相应的建设。

表2-46　学科学术前沿动态获取途径调查情况

选项	人数	占比（%）
A. 自己看书	262	22.22
B. 学术讲座	78	6.62
C. 课堂学习	382	32.4
D. 网络资源	440	37.32
E. 其他	17	1.44
本题有效填写人次	1179	

第十，“你是否参加过学校的各种学术竞赛或讲座?”选择“经常参加”的人数为187人，占总人数的15.86%；选择“偶尔参加”的人数为628人，占总人数的53.27%；选择“没参加过”的人数为215人，占总人数的18.24%；选择“想过，但觉得实力不够”的人数为149人，占总人数的12.64%（见表2-47）。由数据可知，大部分学生参加学术竞赛或讲座的频率较低，甚至有30.88%的学生从来没有参加过。

表2-47　学术竞赛或讲座调查情况

选项	人数	占比（%）
A. 经常参加	187	15.86
B. 偶尔参加	628	53.27
C. 没参加过	215	18.24
D. 想过，但觉得实力不够	149	12.64
本题有效填写人次	1179	

第十一，“您是否认为讲座是彰显大学校园文化氛围最突出的一个标志?”选择“是”的人数为705人，占总人数的59.8%；选择“不是”的人数为225人，占总人数的19.08%；选择“说不清楚”的人数为249人，占总人数的21.12%（见表2-48）。由数据可知，大部分学生认可学术讲座对大学文化建设的重要意义。

表2-48 讲座是彰显大学校园文化氛围最突出的一个标志调查情况

选项	人数	占比（%）
A. 是	705	59.8
B. 不是	225	19.08
C. 说不清楚	249	21.12
本题有效填写人次	1179	

第十二，“您对学校举办的各种专题讲座的态度是什么？”选择“积极参加”的人数为310人，占总人数的26.29%；选择“有兴趣的参加”的人数为708人，占总人数的60.05%；选择“无所谓，有空就参加”的人数为107人，占总人数的9.08%；选择“不怎么参加”的人数为46人，占总人数的3.9%；选择“根本不参加”的人数为8人，占总人数的0.68%（见表2-49）。由数据可知，大部分学生参与专题讲座的态度较为积极，更关注讲座主题是否与自己的兴趣相符。

表2-49 学生对专题讲座的态度调查情况

选项	人数	占比（%）
A. 积极参加	310	26.29
B. 有兴趣的参加	708	60.05
C. 无所谓，有空就参加	107	9.08
D. 不怎么参加	46	3.9
E. 根本不参加	8	0.68
本题有效填写人次	1179	

第十三，“您认为我校的学术讲座如何？”选择“多姿多彩，丰富日常课余需要”的人数为480人，占总人数的40.71%；选择“讲座过多”的人数为65人，占总人数的5.51%；选择“形式过于单一，内容枯燥”的人数为320人，占总人数的27.14%；选择“讲座较少”的人数为270人，占总人数的22.9%；选择“其他”的人数为44人，占总人数的3.73%（见表2-50）。由数据可知，大部分学生认为我校的学术讲座开办情况较好，但是在形式和

内容上需要进一步完善，在“讲座过多”还是“讲座较少”两个选项上，选择“讲座较少”的人数相对较多。

表 2－50　学术讲座评价调查情况

选项	人数	占比（%）
A. 多姿多彩，丰富日常课余需要	480	40.71
B. 讲座过多	65	5.51
C. 形式过于单一，内容较枯燥	320	27.14
D. 讲座较少	270	22.9
E. 其他	44	3.73
本题有效填写人次	1179	

5. 制度文化方面

制度形态的文化是校园文化的重要组成部分，主要指是在高校从事教育教学、科学研究、生产管理等社会实践活动的过程中，为了规范和约束主体行为的一种约束机制或者规范条例，主要包括大学生守则、学校规章制度、各种场地使用规定、食堂和宿舍文明公约等，其作用就是“警戒线”或“底线”。良好的制度文化能营造规范有序的高校校园文化氛围，维护和促进高校的正常运行和发展。为了解我校制度文化建设情况，课题组设计了 10 个选题。

第一，“您的学校有年度更新的管理制度吗?”选择“有”的人数为 797 人，占总人数的 67.6%；选择“无”的人数为 382 人，占总人数的 32.4%（见表 2－51）。

表 2－51　学校管理制度调查情况

选项	人数	占比（%）
A. 有	797	67.6
B. 无	382	32.4
本题有效填写人次	1179	

第二，“您认为学校有必要一直更新管理制度吗?”选择“非常有必要，可以不断完善学校各方面的运行”的人数为 630 人，占总人数的 53.44%；选

择“有必要，可以促进学校的发展，提高知名度”的人数为452人，占总人数的38.34%；选择“无所谓”的人数为51人，占总人数的4.33%；选择“没有必要，不断更换管理制度可能影响学校正常运行”的人数为46人，占总人数的3.9%（见表2－52）。由数据可知，大部分学生认为学校有必要一直更新管理制度，常新的管理制度有利于学校的发展。

表2－52 更新管理制度是否有必要调查情况

选项	人数	占比（%）
A. 非常有必要，可以不断完善学校各方面的运行	630	53.44
B. 有必要，可以促进学校的发展，提高知名度	452	38.34
C. 无所谓	51	4.33
D. 没有必要，不断更换管理制度可能影响学校正常运行	46	3.9
本题有效填写人次	1179	

第三，“您认为本校的校规校训合理吗？”选择“非常合理，可以约束学生的行为”的人数为472人，占总人数的40.03%；选择“较合理，绝大多数方面起到规范学生的作用”的人数为650人，占总人数的55.13%；选择“不合理，有些规定会带来不便”的人数为46人，占总人数的3.9%；选择“非常不合理，完全制约了学生的创造性”的人数为11人，占总人数的0.93%（见表2－53）。由数据可知，大部分学生认可校规校训的作用，认为其能规范、约束学生的行为，学生对我校校规校训的合理性认同度较高。

表2－53 校规校训是否合理调查情况

选项	人数	占比（%）
A. 非常合理，可以约束学生的行为	472	40.03
B. 较合理，绝大多数方面起到规范学生的作用	650	55.13

（续表）

选项	人数	占比（%）
C. 不合理，有些规定会带来不便	46	3.9
D. 非常不合理，完全制约了学生的创造性	11	0.93
本题有效填写人次	1179	

第四，“您所在班级有班规或班级文明公约吗?”选择“有”的人数为1009人，占总人数的85.58%；选择“无”的人数为170人，占总人数的14.42%（见表2-54）。按照我校的相关管理制度规定，每个班级都应该制定班规或者班级文明公约。从数据中可知，大部分同学对班规或班级文明公约认知较为明确，少部分学生选择“无”可能是其所在班级确实没有制定相应的规章制度，也可能是这部分学生并不知晓。不管是何种原因，数据中暴露出来的问题，都值得重视。

表2-54 班规或文明公约有无调查情况

选项	人数	占比（%）
A. 有	1009	85.58
B. 无	170	14.42
本题有效填写人次	1179	

第五，“您认为班规或班级文明公约对您有影响吗?”选择“影响很大”的人数为394人，占总人数的33.42%；选择“较有影响”的人数为447人，占总人数的37.91%；选择“一般”的人数为251人，占总人数的21.29%；选择“没什么影响”的人数为45人，占总人数的3.82%；选择“根本没影响”的人数为25人，占总人数的2.12%；选择“说不清楚”的人数为17人，占总人数的1.44%（见表2-55）。由数据可知，大部分同学认可班规或班级文明公约对自身的影响，同时也说明班规或班级文明公约在实际的班级管理过程中发挥了其应有的作用。

表2-55 班规的影响调查情况

选项	人数	占比（%）
A. 影响很大	394	33.42
B. 较有影响	447	37.91
C. 一般	251	21.29
D. 没什么影响	45	3.82
E. 根本没影响	25	2.12
F. 说不清楚	17	1.44
本题有效填写人次	1179	

第六，“您认为学校的奖学金、助学金等管理制度是否能催人奋进？”选择“能”的人数为955人，占总人数的81%；选择“不能”的人数为95人，占总人数的8.06%；选择“说不清楚”的人数为129人，占总人数的10.94%（见表2-56）。从数据中可以看出，大部分学生对学校奖学金、助学金等管理制度的合理性认同度较高。

表2-56 奖助学金制度调查情况

选项	人数	占比（%）
A. 能	955	81
B. 不能	95	8.06
C. 说不清楚	129	10.94
本题有效填写人次	1179	

第七，“您认为本校的考核激励制度如何？”选择“公正合理”的人数为678人，占总人数的57.51%；选择“科学”的人数为349人，占总人数的29.6%；选择“不符合人性化的要求”的人数为86人，占总人数的7.29%；选择“要求过于苛刻”的人数为27人，占总人数的2.29%；选择“其他”的人数为39人，占总人数的3.31%（见表2-57）。由数据可知，大部分学生对我校考核激励制度的合理性、科学性予以较高的肯定。

表 2-57　考核激励制度调查情况

选项	人数	占比（%）
A. 公正合理	678	57.51
B. 科学	349	29.6
C. 不符合人性化的要求	86	7.29
D. 要求过于苛刻	27	2.29
E. 其他	39	3.31
本题有效填写人次	1179	

第八，“您认为学校领导的选举学生有必要参与吗?”选择“非常有必要，大学生有选举权”的人数为 507 人，占总人数的 43%；选择“有必要，可以监督领导的工作”的人数为 533 人，占总人数的 45.21%；选择“无所谓”的人数为 98 人，占总人数的 8.31%；选择“没有必要，学生的本职是学习”的人数为 41 人，占总人数的 3.48%（见表 2-58）。由数据可知，大学生参与校领导选举的积极性较高，参与意识和监督意识较强。

表 2-58　学生是否有必要参加校领导选举调查情况

选项	人数	占比（%）
A. 非常有必要、大学生有选举权	507	43
B. 有必要，可以监督领导的工作	533	45.21
C. 无所谓	98	8.31
D. 没有必要，学生的本质是学习	41	3.48
本题有效填写人次	1179	

第九，“您的学校有安全应急制度、预案吗?”选择“有”的人数为 1080 人，占总人数的 91.6%；选择“无”的人数为 99 人，占总人数的 8.4%（见表 2-59）。

表 2-59　应急制度调查情况

选项	人数	占比（%）
A. 有	1080	91.6
B. 无	99	8.4
本题有效填写人次	1179	

第十，“您认为本校的安全制度如何？”选择“有效地保护了学生的人身安全”的人数为564人，占总人数的47.84%；选择“较多方面安全设施完善，但还存在些许问题”的人数为546人，占总人数的46.31%；选择“校园不太重视安全制度的建设”的人数为58人，占总人数的4.92%；选择“完全没有合理的安全制度”的人数为11人，占总人数的0.93%（见表2－60）。由数据可知，大部分学生对我校的安全制度认同度较高，认为安全制度的运行能有效保护学生的人身安全，但是在安全设施建设方面还有待完善。

表2－60　安全制度调查情况

选项	人数	占比（%）
A. 有效地保护了学生的人身安全	564	47.84
B. 较多方面安全设施完善，但还存在些许问题	546	46.31
C. 校园不太重视安全制度的建设	58	4.92
D. 完全没有合理的安全制度	11	0.93
本题有效填写人次	1179	

（三）大学校园文化建设意见或建议

对于我校校园文化建设的意见或建议部分，采用开放式问答的形式。对学生的建议进行梳理后发现，学生更多地关注校园的物质文化建设，如寝室居住环境、图书馆的馆藏、教学楼的桌椅、投影仪、话筒、食堂的伙食等方面。

第二节　地方应用型大学素养教育调研报告

（一）地方应用型本科大学素养教育理念的确立

池州学院始建于1977年，2007年经教育部批准升格为省属全日制普通本科院校。学校办学类型定位是特色鲜明的新建应用型大学。池州学院办学实践中提炼出了特色鲜明的地方应用型大学的“大学精、气、神论”和“素养为基论”等通识教育观。

1. 地方应用型大学需要“精、气、神”

地方应用型大学人才培养方案的制订应充分考虑：以用为先，课程设置的“职业元素”，加强专业柔性机制，变革教学模式①。但应用型大学不能仅仅满足于培养“匠人”。应用型人才培养倚重职业性、操作性技能当然无可厚非，片面追求应用型而忘却了博雅通识是“大学之道”，岗位唯尚，大有作坊式人才培养之嫌。新大学应借鉴西方通识教育理论和实践经验谈地方应用型大学的“精、气、神”。英国新大学运动经过印象繁荣之后，逐步皈依理性，开始向传统大学靠拢，兼顾博雅教育。美国新州立大学强调实用型人才培养，也不排斥普通科学文化技术知识的传授，“不但要求全体学生掌握清晰的写作能力、有效的沟通能力和分析批判性推理论证能力，而且尽可能拓宽学生对历史文化和当代文明的了解。东西方大学精神应殊途同归：秉持大学传统价值，守望大学核心精神，培育学生人文素养、批判性思维，保持人格独立等。大学核心价值符号是培养表达能力、批判思维能力、道德推理能力、公民意识、适应多元文化素养等。这些人才培养理念应该成为中国应用型大学的有益借鉴”。人文素养是应用型大学教育的“压舱石”②。

应用型大学长远的发展离不开大学的内在逻辑，大学的首要使命是把大学生培养成有文化修养的人。高素质复合型人才的培养需要深厚的“人文素养”，人文素养的缺失会严重阻碍学校和学生的全面、协调和可持续发展。大学生综合素养培育与大学特有的精神、文化、气质一脉相承，须进行潜移默化的熏陶。新型大学应秉持“首先是人，再是人才；先培养人，再培养人才”的理念，将大学校园打造成大学生素养教育的“理想国”。在这个“理想国”中，大学生的文化底蕴应不断提升，德行及人文素养应充分生长，批判性思维与反思精神得以确立，大学“应然”的价值操守能很好地传承发扬。只有重塑大学生综合素养，才能使大学焕发本应有之的“精、气、神”。

2. 地方应用型大学应以素养为基

在明确通识教育目标、理念和素养的宽泛概念后，更重要的是通过课程架构的设计和规划来实践。池州学院人才培养方案指导思想是全面贯彻落实党和国家的教育方针，着眼于切实解决人才培养目标同质化、人才培养模式趋同化、人才培养规格与经济社会发展脱节等突出问题，落实学校办学定位，响应“以孔子为师，以行知为友”的校训，贯彻“以生为本，以用为先”，

---

① 柳友荣：《中国“新大学”的崛起》，教育科学出版社，2013 年。

② 柳友荣，胡程：《人文素养：应用型大学远航的“压舱石”》，《中国教育报》，2014 年 4 月 7 日。

人才培养理念，以培养高素质应用型人才为目标，坚持立德树人，突出职业素养和专业能力，构建“能力导向、素养为基、专长分流、合作培养”的人才培养模式，全面深化教育改革，提升人才培养与社会需求的符合度，提高学生和社会对培养质量的满意度。课程结构实行“平台+模块”体系，设置综合能力平台，涵盖价值判断能力，身心调适能力、语言表达能力、信息处理能力和通识能力。价值判断能力课程为思想政治理论课，身心调适能力课程为体育、心理和军事训练课程。语言表达能力模块包括英语与文学素养课程，信息处理能力模块包括计算机和大数据处理能力课程。通识能力模块包括科学素养、传统文化素养、艺术素养、德行素养、劳动素养以及自然科学选修课、人文科学选修课和社会科学选修课。

至此，池州学院逐步探索建立起一套科学完善的大学生通识教育体系。透过通识教育体系，我们可以总结出池州学院通识能力与核心素养元素，即文化关照：能领略欣赏中国文化、历史和艺术，提升生命层次、生活品位和美学意识；社会关怀：通过思想政治理论课、德行课程德目学习和劳动课程劳作习得，培养学生投身社会、关照社会、服务社会的意识；生命伦理：通过体育素养和心理调适的学习，认识与了解个体生命的意义与价值，知晓珍惜身心健康；科学精神：追求事物的客观性，理解科学观念和方法，以科学之态度引领行为；创新思维：创新意识和创业精神。池州学院通识核心素养的首要目标是将立德树人目标融入课程设计，树立先成人再成才的基本理念，理解人的本质、肯定自我与他人的价值、关怀社会、实践知识与技能，透过自身的行动来完善自身、走向社会，这也正是培育“时代新人”的价值取向。

（二）池州学院素养教育的实践探索

推动台湾地区通识教育发展的黄俊杰教授在《大学通识教育的理念与实践》中提出通识课程设计的三种理论。一是精义论。主张以经典著作研读作为通识教育课程的主要内容，主张人类文明绵延不绝、生生不息，但其核心价值乃永恒之存在，通识课程应充分思考这些问题进行设计。二是均衡论。“主张知识是一个不可分割的整体，必须统筹兼顾，为避免学术过度分化所导致的‘隧道效应’，必须以通识课程提供学生均衡之视野。”[①] 三是进步论。主

① 黄雅淳，刘金源：《通识教育作为大学基础与核心教育：台东大学通识教育革新》，《通识学刊：理念与实务》，2014 年第 3 期。

张教育内容与学生未来生活相结合，为受教育者解决问题，对其生活有所助益，故通识课程应有前瞻性，为学生未来生活做准备。与台湾地区高等教育课程体系有所不同的是，大陆高校大的通识教育体系中，涵盖了致力于思想政治教育的思想政治理论课，英语语言素养的提升有专门的大学英语系列课程，有专门的公共体育课程体系、计算机文化素养和大学生心理健康教育课程。

1. 以“均衡论”和“进步论”为取向，设计实施体系化通识课程

（1）课程设置

池州学院通过精心谋划，充分论证，将通识课程细化为大学生德行素养、大学生传统文化素养、大学生科学素养、大学生文学素养、大学生艺术素养、大学生身体健康素养、大学生心理健康素养、大学生创新创业素养、大学生就业与生涯规划素养、大学生劳动素养、大数据素养等（见表2-61）。

表2-61　通识课程的学时、学分及学期安排表

能力平台	能力模块	课程名称	修读方式	学时				学分	考核类型	各学期课程周学时分配				开课（组织）单位
				合计	理论教学	实验实训	课内实践			第一学年		第二学年		
										一	二	三	四	
能力平台		大学生心理健康教育	必	32	16		16	2.0	查	2	2			音乐与教育学院
		大学生文学素养	选	32	32			2.0	查			2		文学与传媒学院
	通识能力	大学生科学素养	选	32	32			2.0	查		2			机电工程学院
		大学生艺术素养	选					1.0	查	以专题讲座等形式开课				美术与设计学院
		大数据素养（大学生德行素养）	必					1.0	查	以专题讲座等形式开课				大数据学院、马克思主义学院
		大学生劳动素养	必	1周		1周		1.0	查	第2学期开设				旅游与历史文化学院
		大学生传统文化素养	选	32	32			2	查	第2学期开设				旅游与历史文化学院

（续表）

<table>
<tr><td rowspan="5">能力拓展平台</td><td rowspan="5">创新创业能力</td><td rowspan="3">课程名称</td><td rowspan="3">修读方式</td><td colspan="4">学时</td><td rowspan="3">学分</td><td rowspan="3">考核类型</td><td colspan="4">各学期课程周学时分配</td><td rowspan="3">开课（组织）单位</td></tr>
<tr><td rowspan="2">合计</td><td rowspan="2">理论教学</td><td rowspan="2">实验实训</td><td rowspan="2">课内实践</td><td colspan="2">第一学年</td><td colspan="2">第二学年</td></tr>
<tr><td>一</td><td>二</td><td>三</td><td>四</td></tr>
<tr><td>大学生创新创业素养</td><td>必</td><td></td><td></td><td></td><td></td><td>1.0</td><td>查</td><td colspan="4">专题讲座等形式第 5 学期开设</td><td>教务处与相关部门</td></tr>
<tr><td>大学生生涯规划与就业素养</td><td>必</td><td></td><td></td><td></td><td></td><td>1.0</td><td>查</td><td colspan="4">课堂讲授及讲座形式第 4、6 学期开设</td><td>学生处</td></tr>
</table>

（2）教材编撰

对照课程设计，池州学院教学工作委员会较早地组织编撰了《大学生素养丛书》（江苏凤凰教育出版社出版）。大学生传统文化素养、大学生心理健康素养课程教材被列为省教育厅规划教材。大学生心理健康素养课程教材 2018 年被列为省教育厅一流教材建设项目。

（3）教学实施

“大学生心理素养”课程注重课内实践，通过大学生心理健康测试、召开心理健康主题班会、指导撰写大学生心理成长报告、开设心理健康讲座、配备班级心理委员等举措来延展理论教学到课外。“大学生文学素养”脱胎并沿袭于“大学语文”教学模式，主要采用精选教学内容，重视大学生文学素养的提高。值得指出的是，该课程特别注重训练大学生演讲、口才等交际沟通能力的提高。“大学生科学素”养课程着重课堂讲授世界范围内科技发展历史、理论和新技术，对新技术革命及其成就浓墨重彩。“大学生艺术素养”课程以讲座的形式呈现东西方多元艺术成就及其审美旨趣。“大学生德行素养”以德目化教育为手段，动态调整德行目录，在原有诚信、担当、奉献、礼仪、崇俭、尚学、勤奋、交际、合作、践行德目基础上，增加了孝慈、家风德目，试图糅合中华传统美德和社会主义核心价值观教育。所选择德目尽量避免与国家课程“思想道德修养与法律基础”重叠，注重生活化和具象化教学，但该课程被取消。结合学校行业学院中科曙光池州学院大数据学院建设，“大数据素养”课程的增加体现了课程设计的进步性，呼应了AI时代的到来对大学生未来社会生活的信息资讯素养需求。“大学生劳动素养”课程借鉴台湾高校劳动服务学习的理念，以小见大，从学生参与学校服务实践做起，设置劳动教育实践基地，不偏重劳动技能，而是重视劳动纪律、劳动意识和服务他人、服务学校、服务社会理念之培育。“大学生德行素养”“大学生心理素养”“大学生传统文化素养”“大学生劳动素养”课程教学研究选题等先后被安徽省质量工程项目立项，发表了多篇论文。

2. 以“进步论”和“精义论”为取向，设计实施网络化尔雅选修通识课程

表2－62　通识选修课程的学时、学分及学期安排表

<table>
<tr><td rowspan="4">能力平台</td><td rowspan="4">能力模块</td><td rowspan="3">课程名称</td><td rowspan="3">修读方式</td><td>学分</td><td>考核类型</td><td colspan="8">各学期课程周学时分配</td><td>开课（组织）单位</td></tr>
<tr><td rowspan="2"></td><td rowspan="2"></td><td colspan="2">第一学年</td><td colspan="2">第二学年</td><td colspan="2">第三学年</td><td colspan="2">第四学年</td><td rowspan="2"></td></tr>
<tr><td>一</td><td>二</td><td>三</td><td>四</td><td>五</td><td>六</td><td>七</td><td>八</td></tr>
<tr><td>公共选修课1</td><td>选</td><td>1.0</td><td>查</td><td colspan="8" rowspan="3">在每类中选修并通过三门，第1—8学期开设</td><td rowspan="3">教务处与相关二级学院</td></tr>
<tr><td></td><td></td><td>公共选修课1</td><td>选</td><td>1.0</td><td>查</td></tr>
<tr><td></td><td></td><td>公共选修课1</td><td>选</td><td>1.0</td><td>查</td></tr>
</table>

网络选修课程教学实施情况如下：

网络选修课程由超星公司实施教学，共62门选修课，集中了全国一流高校名师的网络博雅核心课程，其中涵盖名著导读等深层次学术意味和批判性思维浓厚的课程。在选修课领域进行网络通识课教学成为学校开设通识教育课程的重要方式之一。以下数据来自超星公司池州学院通识选修课运行年度报告。

2017年秋季学期，按照超星尔雅通识模块分类，各模块下的课程数量、选课人次及所占总人次比例分布情况，选课前十名分别是“突发事件及自救互救”“魅力科学”“宋崇导演教你拍摄微电影”“幸福心理学”“儒学与生活”“影视鉴赏”“心理、行为与文化”“有效沟通技巧”“民俗资源与旅游”“口才艺术与社交礼仪”。全部课程对应核心素养能力排序如图2－1所示。

2018年春季学期，共有7527名学生选修了62门尔雅通识课，总选课量为7589人次，人均选课量是1门。其中，选课人数最多的5门课程分别是：

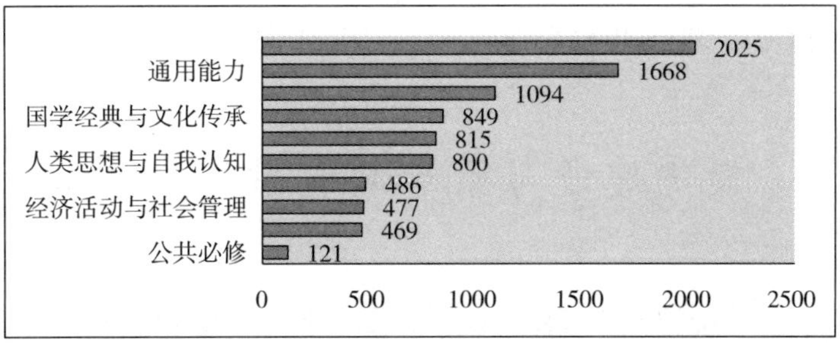

图 2-1　2017 年秋季课程对应的核心素养能力排序

“什么是科学”（204 人）、“东方电影”（204 人）、“影视鉴赏”（203 人）、“明史十讲”（202 人）、“中国马克思主义与当代”（202 人）。全部课程对应核心素养能力排序如图 2-2 所示。

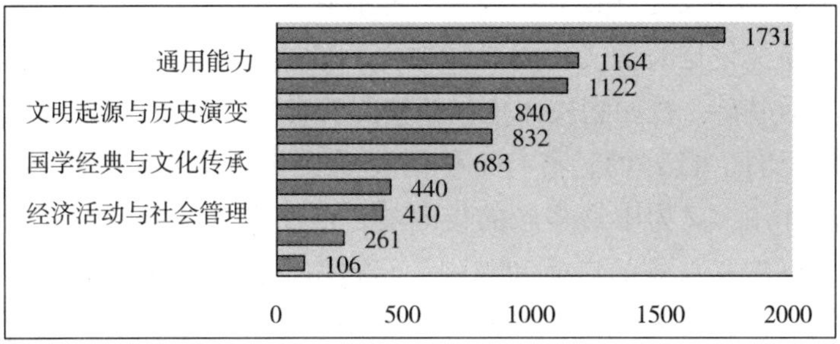

图 2-2　2018 年春季课程对应的核心素养能力排序

从图 2-1 和图 2-2 中可以看出，学生选课首先考虑为通用能力核心素养，其次重视人文精神素养，再次关照到当下现实社会需要。学生的反馈和问卷调查结果显示，教学实施效果良好；同时也发现学生对课程内容的需求和兴趣是多元化的，他们希望在历史、文化、艺术、科技、社会等多角度、多学科更深入了解和掌握相关领域经典理论和前沿成果。此外，通识素养能力的提升离不开对人类经典著作的深入阅读和思考。但经典著作往往因其内容深奥而令学生望而却步，造成对经典阅读的缺失。因此，学生建议通过尔雅的“经典导读”或者增加面授类相关课程帮助学生克服对经典阅读的畏惧心理，提升学生的通识素养能力。

在池州学院通识素养教育探索中，各类课程的概念和价值取向的划分不是绝对的，而是彼此融通，各有侧重，共同构建了较为完整的具有地方本科院校特色的通识素养课程体系。

第三节 文化建设与素养教育融通：问题与对策

（一）地方应用型大学文化建设存在的问题、原因与对策

1. 地方应用型大学文化建设存在的问题

由前文可知，池州学院的大学校园文化建设整体而言效果较好，得到了大部分学生的认可和好评。如大部分学生认为学校环境优美，师生关系良好，社团组织较完备，对校徽、校训、学风等认同度较高。但也存在一定的问题和不足，主要体现在以下几个方面：

（1）校园物质文化建设方面投入力度不够

大学物质文化是大学文化的显性文化，是推进校园文化建设的必要前提和重要的物质基础。校园物质文化包括校园的自然环境和设施、教学、科研、生活的物质条件。良好的、富有个性的物质文化建设，既可起到美化环境、装饰校园的作用，又为丰富多彩的校园文化活动提供了重要的阵地，使广大师生员工受到潜移默化的启迪和熏陶，起到陶冶情操、净化心灵的作用。调查报告显示，有 51.57% 的学生认为我校的硬件设施不够完善，还有待加强建设，当问及“校园物质文化建设不足之处”时被选择最多的选项是“设施陈旧”，其次是“设施不够全面”；在图书资料建设方面超过半数的学生认为学科前沿资料较少，不新、不全；28.07% 的学生不知道学校设置了文化长廊，可见我校思想宣传文化载体的作用没有充分发挥；超过半数的学生对校服的样式或者质量不满意。这些数据显示，我校在校园物质文化建设方面投入的经费和精力的力度不够，物质文化的德育作用没有充分发挥出来。

（2）校园精神文化建设方面重视度不够

校园精神文化是大学的内隐文化，是大学校园文化的最高层面，是在长期的校园物质文化、校园制度文化和校园行为文化创造过程中积淀、整合、提炼出来的，反映学校广大师生员工共同的理想目标、精神信念、文化传统、学术风范和行为准则的价值观念体系和群体意识。它包括学校所有成员的群体意识、精神风貌、舆论氛围、心理素质、人生态度、价值取向、思维方式

和教风学风等，往往以校风、学风、班风、校歌、校徽、校训等外在形式表现出来。通过调查报告可知，虽然大部分学生对校徽、校训、学风有一定的认知，对其认同度较高，但是仍然有部分学生不知道学校是否有校徽、校训、学风等；不少学生对我校办学理念和办学特色不了解，存在认知不准确、不全面、不深刻等问题；36.64%的学生认为我校师生道德素质建设有待加强；大部分学生认为我校精神文化建设方面存在缺乏趣味性和形式单一等问题；另外我校校歌缺失，也是精神文化建设不够重视的体现。

（3）校园制度文化建设方面不够完善

校园制度文化包括与高等教育相关的法律法规、管理制度以及相应形成的严密的组织机构。主要包括大学生守则、学校规章制度、食堂宿舍文明公约、各种场地使用规定等。通过问卷调查可知，虽然大部分学生监督意识较强，对规章制度制定、落实、执行的参与意识较强，但是仍然有部分学生对学校规章制度的有无、更新情况认知不够。在大学校园文化建设中，既要用制度管人，更要用制度服务人、培育人。作为高校教育教学对象的大学生，对制度认知不准确、不全面、不具体，何谈遵守制度？同时也反映出我校在制度文化建设方面存在教育宣传不到位、执行力度不够等问题。

（4）校园行为文化建设方面育人功能发挥不足

校园行为文化是推进校园文化建设的良好载体，加强行为文化建设是教风、学风和作风建设的重要组成部分，是育人工作的重要内容。校园行为文化可分为校园文化活动和校园教学文化。

一是校园文化活动建设。校园文化活动建设中存在功利色彩浓厚、重娱乐性、教育功能被弱化的问题。学生参与校园文化活动的积极性较高，也较为重视自身能力的提升，但是参与校园活动的目的更多地局限于短期的功利目标，如评优评奖、加分、人脉等。学生在参与活动时更愿意参加由自己较为熟悉的小团体举办的活动，更关注活动与自己兴趣的符合度，志愿者服务、艺体类社团更受学生喜爱，而学术科技、创新创业类等社团不太受学生喜爱。由此可见，校园文化活动的育人功能发挥不足，学生关注其娱乐性和实用性。另外，校园文化活动虽然种类繁多，但特色活动相对较少，缺乏特色和品牌。

二是教学文化建设。教学文化建设过程中存在缺乏吸引力的问题，整体学术和文化氛围有待提升。虽然大部分学生认可教师的教学水准和教学态度，认为教师对自己的成长成才具有较大的影响，但是在与教师交流过程中主动性不强、互动性不够。大部分学生学习态度较为端正，学习积极性较高，但是他们对课堂吸引力认同度不高，遇到困惑或者问题，更愿意通过网络去寻找答案。大部分学生参与学术竞赛和讲座积极性不高，频率较低，甚至有30.88%的学生从来没有参加过学术竞赛和讲座。部分学生认为我校学术讲座较少，而真实的情况是学校学术讲座数量较多，这可能是一部分学生平时对学术讲座的相关信息关注不够，也可能是相关学术讲座宣传力度不够，不管是出于何种原因，都反映出我校学术氛围有待进一步增强。

2. 地方应用型大学文化建设问题的成因分析

（1）大学文化建设的重要性认识不足

地方应用型高校对大学文化建设的重要程度认识不到位、不清楚。例如有些高校领导认为大学文化建设投资较大，但是大学文化引导教育的作用较慢，在短期内很难见到明显的成效，因此不愿投资，认为大学文化建设可有可无，即使不进行校园文化建设，学校也照样能生存发展。在这种理念的指导下，地方应用型大学文化建设容易出现滞后、放缓的问题。

（2）大学文化建设制度不健全

无规矩不成方圆，大学制度既能规范和制约师生员工的言行，又能为大学教学、科研、管理、社会服务提供相应的依据。学校通过制度文化建设，可以将工作制度和管理制度落实到各项工作中去，为大学建设提供规范标准；反之，不重视制度文化建设，则规章制度的规范和制约力难以充分发挥。问卷中反映出来的校园物质文化建设存在的问题，其原因之一就是大学制度文化建设不足导致的，例如设施陈旧、设施不全、图书资料不新和不全等问题，正是因为缺乏相应的管理、更新、反馈等机制。

（3）大学文化建设缺乏科学的管理

一些地方应用型高校虽然也认识到了大学文化建设的重要性，形成了相应的组织机制和规章制度，但是，在执行过程中存在执行力度不够、执行滞后、盲目跟风等问题。例如，在大学文化建设过程中只会空谈理论，只有文山会海，对于落到实处却无从下手，流于形式；或者忽视本校的实际情况和自身特色，脱离地方发展需要，盲目跟随大流，草率对大学文化建设定位等，致使大学文化建设与学校发展、地方发展相脱节，难以发挥大学文化对学校和师生的引领作用。

（4）大学文化建设人文关怀不足

地方应用型高校多属于新建本科院校，相对于老牌高校而言，显得比较年轻，缺乏高等学府应有的文化底蕴。加之其地理位置、师资力量不足以及信息传递不通畅等原因，使其缺少品牌优势，为了快速提升名气，他们往往急于追求形象、追求品牌，急迫地要紧跟时代步伐，这样就容易忽视校园整体规划和布局的设想，容易省略了解全校师生员工想法及满意度的步骤。这种做法不符合高等教育的发展规律，缺乏相应的人文关怀，破坏了高等院校本该有的文化底蕴。

（5）大学文化建设艺术性和个性不强

地方应用型高校是以培养应用型人才、服务于地方建设为基本使命的新建地方本科院校。因此，在大学文化建设过程中应注重其地方性、个性，并以美（艺术）的方式呈现。大学文化建设中的艺术性和个性既能提升师生员工的文化艺术品位，又能净化校园文化环境。部分地方应用型高校在校园文化环境建设中缺乏标志性的建筑，教学楼、宿舍楼、图书馆等地标建筑以及校徽、校服设计等缺乏美感，校园文化活动缺乏个性等，难以激发师生员工的认同感和喜爱之情。

3. 地方应用型大学文化建设对策探究

（1）地方应用型大学制度文化建设的途径

地方应用型大学要高度重视学校制度的制定，应该以“大学精神”为核心，以“以人为本”为基础，以“依法治校”为原则，以“大学章程”为纲领，以组织机构为依托，建立健全大学规章制度，同时还应该构建相应的反馈机制，结合新时代新特点，不断更新公开机制，健全评价机制，落实奖惩机制。促使大学制度文化发挥物质文化、精神文化的桥梁和中介作用，规范和制约地方应用型大学文化建设各项工作。首先，需要建立完善的领导机制、保障机制、评价机制和奖励机制。高校的领导层要高度重视校园文化建设相关活动，并积极引导与文化建设相关的事业，设立专管机制统筹规划高校的校园文化建设；设立相应的保障机制为校园文化建设活动的开展提供有力政策和制度依托；广泛收集老师和学生对文化活动的建议，对于不同校园文化开展的负责主体进行绩效评估，建立有效的评价机制；对参与校园活动积极性高的师生给予支持和奖励，鼓励教师将自己的教学和研究工作与校园文化建设相结合，鼓励学生将专业知识与校园文化活动相结合，在实践中营造良好的文化氛围，形成具有激励作用的奖励机制。第二，完善相关平台的管理制度。大学进行校园文化建设往往通过社团活动、网络宣传等平台开展，大学要完善相关平台的管理制度，规范社团活动的开展，监管网络信息的发布、规范大学生的上网行为、引导网络舆论导向，如制定社团评定制度、网络平台实名制、监管制度等。

大学制度文化建设可以通过法规、条例、准则等正式的方式规范校园每个成员的行为活动，也可以通过价值观念、传统习惯、舆论导向等非正式的方式无形中对校园成员起到约束作用，二者相辅相成。国家的治理一直坚持依法治国和以德治国相结合的原则，在大学校园制度文化建设方面同样需要坚持依法治校和以德治校相结合。除了上面强调的完善相关管理机制与平台管理制度等“硬”手段外，也需要以德治校的“软”手段，通过价值观念、传统习惯等非正式的文化氛围对师生加以教化。在激励、规范和制约师生的行为活动的同时，充分调动师生参与校园文化建设活动的积极性和主动性，营造一个健康、文明、自由、包容的校园制度文化环境。

（2）地方应用型大学科学求真建设的途径

大力培育科学精神和工匠精神，营造创新创造氛围。要加强教师队伍建设，针对行政管理人员、专兼职教师、后勤技术人员等，采取集中学习、网络学习、公开讲座、团体学习、有奖竞赛等多种方式提升教师和管理人员的从教、从业素质和能力。同时还应该以培育学生科学精神为重点进行科学求真建设，如开设相应的通识课程、选修课程、第二课堂等，在公共课、专业课、必修课等课程中增加相应的教学和实践板块等，多途径、多方位协同育人，培养求真务实的应用型人才。

（3）地方应用型大学人文崇善建设的途径

深挖传统文化和地方文化，进行地方应用型大学文化建设，形成地方应用型大学文化研究与文化传统的传承反哺。文化是民族之根，中华民族拥有五千年的文明历史，中国传统文化更是维系国家统一、社会和谐的重要精神纽带，是我们建设社会主义先进文化的不可或缺的宝贵资源。因此，对大学生进行中国传统文化教育，将几千年来中华民族的优秀文化逐步渗透到大学校园文化建设中，提升大学生的文化自信是大学校园文化建设的重要任务。校园精神文化建设要努力培育以传统文化为底蕴的大学精神。要通过课堂教学、网络平台建设、开展精神文化建设活动等多种形式对大学生进行传统文化教育。如在课堂教学和实践活动中加强学生对中华民族名人事迹、文化作品的学习，积极弘扬传统节日和传统习俗，成立汉服或汉文化兴趣社团，增设相应的选修或必修课程，组织学生观看红色视频或者组织同学们参观红色旅游景点等，让同学们在实践中了解中国的历史、文化和民族精神，增强文化自信和文化自豪感。久而久之逐渐形成以传统文化为内涵的、具有本校特色的大学精神。

积极开展格调高雅、丰富多样的校园文化实践活动。习近平总书记指出："要更加注重以文化人以文育人，广泛开展文明校园创建，开展形式多样、健康向上、格调高雅的校园文化活动，广泛开展各类社会实践。"① 校园文化活动和社会实践活动是落实高校立德树人工作的有效抓手。因此，高校在加强学生理论知识和技能学习的同时，要充分发挥校园文化实践活动的育人功能，积极开展形式多样的校园文化活动。如以学生社团为载体组织开展播放电影、话剧表演、知识竞赛、宣讲、演讲、体育竞技、歌舞大赛等常规校园文化活动；由学生处、科技处等相关机构牵头开展学术科技类实践活动；由专业老师指导，组织学生拍摄主题微电影，并将相关作品上传至学校的微信公众号、微博主页、抖音公众号等平台供学生们投票、评选并设立相应奖项等；开展暑期"三下乡"等社会实践活动；开展志愿者服务等公益性社会实践活动；开展以传统文化为主题的诗词大会、书画鉴赏、手艺传承、校园朗读者、茶艺品鉴、汉服交流、传统节日庆典等格调高雅的传统文化活动。在活动过程中提升师生的艺术品位和欣赏水平，激发师生对校园文化的兴趣，增强师生的参与意识、文化认同感和自豪感。

（4）地方应用型大学艺术尚美建设的途径

艺术素养不仅仅是艺术生必备的素质和能力，更应该成为新时代复合型人才的必备素养，地方应用型大学以培养创新型复合人才为目标，在用多种艺术样式推进民族精神教育的过程中，应该以艺术形式为载体，以地方文化为背景，构建符合当地文化特色的艺术活动课程体系和促进学生艺术素养发展的知识体系。传承地方艺术遗产，加强艺术研究，形成地方应用型大学地方艺术研究与艺术遗产的传承反哺。同时，学校在大学文化建设的其他方面

---

① 习近平：《把思想政治工作贯穿教育教学全过程开创我国高等教育事业发展新局面》，《人民日报》，2016 年 12 月 9 日。

也应体现艺术性，如在校园物质文化环境方面，除了要做到干净、整洁、健康，还应注重内涵和美育功能，例如校园自然景观和人文景观，可以结合学校的历史背景、文化传统和办学理念进行设计，赋予其文化内涵，凸显本校的文化特色。可以增添一些富有故事性和教育意义的雕塑，形成独具特色的标识文化。在校园里的小路上，可以设立形式新颖的展览板，展出历史、新闻或先进人物事迹等，实现处处育人、物物育人。此外在校服、系服、班服等服装设计以及校徽、校歌等标识性设计建设方面可以更多地参考学生的意见，比如由学校艺术设计专业类的师生设计多套服装，在学校官方网站或者微信、微博、抖音公众号等网络平台上进行调研，发起投票，由学生自己选择校服。这样既能符合学生的审美标准，又独具特色，充满了艺术性和个性，对增强学生的归属感、自豪感有一定帮助。

（二）地方应用型大学素养教育：现状、问题与对策

与地方应用型大学专业教育对于学生泛能力的培养不同，与研究型大学通识教育侧重于学生学术能力培养相区分，从通识教育理念的确立到通识课程规划设计再到教学实施，池州学院的探索无疑在地方应用型大学办学过程中具有典范意义。

池州学院通过实现两个回归来呈现地方应用型大学通识教育特色，即回归本原和回归整体。其一是回归本原。习近平总书记在党的十九大和全国教育大会等多个场合都强调，高等教育的目标是培养社会主义合格建设者和接班人，并赋予“时代新人”这一高等教育培养的新内涵。“时代新人”之于大学就是要培育大学生的时代使命、时代关照、时代情怀、时代担当等精神。通识教育的首要目标是立德树人，就是大学的本原使命。通识教育的意涵移植于西方的博雅教育，博雅教育的终极使命是培育“全人”，与“立德树人”理念目标相一致。池州学院通识教育的理念和探索实践，充分关照到“时代新人”之培育本原。其二是回归整体。近代以来，自然科学和人文社会学科分化导致的大学专业教育“隧道效应”，使得高等教育越发重视专业学术与技能的培养，从而造成学生学习的“约而不博”。池州学院通识课程的设计和实施主张内容的均衡性和整体性。一是突破了知识（尤其是自然科学）之间的本位主义，使学生能超越学科的分野而获益。二是改变学生超越学科思维方式的分野，从思维方式上获益。池州学院通识课程不仅关注人文社会科学知识也均衡考虑自然科学和艺术等知识的传递，还广泛关注与人的生命和生活

体验实践相结合，使得习得者完整建构知识体系。

教育部陈宝生部长在新时代全国高等学校本科教育工作会议上提出，要坚持以本科教育为本，实现“回归常识、回归本分、回归初心、回归梦想”，推动本科教育重新回到大学办学的核心基础地位。“四个回归”的首要要义在于回归高等教育的本原，池州学院的通识教育探索也是一种对于本科教育的回归。“四个回归”的另一要义在于回归高等教育的质量，通过“回归常识、回本初心”来夯实教育质量的基础。池州学院通识教育的发展还有很大提升空间，可以尝试在运行机制、课程类型和课程质量方面打造“新大学”特色。

1. 运行机制

通识教育的管理主要解决计划、组织、协调和实施通识课程运行问题，以期解决有效实施通识教育问题，达到教学效果最大化的通识教育目的。目前池州学院的通识教育管理实施的是“学校行政管理部门兼管+二级学院+有关部门”模式。教学工作委员会负责课程设计和教材编撰，教务处负责人才培养方案制订与修订、课程开设和学时学分安排及尔雅选修课管理，教学由二级学院、学生处、后勤与基建管理处等选派教师教学或实践指导，并完成成绩管理。这是全国大多数高校采用的模式。通识教育课程的实施需要跨学科、跨专业学院来承担和完成。可否尝试建立一个跨学院、跨学科的非行政组织机构，配备专门人员来组织实施通识教育。设置通识教育中心，设置通识教育专家委员会和课程委员会，校长任主任委员。结合池州学院师资队伍建设规划，通识教育中心可以从二级学院聘任专职教师、可以物色校外特聘教授，尤其可以特聘已在校履职的台湾籍教授，借鉴台湾地区高校通识教育的经验，举办通识教育工作坊、小型研讨会。通识教育中心可以较好地解决地方应用型大学通识理念落地的问题，顺畅地实施通识教学从理念、规划到课堂。

2. 课程类型

地方应用型大学通识课程的设计规划首要考量的是整体性和均衡性，但对于“精义性”也要关照。柳友荣教授较早地提出“新大学”的“课堂革命”观，即课堂的有效延展。池州学院的通识课程设计应充分呼应校训精神，革新传统文化类课程教学，压缩学时以传统文化经典导读为课程，延展到经典导读学生参与式课外学习。池州学院部分通识课程主讲教师致力于经典阅读小组的指导且成果辈出，是值得推广的好做法。课程设计还应呼应习近平总书记对于教育目标的“德智体美劳”中“劳”的重新强调，借鉴台湾地区劳作教育“服务学习”成熟理念和举措，改造劳动素养课程，将其与“第二课堂”深度融合，制订阶梯式分层级年度教学内容规划，打造内地“新大学”劳动教育的新亮点。科学素养教育课程的教学内容不应泛化，应体现科学思维和批判性思维的培养。“新大学”还应充分关照到“地方性”，通识课程是最佳的呈现场域。艺术素养课程不能简单呈现驳杂宽泛的艺术成就，应充分呈现地方艺术的特色和内涵。在地方应用型大学通识素养元素中，环境意识不可或缺。池州学院地处生态环境优良的皖南地区，学院对于生态环境与生态旅游研究颇有建树。增设区域文化和生态教育校本通识课程尤为必要，是池州学院通识教育的特色。

3. 课程质量

是否受学生欢迎和学生是否受益是检验课堂教学的标准。池州学院通识课程建设目标应为，通过建设和引进优质教学资源，培育优秀课程教学和辅导团队，构建引领启迪作用强、深受学生欢迎的高质量课程群。课程质量建设应围绕“精品化”“智能化”和“特色化”来做文章。

“精品化”要求选择校外、网络名家资源或者学校专家资源，精心筛选，整合不同领域的知识，保证课程内容与时俱进。要求教师善于深入浅出地讲解，对不同学科学生有广泛的吸引力和思维启发性。

“智能化”要求不仅有尔雅选修课程，校内通识课程资源也应建成 MOOC 形式，并支持移动信息化教学，满足课堂即时互动交流和管理，实现在线教学和考核，便于学生机动学习，同时重视辅导学习向课外延展。

“特色化”要求课程规划和内容要结合学校学科优势和皖南地方特点来开展建设，以呼应教育部本科教学质量国家标准中对于特色建设的要求。

第三章

物境情境：地方应用型大学文化形象营造论

文化育人是教育的精髓与灵魂。高校承担着人才培养、科技创新、文化传承、社会服务、国际交流的重任，是培育担当民族复兴大任的时代新人的摇篮。面对多元文化的发展，高校应坚定社会主义先进文化方向，结合时代要求，不断传承我国的优秀传统文化，根据本校特点，因地制宜地进行学校文化建设，不仅有益于学生身心健康成长，以达到育人的目的，也有利于有特色、高水平大学的创建。大学文化是社会主义先进文化的重要组成部分，是高校精神文明建设的重要内容。大学文化是大学在长期的办学实践中师生员工共同积淀、传承和创造的物质文化和精神文化的总和，具有导向和引领功能、教育和熏陶功能、凝聚和激励功能、规范和约束功能、支持和保障功能。校园文化是大学赖以生存和发展的重要根基，是学校核心竞争力的重要组成部分，是大学个性特征的显著标志，是在广大师生员工中通行的规范准则、行为模式和价值体系。坚持不懈地把校园文化建设落实到学校办学的各项工作中，努力建设体现社会主义办学方向、时代特征和高校特色的校园文化，对于深入贯彻落实习近平新时代中国特色社会主义思想，创建平安校园、和谐校园，培育优良校风、学风、教风和工作作风，优化育人环境，提升办学品位，增强学校的核心竞争力，培养德智体美全面发展的社会主义建设者和接班人，不断满足广大师生员工日益增长的精神文化需求，充分发挥高校对社会主义先进文化建设的辐射、引领作用等，具有十分重要的意义。

大学文化场域是大学的历史、实践和精神文化的汇集。地方应用型大学在我国高等教育体系中的地位特殊且不可替代，在其历史进程中逐步发展形成了拥有自身独特个性的文化场域。地方应用型大学的转型与发展路径，实际上是通过文化场域影响行动者的空间实践，而空间实践又重新建构文化场域，在这一过程中生成高校文化资本获得发展动力。因此，深入研究地方应用型大学的文化场域问题，有利于进一步深化对高校文化建设理论与实践的认识，充分发挥文化育人的作用，推动高等教育内涵式发展。在地方应用型大学文化形象建设中，通过选择、组合具有地方特色的文化符号，营建仿真物境，来体验和认同传统精粹，构建鲜活的文化育人情境，进而通过校训校徽等文化形象予以传承与超越，创建大学文化本地化特色意境。本章将以池州学院为例，兼以理论与实证研究，分别从大学文化的生成环境、发展空间及形象标志三个方面探讨地方应用型本科大学文化场域营造问题。

第一节　地方应用型大学文化环境景观建设

（一）大学文化的内涵与功能

“大学之道，在明明德，在亲民，在止于至善。”高校的发展，离不开大学文化的传承。大学文化作为独特的社会文化形态，总是以润物细无声的方式影响着当代青年学生。文化本身是人类物质世界和精神世界创造的结果。谈论文化就像是鱼在水中游一样，无法用语言来具体描述，只能通过切身体会[①]。大学文化，是大学思想、制度和精神层面的一种过程和氛围，是大学的灵魂与血脉，是科学知识、综合能力、人格品质的升华和结晶，是大学实现“人化”与“化人”的辩证统一。育人是大学文化的本质属性。大学人在创造了大学文化的同时，也在由自发到自觉地以文化塑造着大学人自己。大学文化是以物质文化为依托、以制度文化为保障、以精神文化为核心的一个有机统一体，通过三者整合及其功能的发挥，达到实施素质教育的目标[②]。

文化体现大学发展的全过程。大学文化体现在办学理念的形成中。办学

---

① 丁钢：《大学文化与内涵》，合肥工业大学出版社，2006 年。

② 胡玲琳：《大学校园文化的生成机制》，《现代大学教育》，2002 年第 4 期。

理念是大学在长期办学实践中逐步形成的具有鲜明个性特色的办学思想和价值追求，是一所大学办学特色的灵魂。大学文化体现在师资队伍的建设上。不仅要文化育人，还要文化造就大师。只有着力营造见贤思齐、唯才是举、学术自由、宽容失败的学术环境以及公平公正、激励创新、同心协力的制度环境，才能让教师的创造活力竞相迸发。大学文化体现在学校的人才培养上。大学担当起人才培养的重任，根本上依靠文化，以文化人，以文育人。大学文化不知不觉地、潜移默化地、润物无声地渗透到每名学生的身上，实现情感陶冶、思想感化、价值认同、行为养成的影响效果。大学文化还体现在现代大学制度建设中。建设现代大学制度，关键是要在文化的引领下，依法自主办学，规范和理顺大学与政府、社会的关系，健全党委领导、校长负责、教授治学、民主管理的内部治理结构。

大学文化兼具育人、凝聚、激励、强校、交流传播等功能。通过大学文化的熏染、渗透，从而对师生的价值观念、思维习惯以及行为方式的养成产生潜移默化的影响，也有利于培养大学人的创造能力、批判精神和人文情怀，而这既有益于大学文化育人功能的实现，又有益于继承和发扬我国优秀的民族传统文化；一旦大学人对本校大学文化产生了文化认同感，大学就会有很强的凝聚力，它会使每一位大学人都意识和感受到自己在大学文化建设中的主体地位，从而形成一种强烈的使命感；优秀的大学文化能够激发大学人的积极性、主动性和创造性，促使其无所畏惧、开拓进取精神的形成；通过大学文化的建设，来追求真理、凝聚人心，进而有利于推进高水平大学建设，提升自身的竞争力①。另外，大学在自身不断发展进程中所积淀的文化，通过大学人的不断传承和创新，从而推动大学文化的不断完善和发展，而这一过程就会逐步形成一个良性循环，不断地推动着高校自身的发展。

（二）地方应用型大学的特征及文化转型

1. 地方应用型大学的特征

（1）地域性特征

地理位置、地域环境以及不同的历史文化、生产生活方式，造就了各具地域文化特色的地方大学。地方性是地方高校内在的本质属性，一所大学不

① 杨星星：《“十三五”时期地方高校大学文化建设途径研究》，江西农业大学，2017 年 6 月。

论其如何发展，都不可避免地渗透着地域文化意识，都不可能抹去其自身所带有的地域性色彩和烙印，地方高校的发展离不开地方经济社会的支撑和支持。同样，区域经济社会科技的发展进步也需要地方大学为其提供各方面的专业人才。地方高校大学文化建设是我国高等教育为地方经济、社会发展输送高素质人才的客观需求，也是促进社会文明进步、提高国家文化软实力的重要途径。因此，地方高校在建设和发展过程中，必须切实结合自身的特点，根据地方经济社会发展的实际情况因地制宜，正确处理地方经济社会发展的需求与大学自身理念、育人目标两者之间的关系，办出特色，不断提高自身的文化软实力，增强竞争力和影响力。

（2）应用型特征

应用型大学是当前产业结构升级、高等教育结构调整的共同产物，为地方经济社会发展培养应用型技术技能人才是其主要使命。其把握社会经济发展脉搏，坚持需求导向，在人才培养、科学研究、服务社会等职能的履行上充分体现应用性。应用型大学人才培养方案贯彻“以知识为基础、以能力为本位、以素质为导向”的理念，注重知识、能力、素质协调发展，学习、实践和技能相结合；在教学过程中构建学科和应用并重的课程体系，采用面向应用的教学模式和教学方法，把学科性教育和应用性教育两种教学理念有机结合起来，以产、学、研相结合为主要途径，培养应用型人才。

（3）协同育人特征

地方应用型高校坚持“应用型、地方性、特色化”的办学定位，坚持开放办学，重视产教融合，校企合作，深入推进产学合作、协同育人，主动融入区域经济社会发展，积极引导行业企业全方位参与学校人才培养工作全过程，不断强化实践教学，加强与同类大学、科研院所、行业企业、地方政府之间的协同合作，最大限度地整合各种优势资源，不断提高办学水平。通过搭建校内协同、校企协同、校校协同、校地协同、国际合作等多种“协同育人”平台，使其亦成为地方本科院校最为突出的一个特征。

2. 地方应用型大学文化转型

（1）文化转型是地方高校整合发展力的需要

地方高校是我国高等教育体系的重要组成部分，承担着为区域经济社会发展培养高素质应用型人才的使命。地方高校的转型发展是高等教育领域又一次深刻的变革，影响深远。在加快推进“双一流”建设的背景下，地方高校如何抓住机遇，精准定位，办出特色，提升发展力，释放改革活力？长期以来，地方高校的发展普遍面临着发展目标不清晰、发展模式单一等问题；在激烈的竞争中，又因为硬实力方面的弱势，而显得步履维艰。地方高校文化转型，要着力在办学理念、办学定位、人才培养目标、办学特色、教风学风、课堂文化等内涵建设上下功夫，可以有效整合地方高校内部存在的发展力，从而使之保持旺盛的生命力。

（2）文化转型是地方高校增强凝聚力和竞争力的必由之路

增强高校竞争力是全球化背景下我国高校发展的当务之急。与国家对“985”和“211”院校多年来的资金扶持与政策倾斜相比，与地处省会城市的高校交通便利等先天条件相比，地方高校在资金、政策、交通等方面存在明显劣势，硬实力明显偏弱。要增强地方高校的凝聚力和竞争力，在整体上具有独特、稳定、优质的个性风貌，应注重内涵建设，促进地方高校文化转型，是增强高校凝聚力的必由之路。学校教育事业的发展、教职工干事创业均需要精神指引。学校要传承传统，凝练特色，根据时代发展的要求，通过对学校的办学精神、校风、校训、教风、学风等进行梳理、总结、凝练，使它们成为广大师生共同遵循的价值理念和行为规范，从而以此激励他们在学习、工作和生活的实践中紧密围绕在学校党政的周围，进一步激发广大师生对学校的认知、认同和荣誉感。这些都是地方高校实现“弯道超车”、提升文化软实力的有效举措。

（3）文化转型是地方高校提升吸引力的根本保证

要建设成为一流本科高校，不仅需要高层次的优秀人才源源不断地加盟，也需要优秀的学生争先恐后地报考。基于办学资金偏少、交通不够便利等方面的劣势，地方高校在高层次师资人才引进、优质考生的招收等方面存在明显的短板①。诸多因素使高校校园文化在师生面前失去了魅力，严重制约了高校校园文化功能和作用的发挥。而要破解这一困境，地方高校只有转变校园文化建设理念，强化社会开放与交流，注重文化形式与内涵的“双创新”，依靠不断沉淀的深厚校园文化底蕴和丰富的校园文化生活，通过奋发图强的办学精神、浓厚的校园文化氛围等来吸引高层次精英人才的加盟以及优秀学子的报考，从根本上提升地方高校的吸引力。

① 熊昌芹：《地方高校文化软实力建设研究》，江西理工大学，2015年6月。

（三）山水学林徽韵池院：地方应用型大学文化的生成环境

作为转型主体的地方应用型大学，其所在区域的政治、经济、历史、文化、地理等因素，都会对大学校园文化塑造产生深远影响，地方的政策倾向、财政实力、文明程度也会形塑大学的办学氛围①。其特有的大学文化与所处地域文化具有密切关系，与其他同类地方大学相比具有相对独特性，充分体现了地方大学的生命力、凝聚力、感召力，它可分为物质文化、精神文化、制度文化三个层面的基本概念。其中，地方高校的物质文化是指大学长期发展过程中积累下来的、有明显文化意义的自然环境和人文设施，它不仅包括校园内的山水、湖泊、树木、花草，也包括校园内的教学楼、图书馆、体育馆，还包括它们之间的整体布局、色调搭配、造型组合等等，能陶冶情操，利于学生素质养成，具有重要的德育功能。在校园环境设计中融入当地历史文化因素，是地方应用型大学物质文化地域性的显著体现。

作为一所省属综合性普通本科院校，池州学院坐落在“千载诗人地”的中国优秀旅游城市——安徽省池州市。池州地处吴头楚尾，南北要冲，是一方古老而神奇的热土，有着悠久的历史和深厚的文化底蕴。它东邻金陵，西眺匡庐，北滨长江，南接徽杭。八百里皖江回旋激荡，数千年文脉绵延传承，吴侬软语、三楚情思、中原雄风在这里融汇流转。独特的地理位置，久远的文明历史，形成了池州深厚而独具风韵的地域文化。

池州的灵山秀水，哺育了池州隽永灵秀的诗文化。“相逢桥上无非客，行尽江南都是诗”（萨都剌《重过九华山》），池州素有“千载诗人地”的美誉。唐代大诗人李白三上九华、五游秋浦，写下了数十首赞美池州山水的不朽诗篇；晚唐诗人杜牧在任池州刺史时写下的《清明》诗，被后人称作千古绝唱，也使池州杏花村名播青史、蜚声中外；陶渊明、白居易、苏轼、王安石、包拯、文天祥、岳飞、朱熹、陆游、李清照等许多文人雅士也曾徜徉在池州山水之间，留下了数千首脍炙人口的诗作。

池州戏曲文化古朴、完整，地位突出。池州是中国傩戏之乡，被誉为“戏曲活化石”的池州傩戏、“徽池雅调”青阳腔被列入国家级非物质文化遗产名录，有着“中国戏曲的百科全书”称号的石台目连戏和被称为黄梅戏姐

① 王小君，田宝贵：《依托地方优秀文化，打造高校文化育人环境》，《科教文汇》，2020年第23期。

妹腔的文南词已被列入省级非物质文化遗产名录。纯朴的民风、山区相对封闭和安逸的自然环境，使得池州古戏曲至今仍呈现出原生态、古朴、粗犷的风格，内涵十分丰富，有着极高的文化人类学、戏剧学、宗教学、美术学、考古学和民俗学价值。

池州民俗文化丰富多彩。“五里不同风，十里不同俗”，独特的地理位置、多元文化的交融汇聚，形成了池州风格迥异的民俗文化。东至花灯已列入国家级非物质文化遗产名录，贵池罗城民歌、石台唱曲、平安草龙灯、鸡公调、福主庙会、酉华唱经锣鼓被列入省级非物质文化遗产名录。池州的民俗文化，几乎涵盖了民间百姓生产、生活、娱乐的方方面面。

池州因毗邻徽州，受到徽州文化的影响深远。池州学院校园建筑总体规划以徽派风格为特色，体现山水学林、书院气息、生态环保、大气新颖的开放式校园构建，具有鲜明的地方特色。从选址、设计、造型、结构、布局到装饰美化，从总体规划到单体建筑都集中反映了徽州建筑特征、风水意愿和地域美饰倾向。根据中国传统风水观念，徽派建筑遵循着前有照山、后有靠山、有山有水、藏风纳水之地的选址原则。徽州地形复杂，境内山多、水多，绿草葱茏，生活在“理学文章山水幽”的独特人文环境中的徽州人文化修养深厚。徽州人在规划其住宅的时候，善于依托其周边山水环境做文章，力求建筑主体与自然景观融为一体，使建筑美与自然美和谐、统一，保持人与自然的天然和谐。池州学院校园选址规划时，也遵循着这样的原则，坐北朝南、背山面水而建，校园建筑以典型的白墙青瓦、错落有致的马头墙、明朗而素雅的徽派建筑风格为主，是全国唯一的具有全徽派建筑风格的大学。校园建筑整体呈现婉约宜人的徽州文人气质，与环境达到了和谐统一，使人有忘情于山水的感受，是对徽州文化气质的深入挖掘，举重若轻，恰到好处。

学校依山傍水，环境宜人，充分体现了中国传统文化中“仁者乐山，智者乐水”的选址理念。从后山到学院南大门为轴线，图书馆居中，教学楼分别立于两侧，主从有序，严谨对称。山间小溪环绕其间，最终汇入平天湖。教学区每栋教学楼都是一个独立的文化载体，它们承载着不同的人文精神与文化内涵，如“切问近思”的博文楼，“八音克谐”的博学楼，“韦编三绝”的博弈楼，“和而不同”的博识楼，“诚意正心”的博古楼，“格物致知”的博雅楼，“化成天下”的博爱楼等，充满了浓郁的皖南书院气息和浓厚的人文气息，尽显古典文化和现代文明相结合的风采，形成我校浓郁徽文化色彩的校园文化氛围。

第二节 地方应用型大学文化空间场馆建设

习近平总书记指出，要“把跨越时空、超越国度、富有永恒魅力、具有当代价值的文化精神弘扬起来，让收藏在博物馆里的文物、陈列在广阔大地上的遗产、书写在古籍里的文字都活起来”①。高校文化场馆建设作为大学文化建设的重要组成部分，在高校立德树人的使命担当中，承担着以文化人、文化育人的重要职责。如何加强文化场馆建设，尤其是如何更好地发挥地方应用型大学文化场馆的功能和作用，不断提高地方应用型大学文化育人实效、助推大学文化建设水平的整体提升，是当前地方高校文化建设与发展规划的重要课题。

家风是一种家庭文化，是民族文化的根系，是中华优秀传统文化的重要组成部分。家风浓缩了中华民族几千年来在家庭问题上的价值观和道德观，承载着中华民族的传统美德，映射出社会文明的发展脉络。家风中蕴含的中华优秀传统文化价值，构成了中国人精神成长的重要源头。家风是民风、政风、社会风气的源头活水。家风建设更是践行社会主义核心价值观的重要载体。池州学院坚持以文化人，以文育人，依托地方家风文化资源建成池州学院家风文化馆，推进优秀传统文化的融合化、个性化、本土化，让优秀传统文化在校园落地生根，家风文化馆成为学校大学生思想政治教育重点基地。

（一）挖掘地方家风文化资源，开展家风文化进校园系列活动

池州学院通过挖掘地方家风文化资源，打造“五大平台”，即成立家风文化研究中心，建设高品位家风文化馆，共建家风文化实践基地，实施“传育立行”教育工程，开展家风文化进校园系列活动等，真正让优秀传统“家”文化活起来、传下去，真正让家风文化发挥吸引人、凝聚人、感召人、引导人的作用，让社会主义核心价值观落到细微处，伴随大学生健康成长成才。

① 《习近平在联合国教科文组织总部的演讲》，《人民日报》，2014 年 3 月 28 日。

池州有着丰厚的历史文化积淀和独特的人文精神涵养，家风文化源远流长。如中纪委推介的东至周氏家族始终把国家前途和民族命运放在首位，树立“修身、齐家、治国、平天下”的远大理想，秉承着“培心地、积阴功、祛隐恶、端家范、谨言语、慎举动”的家规家训，在实践中逐渐形成了以“崇儒尚德、培心正业、清慎开明、勤俭乐济”为核心的家风精髓。还有贵池刘氏、青阳王氏、施氏、陈氏等家族的优秀传统文化，通过一个个家风故事，诠释传统文化的精髓。近年来，池州学院牢记传承弘扬中华优秀传统文化的职责使命，坚持把中华优秀传统文化作为主线贯穿于教育教学全过程，让优秀传统文化的基因入脑入心，使广大青少年成为传统文化的传播者。特别是围绕贯彻落实习近平总书记关于“注重家庭、注重家教、注重家风”的要求，积极开展“晒家风、传家规、诵家训”等系列家风建设活动，积极开展家风文化的理论研究和宣传教育活动，依托家风文化打造独具特色的校园文化，深入挖掘中华优秀传统文化蕴含的思想观念、人文精神、道德规范，指导学生开展各种社会文化实践活动，发挥优秀传统文化在大学生思想政治教育中的积极作用，探索大学生思想政治教育的新途径。学校要开展寓教于乐的活动，做到理论与实践相结合，课内与课外相结合；注重总结好的做法和经验，探索建立家风建设长效机制，使家风教育在校园文化中孕育、发芽、成长、蔓延，不断巩固和扩大社会效果。

目前，池州学院成立了家风文化研究中心，下设“皖南地域家风文化研究”“中国传统家训文化及其理论研究”“家风文化与社会主义核心价值观研究”等研究方向，并在《池州学院学报》上开辟“家风家训研究”专栏，已累计发表学术论文30多篇，组织召开“家风文化学术研讨会”，营造了浓郁的家风文化研习氛围。学校成立了大学生家风宣讲团，走出校园传播家风文化，参与社会精神文明建设，经常到社区街道和中小学开展家风宣讲活动，累计受益人数达3000多人；注意取家风家训之精华、去家风家训之糟粕，运用有效载体，积极推进“传家训、立家规、扬家风”主题活动；建设富有池州家风文化特色的校园文化，根据现实条件，引进适合本校的伦理文化、楹联文化、建筑文化、家风文化等具体的文化形态及内容，形成一个学生愿意学习、体验与交流传统文化的环境和氛围，使学生的心性得到潜移默化的有效涵养。同时，学校组织学生观看优秀家风家规影片，借助优秀家风家规动漫片及古人修身、齐家、治国的家风故事，让学生领悟中华民族传统美德的实质内涵。在家风文化进校园活动中，学校注重在国家教材中挖掘、在校本教材中提升，在各门学科的课堂教学活动中把弘扬优秀文化与教学内容有机结合起来，把家风文化融入思想道德教育、文化知识教育、艺术体育教育、社会实践教育等教育教学的各个环节中去。

（二）积极探索地方高校家风文化建设的现实路径

为推进习近平新时代中国特色社会主义思想深入人心，贯彻落实全国高校思政工作会议、全国宣传思想工作会议、全国教育大会和学校思政课教师座谈会等会议精神，池州学院党委高度重视、积极谋划，紧紧围绕让基层思想政治工作实起来、强起来的要求，以中国特色社会主义家风文化的研究、实践与传播为载体，探索地方高校家风文化建设的“1234”路径，让文明生根，让实践生动，努力打通思想政治工作的“最后一公里”，取得明显成效。

1. 建好“一个平台”，家风文化研究有思想底蕴

建设中国特色社会主义家风文化研究平台，加强马克思主义理论学科建设。为彰显地方高校马克思主义理论学科特色，牢牢把握中国特色社会主义先进文化建设方向，结合地方精神文明建设工作，充分发挥高校马克思主义理论学术研究和理论传播高地的作用，池州学院家风文化研究中心整合现有思想政治教育学、历史学、教育学、社会学等学科的科研力量，聘任校内外专兼职研究员36人，其中高级职称13人，博士8人。研究中心坚持以习近平新时代中国特色社会主义思想为指导开展各项工作，组织深入学习研究习近平总书记关于精神文明建设的重要论述、关于文化自信的重要论述、关于中华优秀传统文化创造性转化和创新性发展的重要论述、关于“注重家庭、注重家教、注重家风”的重要论述。研究中心还明确以中国特色社会主义家风文化与思想政治工作为重点研究方向，组织申报学校重大科研课题“地方家风文化与新时代文明实践”并获立项，作为学校马克思主义理论学科特色建设项目优先建设；申报获批“地域家风文化与培育时代新人研究”等重点科研项目。研究中心与华东师范大学中国家风家教研究中心、江苏师范大学中华家文化研究院等研究平台建立了学术联系，组织参加了新时代无锡家风家教论坛、中华家文化国际学术论坛、安徽地域文化论坛、中国首届徽学学术大会等学术会议，组织召开“池州家风文化与乡村振兴”学术研讨会。研究中心重视挖掘地方特色优秀家风文化资源，启动《池州家训》编撰工作，开发《池州家风文化》校本教材。研究中心还围绕中华优秀传统家风文化及其

现代价值开展深入研究，特别是紧密结合大学生思想政治工作实际，在各级各类学术和思想政治工作研究期刊发表相关论文30余篇。

2. 抓好“两个结合”，家风文明传播接地气人气

弘扬和传承中华优秀家风文化，为地方经济社会文化建设服务，是地方高校的重大使命。池州学院在中国特色社会主义家风文化研究与传播上致力于“两个结合”，即与地方乡村振兴工作相结合，与培育和践行社会主义核心价值观工作相结合。借助新乡贤的示范引领作用，把公认度高的优良家风纳入村规民约，引导村民弘扬优良家风，自觉做中华传统美德与社会主义核心价值观的传承者和践行者。研究中心组织前往贵池区梅街、源溪，东至县尧渡、泥溪，石台县小河、牯牛降，青阳县杨田、杜村、酉华等地进行实地调研家风文化与美好乡村建设。

研究中心与东至县委宣传部在东至周氏家风文化馆共建大学生家风文化实践基地。学校大学生社会实践工作领导小组在思想引领类实践项目中专门立项“家风文化与乡村振兴”为主要内容的暑期社会实践项目多项。研究中心的研究员郑龙发博士指导的大学生赴东至县家风文化实践调研团摄制的《风靡：池州东至周氏家风》获得省教育厅、团省委等部门社会主义核心价值观主题微视频大赛三等奖，获池州市“发现池州”微视频大赛二等奖，获奖作品在各大网站和媒体上广泛传播，据统计点击量超过1万人次。研究中心的研究员鲍红信博士指导的大学生社会实践项目《六世书香百年家风——家庭文化的良性循环与东至周氏家族兴盛研究》在第八届“挑战杯”安徽省大学生课外学术科技作品竞赛决赛中获得二等奖。学校团委成立大学生中华优秀家风宣讲团，以注册志愿者为成员，以志愿服务、主题宣讲、舞台剧、歌咏类节目等为城乡居民介绍中华优秀传统家风内涵及其现代价值，大力弘扬社会主义核心价值观，带动群众挖掘、总结优秀家风家训，移风易俗，形成了良好的文化氛围，目前受益人数达到3000多人次。

3. 处好“三个关系”，家风丰富内涵育时代新人

其一，厘清优秀家风文化与增强文化自信、提高国家综合实力的关系。党的十九大报告是中华民族伟大复兴的宣言书、中华文化自信自觉的最强音、中华文化传承发展的新动员令，这是国家意志和国家导向。其二，处理好优秀家风文化与“立德树人”基本方略之间的关系。十八大报告指出，“把立德树人作为教育的根本任务，培养德智体美劳全面发展的社会主义建设者和接

班人”。报告强调：“要建设优秀传统文化传承体系，弘扬中华优秀传统文化。”因此，优秀家风文化进校园就是贯彻落实“立德树人”思想的应有之义、应尽之责。其三，处理好优秀家风文化进校园与核心素养培养之间的关系。目前的教育已经从知识本位发展到核心素养时代，教育不再是纯粹的知识传授，更在于必备品质和关键能力的培养，关注个人修养、社会关爱、家国情怀，注重自主发展、合作参与、创新实践。因此，优秀的家风文化就是发展学生核心素养的必要途径和方法手段。厘清了三个方面的关系，我们也就更好地理解了“办什么样的教育”“培养什么样的学生”，以及每一个教育工作者的职责与使命，就能进一步将学生、课堂、社会、国家很好地联系在一起，真正培养个体幸福、持续发展、社会满意、国家需要的时代新人。

4. 做好“四个融入”，家风实践活动显品味特色

如何从细微处入手，让习近平新时代中国特色社会主义思想传播和培育践行社会主义核心价值观工作扎实有效，学校党委从家风文化的“四个融入”上下功夫、做文章，即融入学校党的政治文化建设、融入师德师风建设、融入大学生思想政治工作、融入大学生通识素养课程建设。2018 年，学校启动建设了具有鲜明地方特色的家风文化馆，开展了形式多样、丰富多彩的家风文化进校园系列活动。池州学院家风文化馆是安徽高校第一个家风文化馆，家风文化馆展厅凸显毛泽东、邓小平、习仲勋等老一辈革命家红色家风内容，重点展示了近代中国实业领袖周学熙家族“六世书香　百年家风”，还陈列了池州其他望族优秀家风文化内容，充满浓郁的江南文化韵味。家风文化馆开馆不到半年就接待省内外党政领导干部和专家学者考察调研 90 多人次，接待市民参观学习 300 多人次，受到全国工商联原常务副主席张绪武（近代实业领袖张謇嫡孙）、省文明校园创建考评团、中国青年政治学院王大良教授等人士的高度肯定。学校把教师家庭文明建设作为师德师风建设重要内容，组织安排教师到家风馆参观学习，家风馆还陈列了教师家风书法作品。学校党委在组织科级党员干部培训中专门安排安徽师范大学庄华峰教授讲授皖南家风及其现代价值课程，组织二级学院党组织多批次前往池州廉政教育基地东至县家风文化馆参观，学习中纪委推介的东至周氏家族家风文化，进行党员廉洁修身教育。为把家风文明实践活动融入思想政治理论课教学过程，学校组织立项“地域家风文化融入思想政治理论课教学研究”重点质量工程项目，启动“思想政治理论课一课一策”特色改革创新项目，把中国特色社会主义

家风文化内容融入相关课程理论和实践教学环节，1000 多名同学在老师指导下在家风文化馆开展家风传习实践活动，学校将在 2019 级新生入学教育中增加参观家风文化馆内容。学校还在全国优秀素质教育课程“大学生德行素养”中面向全校学生开设家风文化专题讲座，将家庭、家教和家风教育落实到校本德育课程建设和教学研究之中，相关成果在 2019 全国大学素质教育高层论坛做专题发言并出版。

高校文化场馆作为大学文化建设的重要平台，蕴含着丰富的育人资源。切实加强文化场馆建设，创新服务模式与育人手段，利用这张校园“文化名片”积极弘扬中华民族优秀传统文化和爱国主义精神，是新时代地方应用型本科院校加强校园文化建设、传播社会主义先进文化的应有之举。

第三节 地方应用型大学文化形象标识建设

（一）大学文化形象内涵与构成

大学文化形象是社会公众对大学文化的客观现实——即大学内在精神和外在特征综合认识后形成的整体印象。它是大学内在精神与外在形式的神貌合一，是内核和外在的和谐统一[①]。它是由大学精神、大学理念、大学文化载体共同构成的大学文化在公众中形成的总体印象和群体观念。大学文化形象应该以大学精神为根基、以大学理念为指导、以大学文化载体为平台进行传播，三个要素缺一不可[②]。应用型本科高校大学文化形象既要区别于传统研究学术性大学文化，也不同于关注职业技能的高职院校校园文化，是以“应用型”为核心的各种物质形态和精神形态的结合，适合于应用型本科高校所承载的社会责任、历史使命。

大学文化形象的树立有利于发挥大学文化的导向、振兴、凝聚、规范、激励、美化、育人等功能。明晰大学文化形象是社会主义市场经济条件下增强大学核心竞争力的必然趋势，是打造高水平大学品牌形象、强化“以人为本”办学理念、促进校园精神文明建设的有效举措。

---

① 曾琼：《论大学的文化形象》，湖南师范大学，2008 年 9 月。

② 王晓阳：《大学文化形象传播的现实困境与路径选择》，《高校教育管理》，2016 年第 5 期。

1. 大学精神

无精神，不大学。大学精神是高校办学特色的灵魂，更是学校的立校之本，是大学在自身存在和发展中积淀而成的具有独特气质的精神形式和文明成果，其核心是一种人文科学。特色的缺失意味着大学生命力的干瘪，在高等教育史发展进程中必然会遭到淘汰。大学精神能够汇聚成蓄水量充沛的水库，以“大传统”的形式对学校育人产生持久的影响，并且能够正确地指明大学前进的方向。承续不坠的文化谱系能够使“大学精神”图景式地清晰呈现在一代代学子面前，加上校史陈列、大师风采、逸闻旧事、人文环境，无不让成长于此地的学生沉浸在浓郁的精神环境中，生成强烈的认同意识，并以大学精神为毕生的价值追求。

地方高校同样需要大学精神。相比于一流大学旨在培养社会精英，新一批地方普通高校更多的是培养扎根基层的应用型人才，短暂的校史、缺乏学术大师、科研力量薄弱、人文环境缺失均成为制约大学精神形成的软肋。地方高校由于其地理位置的优势，决定了每所地方高校不可避免地带上地域文化的烙印，根植于地域文化之中，它的精神文化浓缩着地域的文明成果。因此，地方高校的特色精神文化的培育过程离不开当地地域文化的熏陶和影响，从而使地方高校精神文化带有地域文化的烙印，带有地域特色。地方高校精神文化是地方高校发展的底蕴，也是该所地方高校的价值追求。地方普通高校建构大学精神是一项复杂艰难的长期工程。如何准确定位独具个性的地方高校大学精神的内涵是此项工程的关键。地方高校应将大学精神与地域文化、行业文化融会贯通，形成独具魅力的大学精神。同时，在地方高校大学精神中应充分体现实践务实的精神，始终强调独立人格、独立思考、独立判断。

2. 大学理念

大学理念是关于为什么办大学、怎样办大学的思想观念，是一所大学的办学思想、信仰追求和灵魂支柱的高度浓缩。大学理念决定大学的发展方向、培养标准、专业设置等，是人们对大学的理性认识，它代表了一所大学的思想和风格，说明了大学人在教学、科研等各项工作中应该遵循的价值观念、思维模式和工作态度。

建设特色鲜明的应用型大学，为地方经济社会发展服务，是众多地方高校在新形势下的办学理念的积极转变，是站在新的历史起点上进行的科学定位、合理规划和务实之举。

一是突出个性、形成特色。地方高校立足学校实际，发挥比较优势，选准主攻方向，集中有限资源，从战略高度来处理基础学科与应用学科的关系，努力形成基础学科、主干学科、支撑学科和新兴交叉学科相辅相成的学科体系，在学科建设、教学科研、师资队伍、人才培养方面形成自身的鲜明特色，沿着“建设应用型大学，培养应用型人才”的目标不断前进。

二是凸显本土化。本土化是指把先进的理念与本地的实际结合起来，扎根于地方经济社会文化的土壤中，成为地方经济社会文化发展的支撑，谋求大学与地方发展双赢。地方高校应加强产学研结合，围绕乡村振兴，坚持以应用科学研究为主，大力开展教育科学理论和实践研究，培育地方文化研究特色，拓展合作领域和合作基地，加速推动科技成果转化，不断提高科研成果的应用性。

三是坚持以人为本。地方高校应坚持把广大职工和学生的利益作为开展工作的出发点和落脚点，依靠师生员工办学，增强他们的主人翁意识，在长期文化创造过程中整合提炼并为师生认同的大学精神，不断完善大学运行和管理制度，努力营造学术科研氛围浓厚、活力四射、文明和谐的大学校园。

3. 大学文化载体

大学文化作为一种抽象的存在，必然需要可见可触摸的载体这一形象的直接体现。文化载体是承载大学先进文化的实物、精神和制度等能够影响人和塑造人的文化模式和文化平台。大学文化载体主要包括校徽、校训、精神风尚、规章制度、活动组织、实物构造等，是大学文化的运载物和媒介，是大学人感受和认同大学文化的主要途径，以其多变的物化形式传播着大学文化[①]。高校校园文化体系是个复杂而庞大的系统，包含因素众多，附着的载体丰富，各个载体时而单独发挥作用，时而交错重叠传递校园文化[②]。

按照传播与存在的形式，大学文化载体可分成符号载体、物质载体、行为载体和活动载体四方面。符号载体注重的是语言和文字在大学文化传播中的作用，包括校训、校徽、校史、校报、年鉴等介质；物质载体注重组织机构、外界环境、具体器物等介质的传播，包括学校章程、规章制度、自然和

① 郭文瑾，郭芬云：《大学文化载体建设研究》，《高等财经教育研究》，2016 年第 2 期。

② 王杨菁：《应用型本科校园文化载体建设实证调研——以上海市某应用型本科学校为例》，《教育教学论坛》，2013 年第 46 期。

人文环境、楼宇布局等媒介；行为载体是大学文化载体的核心和基础，强调的是大学文化中主体和客体的行为活动传播，包括教风、师风、学风、班风、大学人的行为习惯与生活方式；活动载体注重的是大学举办的各类活动，包括文体活动、社团活动、学术活动和科技活动等。

（二）地方应用型大学文化形象标识与实践策略

1. 校徽

大学校徽是学校的一种标志，是一种形象。各大高校的校徽里有其文化底蕴和意义，如北大、清华、南开、南大等。大学校徽是一所大学的外在形象标志，具有丰富的意义，象征性诠释了大学的特有的历史、理念、追求，是大学文化的一个重要组成部分。校徽集大学校名、标志、标准字、造型及理念于一体，是公众包括外界和本校的师生员工最直接和经常接触到的大学形象识别要素。因此，在地方大学形象识别要素的设计中，必须匠心独运，赋予大学校徽深刻、丰富和独特的内涵。地方大学在设计自己的校徽时，常常体现了各自独特的创意，表现出鲜明的主题，特别将色调、校名、主题、理念、字体、造型等融为有机的整体。一个小小的校徽，可以从视觉上向人们传达出一所大学的精神风貌和价值追求。

池州学院校徽

以池州学院校徽为例，学院前身是原“池州师范专科学校”，校名为赵朴初题写，为体现学院的文化传承，“池州学院”的校名题字取自赵朴初书法字体。校徽以“池州学院”的英文缩写字母“CZU”为主要设计元素构成一圆形的图案。字母经变化组合构成一向上的人字形象，表达了学院“以人为本”的办学理念，体现了学院团结一心、拼搏向上的精神风貌。整体图案还构成“e”，为“教育”的英文首字母，表达了学院教书育人的含义，同时还似一电子轨迹的形象，寓意学校管理科学、循环往复、生生不息。圆形的图案，象征学校的事业蒸蒸日上。开放的图案，象征学校立足池州、服务社会、面向未来。整个图案构图简洁明快、典雅大气，富有时代气息，有很强的可辨性和亲和力，易于制作及在各种载体中使用。校标的颜色采用体现博大与科学、理智与永恒的蓝色，体现了科学性与时代感。

2. 校训

校训是一所大学独立思想、传统精神和办学特色的集中表述，是一所大学所锤炼的对全校师生员工具有导向性、规范性、勉励性的训示、号召与要求，是一种赋予大学以生命、品格与范式并深刻体现了其办学旨归、治学传统、文化底蕴、团体精神、社会责任和学校个性化特色的校园精神文化形态。意境深远、富有哲理、内涵丰富的校训，是办学理念的提炼和升华，是地方高校精神的集中体现。任何具有优良传统的大学都有卓尔不群的校训。

池州学院自2007年3月经教育部批准升格为本科院校之后，就确立了地方性、开放性、应用型的办学定位，倡导“以生为本，以用为先”的办学理念，培养面对岗位和职业需求、有学业专长和通识博雅的应用型人才。池州学院校训“以孔子为师，以行知为友”，是池州学院办学理念、办学目标、办学特色和文化精神的集中表述，是学校勉励师生积极进取、健康成长的格言。

孔子是伟大的教育家，其伟大之处不仅仅在于兴办私学，提出了一套教学方法，更重要的是，他提出了建立具有永恒意义之教育理念，即“志于道，据于德，依于仁，游于艺”。这既是一般的为学纲领，又是他的教育纲领，更是孔子教育理念的重要内容。

“志于道”，是学习和教育的总纲领。“立志求道”，是获得人生的最高真理和智慧，是教育的根本目的。“君子学以致其道”（《论语·子张》），办学校、办教育就要以“志道”“致道”为理念，这正是学校教育的神圣使命之所在。

“据于德”则是“求道”的根本途径。即要以人的内在德行为依据，发挥人的固有潜能，培养人才，只有这样，才能得到人生的真理和智慧。儒家教育，从根本上讲是一种德行教育，德行是人生智慧的内在依据。

“依于仁”进一步说明仁是德行的核心，具有明显的主体性，仁者，人也，实质就是爱。这就从根本上决定了教育方法只能是启发性，而不是灌输式，“仁”体现了道的核心价值，“志道”“据德”就是以仁为核心。

“游于艺”即指文化知识教育，这是孔子的教育内容。孔子认为，这些知识是道的载体，通过学习，可“下学而上达”，获得最高真理，即学习知识，不能游离于道之外，要以道为指导。

因此，“以孔子为师”，显示的是一种创新精神、一种为人的基本道德观。

陶行知是中国现代教育史上著名的人民教育家。他毕生致力于人民教育事业，他的教育思想和教育实践活动的内涵是：生活即教育、社会即学校、教学做合一。其核心是：以知导行，以行促知，知行合一，刚健有为。他倡导的教育方法有：倡行启发式、反对注入式；注重培养学员的自学能力或自我教育的能力；强调“教学做合一”。所以，“以行知为友”，显示的是一种理论与实践相结合的教育思想、一种为师的基本道德观。

“以孔子为师，以行知为友”校训的内涵，作为一种办学理念，在具体办学实践中，其要旨有四个方面：

一是明志。就是确立远大的志向、崇高的理想。建设特色鲜明的地方性、师范性、开放性的应用型本科院校，始终坚持以人为本的理念和马克思的人的全面发展的思想，努力为社会培养德智体全面发展的优秀人才即是池州学院的办学之志；立志成为一个胸怀宽阔、志向高远、德才兼备、身心协调发展的有用之才即是池州学院莘莘学子所应确立的求学之志。

二是修德。就是厚德、正心、养气。这是人生之基、立命之本。《大学》指出：“大学之道，在明明德。”就学校而言，既继承了重视道德教化的传统，又突出了育人为本、德育为先的教育理念；就师生而言，旨在引导他们自觉深化个人的道德修养，通过厚德、正心、养气的长期修炼，知荣明耻，不断向情操美好、品德高尚的境界提升。

三是博学。就是以学为贵、以知为重。强调求知对于推动社会进步和成就事业、完善人生的重要意义，推崇自觉学习、积极进取的人生态度和博学审问、海纳百川的博大胸怀，鼓励追求真理与自由、崇尚科学与知识的治学精神，倡导营造尊重科学、尊重知识、尊师重教的校风。

四是重行。就是崇尚实践、崇尚技能、融入社会，重视知行合一，做到“德技双馨”。《礼记·中庸》载：“博学之，审问之，慎思之，明辨之，笃行之。”“笃行”者，就是学以致用，执着实践；厚德是人生之基，求学是进取之途，笃行乃为学之最终目的。

总之，“以孔子为友，以行知为友”为池州学院的校训，契合了学校的办学实际，充分体现了传统与现代、理论与实践、继承与创新相结合的办学理念和大学精神。校训就是要求全院师生培养高尚的道德情操，刻苦学习，强化技能；注重实践，强化应用，努力提高综合素质，以奋发向上的风貌、不屈不挠的精神，投身于社会服务和文化传承创新之中，为中华民族的伟大复兴贡献自己的力量。

3. 楼宇建筑命名与牌坊题词

池州学院九栋教学楼均以“博”字打头，分别与“文”“学”“采”“雅”“识”“古”“奕”“爱”“物”组合成，即“博文楼”“博学楼”“博采楼”“博雅楼”“博识楼”“博古楼”“博奕楼”“博爱楼”“博物楼”。

楼宇建筑匾额是徽派牌坊的题词，以旌表褒奖为目标；校园内作为建筑形式的牌坊，则不能简单沿袭古人，而应将这些题词作为大学精神、校园文化的一种表达来对待，并且要围绕能体现大学教育的价值追求和大学精神，能表现皖南书院特色的目标去选择题词内容。因此，题词框定在中华民族优秀传统文化的范畴内，具体地说，就是框定在德才兼备、励志敦学、正己修身的范围内。九块牌坊匾额题词如下：

① 诚意正心。语出《中庸·大学》，意为：一个人只有意念真诚恳切，才能端正自己的思想。

② 格物致知。语出《中庸·大学》，意为：人必须知悉事物的规律，才能得到真正的知识，获得智慧。

③ 化成天下。语出《周礼》：“观乎人文，以化成天下。”意为：用人文精神来教化天下百姓。

④ 和而不同。语出《中庸》：“君子和而不同。”意为：一个有学识、品德高尚的人，才能做到中心平和，不附和流俗。

⑤ 八音克谐。语出《尚书·尧典》，意为：八种乐器的和谐演奏。此处取兼容并包、和谐共生之意。

⑥ 行远自迩。语出《中庸》：“君子之道，辟如行远必自迩。”意为：要想成为品德高尚、学识丰厚的人，就应该像走路一样，从近处开始，从浅显处开始，日积月累，才能达到目标。

⑦ 天工开物。语出明代宋应星著作《天工开物》名，因其内容多为各专业技能技巧、发明创造，此处取其“技能本位、创新思维、发明创造”之意。

⑧ 切问近思。语出《论语》：“子夏曰：博学而笃志，切问而近思，仁在其中矣。”意为：要深入地探究，反复地思考。

⑨ 韦编三绝。语出《史记·孔子世家》，“孔子晚而喜《易》……读《易》韦编三绝”。后人遂用“韦编三绝”来形容学习勤奋刻苦。

4. 校友大道

池州学院自建校以来，始终坚持党的教育方针和立德树人的根本宗旨，

40 多年来培养了一批又一批的优秀人才。池州学院特规划建设了千米“校友大道”，遴选了 48 位杰出校友进行集中展示，广泛宣传校友事迹，发挥杰出校友的榜样作用，为莘莘学子照亮青春之路。

展出的校友里不仅有知名专家学者、商海英豪，还有教学名师，更有道德模范、社会贤达，这些杰出校友不仅是学校办学的丰硕成果，更是学校的宝贵财富。国轩高科党委书记、董事长李镇是池州学院 1984 届政教专业优秀校友，他曾担任第九、十届安徽省政协委员，第八届安徽省科协常委以及第十三、十四届合肥市人大代表，2016 年李镇家族以 140 亿元财富领衔安徽本土富豪榜。李镇寄语青年学子：成就别人才能成就自己，他勉励广大学子要努力进取，开创未来。孙康达是池州学院 1988 届数学教育专业优秀校友，现任池州市地方金融监督管理局党组书记、局长。孙康达赠言母校学子：大学是人生扬帆起航的港湾，要牢记“一分耕耘一分收获”，珍惜学校学习时光，掌握真知识，历练真本领，把握当下才能赢得未来！安徽大学文学院副院长、教授、博士生导师王泽庆，作为池州学院 1996 届汉语言文学教育专业优秀校友出现在校友大道的宣传栏上，激励着母校学子努力学习，追求远大理想。

学校还结合各个学院特色，在各个教学楼设置考研光荣榜、学科竞赛光荣榜、社会实践先进人物等栏目，通过推出一批优秀的校园精英激励广大学子不断进取、奋发有为，立志成为国家和社会的有用之才，切实发挥文化育人的重要作用。

5. 实践策略

池州学院深入践行校训精神，以生为本，以用为先，积极培养面对岗位和职业需求、有学业专长和通识博雅的应用型人才。孔子的“有教无类、因材施教”“学而不厌、诲人不倦”的教育思想，陶行知“甘为骆驼”“捧着一颗心来，不带半根草去”，毕生追求“爱满天下”的教育情怀告诉我们，爱是教育的灵魂与真谛，教师应当热爱、善待和关注每一名学生，这是学校“以生为本，以用为先”办学理念的立足点①。

“以生为本”，就是学校积极开展服务于学生成才的行动。学校坚持以立

① 柳友荣：《学习贯彻全教会精神　建设特色鲜明的应用型大学》，《池州学院学报》，2019 年第 3 期。

德树人为根本任务，主动适应学生工作的新常态；扎实推进学校“易班”建设，探索育人“网络思政”的大格局，突出网络育人、课程育人、文化育人和实践育人，易班建设网站，获批安徽省首批易班共建高校，易班整体建设情况在全国高校中位列第36位；积极推进学生成长沙龙建设，完善“第二课堂成绩单”制度，将“第二课堂成绩单”打造成学校人才培养、综合素质评价和单位选人用人的重要依据；深入构建教育教学、实践活动、咨询服务、预防干预、平台保障“五位一体”的心理健康教育工作格局，深入开展“5·25心理健康宣传周”“12·5心理健康宣传周”等系列活动，充分发挥学生心理危机预防和干预体系功能；持续构建“精准资助”工作体系，丰富资助育人载体，实现无偿资助与有偿资助、显性资助与隐性资助的有机融合，形成“解困—育人—成才—回馈”的良性循环；充分利用“池州家风文化馆”“皖南民俗文化展览馆”等平台，组建大学生家风宣讲团，积极开展“传统文化进校园”等活动，引导学生增强文化自信。学校注重提质增效、总结提升，切实推进各项育人措施入脑入心、见行见效，注重对优秀经验和先进模式的总结凝练，形成可示范、可推广的典型案例，提供示范和样本。

“以用为先”就是要求学校要坚持立足地方、服务地方不动摇，为地方培养了大批应用型人才，主动融入地方经济和社会建设的主战场，为地方经济建设和社会发展服务，努力使学校成为地方应用型人才培养的中心、区域文化研究的中心、政产学研与科技创新的中心。

池州学院以“特色鲜明的应用型大学”为发展方向，坚持“能力导向、素养为基、专长分流、合作培养”的人才培养模式，大力推进将实践教育、创新创业教育、社会责任感教育“三位一体”融入人才培养过程。按照新时代创新驱动发展战略的要求，学校秉承开放性、应用型的办学定位，注重培养创新型、复合型、应用型人才，以人才培养激发产业新动能。在教育管理改革中，学校抓住大数据产业快速崛起的契机，立足地方，积极搭建大数据与人工智能产教融合、应用创新平台。学校以“大数据应用创新中心”和“池州学院大学生创业孵化基地”为载体，紧贴池州市产业行业特点，在旅游、健康医疗、教育行业不断探索新模式、突破新技术，以实践见成效。

学校始终坚持“以服务求支持，以贡献求发展”，不断探索产教融合新模式，优化大数据资源配置，推动学校实现跨越式发展，增强服务行业和区域经济的力量，推动地方经济发展。例如，学校与池州市委联合制定《池州市与池州学院联席会议制度》，开创了省属高校与属地政府联合议事机制的先河。作为池州市唯一一所本科高校，学校扮演着“地方智库”的角色，成为校地合作“六个人”，即携手池州的共建人、生态池州的规划人、旅游池州的设计人、文化池州的发掘人、经济池州的助力人、服务池州的行动人。学校还组建“乡村振兴学院”，着力打造乡村振兴理论研究、实践指导及人才培养三位一体的综合性继续教育新平台；成立“半导体学院”，着力打造安徽省半导体产业一流人才培养基地，努力成为助推地方经济高质量发展的“新引擎”。

第四章

立德树人：
地方应用型大学价值文化塑造论

大学是为国家和社会培养人才的重要场所，担负着传播科学知识和引领文化发展的重大使命，随着时代和环境的变化，各个大学结合自身的实践和发展，不断地调整办学理念和办学策略，形成了各具特色的精神气质和文化氛围。“文化的灵魂、精髓是它的价值观念或价值观，其深层结构是它的价值体系，而价值体系是价值观的具体化。价值观和价值体系一起构成了一种文化的价值层面，可称为一种文化体系的价值文化层面，即价值文化。”① 大学价值文化在很大程度上影响着大学的办学特色与育人实效。地方应用型大学的人才培养模式不同于高职类院校，它以服务于地方经济社会发展为目标，在本科层次上培养既具有一定的理论基础知识又具备很强的实践能力的应用型、技术技能型人才，这类院校的毕业生在完成学业后大多将会入职地方政府、企业、院校等机构，成为建设地方的中流砥柱，因此，在大学所接受的理论知识教育、实践能力训练以及思想文化熏陶都直接影响到他们今后的世界观、人生观、价值观，也与地方经济、文化和社会的发展息息相关。大学文化本应成为社会主流文化之一，而当前，我国大学文化在改革发展的进程中，不断呈现出边缘化、趋同化及价值缺失等问题，各高校及学术界对于高校文化的研究大多集中于笼统的大学文化建设，专门针对价值文化建设的探

① 江畅：《我国主流价值文化构建的三个问题》，《光明日报》，2012 年 6 月 21 日。

索少之又少，形成的成果屈指可数，各高校对价值文化建设不甚重视，缺乏整体规划，轻视精神内涵，流于形式，其中，地方应用型大学对价值文化的研究和实践的不足也应受到重视。

地方应用型大学的办学定位是应用型本科院校的地方所属高等学校，在地方应用型大学转型及建设过程中，要不断提升服务于区域发展的能力，加强师资队伍建设，培养优质人才，走好地方应用型大学的特色发展道路，价值文化建设的作用不可忽视。首先，文化是大学的灵魂，地方应用型大学的文化与其所在的地区和其应用型的特征密不可分，因此，在不同历史背景及现实特征的基础上形成了各具特色的地方应用型大学文化。那么该类型的大学又如何在实践中体现出其地方性、应用型，如何把握好整体规划布局的总方向？这就要求必须具备完善的大学价值文化体系引领其发展。其次，当前各地方应用型大学处在激烈的转型竞争期，为争夺资源，提升排名，很多地方应用型大学出现了对自身身份认同不清晰、背离办学定位等问题，这种价值选择上的冲突最终会直接影响到大学育人质量，而健全的价值文化体系能在很大程度上规范其竞争机制和手段，使其能够保持办学理念的纯粹性。最后，在地方应用型大学的评价体系中，无论是对师生的评价还是对相关制度设施的评价，抑或是对服务于地方的能力及育人质量的评价，价值文化因渗透在教学和管理的方方面面，都是至关重要的指标和依据。

第一节　地方应用型大学制度文化建设

大学制度文化是大学价值文化的重要组成部分，制度文化在很大程度上决定了地方应用型大学的办学水平和育人品质，直接影响了地方应用性大学的内部管理和对外各项工作的推进，也是地方应用型大学文化建设的机制保障，在此背景下，地方应用型大学的制度文化建设显得尤为重要。

（一）地方应用型大学制度文化建设的背景

1. 地方应用型大学制度文化建设的外部环境

在国家不断加强本科院校向应用型转化的背景下，2013 年教育部主导成立了全国应用型大学（学院）联盟，以促进联盟成员协同合作，更好地服务于地方经济社会发展。2019 年 2 月 19 日，教育部通过 2019 新春发布会介绍了支持应用型本科高校发展有关工作情况。材料称，广东、河南等20多个省（自治区、直辖市）出台了引导部分普通本科高校向应用型转变的文件，300所地方本科高校参与改革试点，大多数是学校整体转型，部分高校通过二级学院开展试点。其中还提出"本科高校向应用型转变，是党中央、国务院重大决策部署，是教育领域人才供给侧结构性改革的重要内容。《国民经济和社会发展第十三个五年规划纲要》明确提出推动具备条件的普通本科高校向应用型转变。《国家职业教育改革实施方案》进一步提出'一大批普通本科高等学校向应用型转变'的发展目标。近几年来，教育部通过部门协同、部省合作，持续推动转型改革向政策保障、深度转型、示范引领迈进"①。在此背景下，地方本科院校在转型的过程中获得了大量外部支持，同时，也给处在转型期的地方院校制度文化建设提出了更高的要求。

地方应用型大学的制度文化建设和所处地方环境密不可分，必须与地方的特色相结合，因此，地方本科院校之间尤其重视互相交流与学习。就安徽省而言，各地方高校有着相似的外部环境，也共同面临着转型困境，为了加强合作，2008年，在应用型本科院校建设研讨会暨安徽省新建本科院校第五次协作会上，14所本科院校参与的安徽省应用型本科高校联盟正式成立，联盟中的各高校达成了诸多开放共建、互利合作的协议，为彼此的制度文化建设提供了诸多的借鉴与经验。2018年，由安徽省应用型本科高校联盟制定的《安徽省地方应用型高水平本科院校建设标准（试行）》（以下简称《标准》）出台，该标准作为高校年度综合考核的主要指标，成为高校学科专业结构调整、学位点申报、招生计划调整、专项资金申报的主要依据，《标准》对安徽省地方应用型本科院校建设的指导思想与基本原则、基本内容、实施要求等各方面作出了详细的规定，为安徽省内各地方应用型大学的制度文化建设提供了政策依据。

2. 地方应用型大学制度文化建设的内部环境

当前，地方应用型大学的制度文化建设主要集中在法治建设、民主管理建设、规章制度体系建设、校园综合治理建设等方面。法治建设主要体现在依据国家相关法律法规，加强法制教育，增强师生的法制意识，加强对依法治校和遵守学校规章制度工作的监督；民主管理建设体现在完善学校内部管

① 教育部：《支持应用型本科高校发展有关工作情况介绍》，2019年2月19日。

理制度体系建设，依法规范学校的决策体制，完善决策过程和工作规则，实现决策的程序化、科学化，特别是重大问题决策的民主化；规章制度体系建设主要体现在建立健全科学规范、以人为本的管理制度体系，促进学校各项工作规范化、科学化、制度化运行；校园综合治理建设主要体现在加强校园内部安全管理和安全保卫工作，积极配合当地政府和有关部门对学校周边的管理工作，维护学校正常教学、工作和生活秩序。

目前，从地方应用型大学的内部环境来看，制度文化的建设依然墨守成规，没有摆脱传统的大学文化建设习惯，地方性、应用型的办学定位容易沦为没有实质性意义的宣传口号；同时，在管理制度方面，忽略师生的期待和诉求，没有及时地根据环境的变化调整管理方法和策略。为了解地方应用型大学开展校园文化建设的实际情况和真实效果，我们于 2020 年 6 月制定了《池州学院校园文化建设现状研究调查问卷》，在池州学院进行了抽样问卷调查，本次共回收有效问卷 1179 份。为了解地方应用型大学制度文化建设存在的问题，我们设计了题目："您的学校有年度更新的管理制度吗?"选择"有"的人数为 797，占总人数的 67.6%；选择"无"的人数为 382，占总人数的 32.4%。对于问题"您认为学校有必要一直更新管理制度吗?"选择"非常有必要，可以不断完善学校各方面的运行"的人数为 630，占总人数的 53.44%；选择"有必要，可以促进学校的发展，提高知名度"的人数为 452，占总人数的 38.34%；选择"无所谓"的人数为 51，占总人数的 4.33%；选择"没有必要，不断更换管理制度可能影响学校正常运行"的人数为 46，占总人数的 3.9%。由数据可知，大部分人认为学校有必要一直更新管理制度，常新的管理制度有利于学校的发展。"一些高校将应用型停留在口头，实际办学中追求学术性，以学科和科研为导向。一些高校对应用型缺乏深入的理解和研究，导致思路、举措和行动未能同步跟进，在相关建设方面难有起色和收效。"① "虽然当今应用型大学已不再是象牙塔，但学术权力主导的专业评价机制并未因为环境的变化而发生根本性变革，教师嵌入学术权力体系的深度远远大于学校对于地方工业部门的依赖程度。"② 对教师而言，当前地方应

① 刘振天：《学术主导还是取法市场：应用型高校建设中的进退与摇摆》，《高等教育研究》，2019 年第 10 期。

② 陈光亭：《地方一流应用型大学建设路径研究》，《高等工程教育研究》，2020 年第 4 期。

用型大学的评价机制、晋升机制依然是以学术为主导，这使得教师与科研学术牢牢捆绑在一起，在支持地方建设方面则无力投入，部分资深教师在过去的职业生涯中形成了固定的学术习惯和工作传统，对与市场密切相关的产学研究道路天然排斥，这一现象也成为地方应用型大学根植地方开展制度文化建设的一大阻碍。

（二）地方应用型大学制度文化建设的内涵

1. 地方应用型大学制度文化的构成

大学制度文化是高校为了自身生存和发展的需要制定的有组织的规范体系，是大学所有机构和成员都必须遵守的程序和规则，大学制度文化与物质文化、精神文化相结合，共同构成大学文化的有机整体；同时，大学制度文化又是物质文化与精神文化的中介与桥梁，它既是大学物质文化的媒介，又是大学精神文化的载体，在一定程度上规范和制约着大学物质文化和精神文化的发展。

大学制度文化由来已久，与各校的历史、变迁与现实密不可分，既涵盖了大学在长期的发展中形成的文化底蕴，又囊括了化理论为实践的组织机构。因此，可从三个方面来看大学制度文化的构成：一是在大学发展变迁过程中，依据各区域各校的传统、习惯与经验逐渐累积而形成的规范体系，如各校的校训校风等；二是在大学建设过程中，依据国家及地方相关法律法规和校风校情不断制定和完善的准则体系，如大学章程、校规校纪、教学科研管理制度等；三是为保障以上规范和准则得以落实的组织，如党政办、校纪委、学生处等管理部门。

2. 地方应用型大学制度文化建设的功能

制度文化建设为地方应用型大学提供了管理依据。2020 年 7 月，《教育部关于进一步加强高等学校法治工作的意见》指出：“推进学校章程的学习宣传和贯彻实施，在学校网站显著位置公布章程，将章程纳入教职工入职、学生入学培训内容……遵循高等教育规律和法律保留原则，积极主动利用章程修订完善推进制度创新，做到重大改革于法有据、于章程有据。加强统筹规划，提高制度供给水平和制度建设质量，推动形成以章程为核心，规范统一、分类科学、层次清晰、运行高效的学校规章制度体系。……推动校内规范性文件管理信息化和公开化，提高管理效率，方便师生查阅。”众所周知，地方应用型大学部门众多，事务繁杂，职能部门人员及师生数量庞大，在复杂的层级关系和人事矛盾中，管理起来困难重重，而大学章程则是大学建设和运行的合法性根基，只有在完善的章程基础上，才能衍生出完备的大学制度文化，从而制定出合理的对内对外的规章制度，让高校的办学环境、专业设置、教育形式、内部管理体制、各类人员的权利义务等工作都能得到有效保障，在处理矛盾、判断是非时有据可依；同时，地方应用型大学发展速度快，调整幅度大，随着外部政策环境的变化以及学校自身的发展，相关制度也要随之而改变，因此，不断完善管理制度，加强制度文化建设是地方应用型大学的重要任务之一。

制度文化建设为地方应用型大学提供了方向指引。对于师生而言，地方应用型大学通过制度文化建设，规范工作制度和管理制度并落实到各项工作中去，让师生了解大学管理的程序性和科学性，可以引导师生积极关注校园建设和自身权益，从而不断提高自身的责任意识，自发地参与大学的制度体系建设和文化建设，加强对依法治校和遵守学校规章制度工作的监督，最终全面提高学校的软实力和核心竞争力。地方应用型大学将制度文化建设与地方文化建设相结合，既能吸收地方文化长期积累的有效经验，凸显地方应用型大学文化的独特性，又为其更好地向地方性、应用型大学转型提供理论支撑和实践支持；同时，又能引导大学优秀的师生人才关注地方文化和地方建设，将更多科研学术资源投入地方传统文化和地方特色产业中来，为地方文化的发展和宣传添砖加瓦。

制度文化建设为地方应用型大学提供了规范标准。大学规章制度是大学管理的依据，大学制度文化在发挥积极引导作用的同时，也是大学各群体之间关系的调节器，各项规章制度以相关法律法规为指导，经过合法的程序，历经各个环节的审核批准，最终得到大家的接受和认同，成为大家自我约束的标准。对地方应用型大学的管理者而言，制度文化是日常工作的纲领和核心，是对工作中一言一行自我约束的标准和规范；对地方应用型大学的教师而言，制度文化建设既是教学和科研工作的内容，同时，教学科研管理制度、人事分配制度、党建和思想政治工作制度等组成的制度体系，又对教师的教学研究以及参与校园管理的途径和方式进行了明确的规定；对于地方应用型大学的学生而言，制度文化建设为其提供了良好的学习生活秩序，但同时，在校园学习和生活中的一言一行又受其规范和约束。一旦出现为了自身利益而危害社会、破坏校园环境、侵犯他人合法权益等行径，无论是校园管理者，还是教师或学生，在制度文化之下，都要依法依规地追究责任，这在一定程度上也保障了地方应用型大学的和谐稳定。

3. 地方应用型大学制度文化建设的特点

以习近平新时代中国特色社会主义思想为指导。大学文化根植于社会文化，地方应用型大学的制度文化建设总是与社会制度、文化传统以及地方现实融为一体，体现国家的方针、路线和相关政策，并随着社会环境的变化而不断发展更新。大学制度文化作为大学文化的一部分，建设过程中始终要从其中找到切入点与落脚点，才能让制度文化有坚实的精神内核，不沦为空泛的规章管理框架。“通过深入挖掘、提炼大学文化精神内质，结合新的理念思想和发展成果，精准把握该所大学的文化价值传统，进而以这种一以贯之的深层价值观为制度文化树立的基点，定位大学政策导向的‘主旋律’和制度安排的‘主基调’。”① 对当前的中国地方应用型大学而言，制度文化建设必须以习近平新时代中国特色社会主义思想为指导，以社会主义核心价值观为统领，落实立德树人的根本任务，以满足师生日益增长的精神文化需求为出发点和落脚点，才能为人才培养提供强大的精神动力，在此基础上，大学的制度文化建设才能与社会的发展步伐相一致，与主流文化的基调不脱节，最终，不断增强广大师生的道路自信、理论自信、制度自信、文化自信。

以传统文化和地方文化为底蕴。传承传统文化是大学的重要使命之一，大学教育在一定程度上保存了整个社会的记忆，大学的制度文化建设如果脱离传统文化，则失去了发展的历史连贯性，《中华人民共和国高等教育法》第一章第四条规定：“高等教育必须贯彻国家的教育方针，为社会主义现代化建设服务、为人民服务，与生产劳动和社会实践相结合，使受教育者成为德、智、体、美等方面全面发展的社会主义建设者和接班人。”大学的智体美育与大学的课程和专业密不可分，而德育则渗透在大学文化的方方面面，其中，制度文化建设是继承发扬优良传统文化的重要载体，也是大学文化得以薪火相传的有效途径。对地方文化而言，地方应用型大学的文化建设则起着示范引领作用，地方应用型大学的制度文化建设中的法治建设、民主管理建设、规章制度建设、校园综合治理建设等都可以为地方制度文化建设提供参考，大学的制度文化建设亦可以汲取地方优秀文化的营养；同时，作为与其他地

---

① 胡玉玺：《现代大学制度文化建设：内涵、现状、策略》，《现代大学教育》，2016 年第 4 期。

区沟通的重要桥梁，地方应用型大学的制度文化建设应注重地方文化传承的责任感，宣传并发扬地方特色文化，更好地引领地方文化的发展潮流。

以服务于地方和贡献社会为理想。地方应用型大学在转型的过程中，一项重要指标就是从学术型向应用型、服务型办学的转变，所以在制度文化建设中，要鲜明地体现出地方应用型大学的特点，即它是在应用型高校基础上的深化和发展，它以为地方建设培养人才、服务于地方经济发展为目标，以服务于社会经济建设和发展为理想。我国高校数量众多，每年毕业生人数庞大，2020 年高校毕业生人数高达 874 万人，如何培养出社会需要的人才，在激烈的竞争中保持自身的优势，为师生创造更好的学习和工作环境，这是很多高校正在探索的方向。对于地方应用型大学而言，立足地方，着眼应用，在文化建设中加强产学研结合、校地互动、协同人才培养、社会服务等制度建设，既能加强大学与地方的联系、增强师生与地方的情感，从而让大学真正地扎根地方，融入地方文化和经济；同时，也能为地方应用型大学的毕业生创造更多的就业机会，最终实现地方应用型大学的办学定位和理想的统一。

（三）地方应用型大学制度文化建设的途径

1. 地方应用型大学制度文化建设核心理念的孕育

以大学精神为核心。大学精神根植于大学文化，是在大学历史和现实的发展过程中形成的融合在校园生活中，为广大师生所认同的价值观念和道德意识。“从哲学角度来说，大学精神是大学的内在超越，指大学在不断审视自我、批判自我的过程中，于传统与变革之间建立平衡，并超越创新的精神。”① 可见，大学精神并不是一经形成就固定不变，而是在大学文化的流动中辩证发展的，它是一所大学得以合理审视自身、发现问题进而解决问题的精神指导，是激励大学不断自我完善和自我提高的内驱动力。近年来，在国家和地方政府的大力扶持下，地方应用型大学发展迅速，不仅外部环境变化快，内部各要素也在不断地自我修正，在这种前提下，要保持制度文化建设的连续性和稳定性，把握时代的主旋律，必须有核心化的大学精神作为支撑。对大学制度文化的作用对象而言，制度文化的灵魂只有成为广大师生认同的价值

① 胡小溪：《浅论大学精神与高校学生思想政治教育工作的关系》，《黑龙江教育（理论与实践）》，2020 年第 6 期。

观念和道德意识，才能与广大师生的目标和方向保持一致，最终为校园各个群体所接纳；只有以自我审视、自我批判、不断发展变革为制度文化建设的精神内核，才能克服因循守旧、故步自封的缺陷，做到跟随时代的变化而调整、改革，真正发挥为大学师生服务的作用。

以以人为本为基础。大学最宝贵的资源是人，制度是人的制度，大学最重要的人莫过于教师与学生，所以，大学制度文化建设应该以人为本，以大学师生为中心，尊重且崇尚师生的劳动价值，把优质资源集中到人才培养上来。尊重人的价值就要看到人的需要，地方应用型大学的师生来源于全国各地，文化背景和生活习惯各不相同，制度文化建设首先要加强调查和研究，了解师生的各项需求，保护师生的正当权益，为广大学子创造平等独立而又积极向上的学习环境，为广大教职工创造公平和谐而又开放进取的工作环境，只有把大学人的追求和信念融合在文化发展和制度完善中，才能让师生有作为大学一员的归属感与自豪感。在此基础上，坚持人的主体性，发挥人的主体作用，在制度文化建设中明确各个群体的权利和义务，各就其位，各司其职，规范大学的教学、科研、管理以及各项服务工作；同时，鼓励作为大学主人翁的广大师生积极参与大学管理和校园建设，主动提出有效建议，积极反馈各种问题，对大学各项工作进行监督，增强大家的责任感和凝聚力，才能充分调动师生的积极性，激发其各种潜能，提高大学人的满意度，最终实现人才培养的人性化，而这也是地方应用型大学制度文化建设的基本出发点。

以依法治校为原则。全面依法治国是坚持和发展中国特色社会主义的本质要求和重要保障，全面依法治国落实到地方应用型大学，就是依法治校。《中华人民共和国宪法》作为我国的根本大法，拥有最高的法律效力，理所当然是依法治校的根本依据，在此基础上，《中华人民共和国教育法》《中华人民共和国高等教育法》《中华人民共和国教师法》《中华人民共和国学位条例》《中华人民共和国中外合作办学条例》等相关法律法规也是高校各项规章制度制定执行的来源和依据。首先，地方应用型大学制度文化建设遵循依法治校的原则能保障大学依法办学，依法履行各项公共职责；其次，通过不断完善大学内部的治理结构，才能最大化地实现校园的公平正义，维护校园环境的和谐稳定，使制度文化发挥其科学规范性的价值；再次，依法治校可以在发展地方应用型大学中落实各项民主管理制度，依法协调和处理校园矛盾及各种利益问题，如高校职工代表大会制度、高校学术委员会等，提升教师参与制度文化建设的积极性，强化民主监督，从而进一步推进大学的民主化改革；最后，更重要的是在依法治校的过程中，潜移默化地提高大学各个群体的法制观念和法治意识，确保大学管理者依法行政，大学教师依法执教，同时，鼓励各个群体通过合法的途径表达自己的诉求，参与大学的管理，孕育出知法懂法守法的和谐制度文化氛围。

2. 地方应用型大学规章制度的完善

以大学章程为纲领。“大学精神理念需要有相应的制度来体现，大学制度是大学精神理念的基本载体，大学精神理念则是大学制度的灵魂。只有将大学精神理念融会于大学制度中，并通过这些制度安排使大学人将这些理念内化为自己的精神信仰和价值追求，才能形成良好的大学文化，确保大学组织持久的生命力。”① 大学理念为地方应用型大学的制度文化建设培育了内在精神力量，而大学规章制度的完善则为其制度文化的产生和发展提供了外在支撑。在地方应用型大学的规章制度中，大学章程是其纲领性文件，是大学规章制度的顶层设计，是联结国家法律法规和大学规章制度的中介和桥梁，发挥着承上启下的作用。《中华人民共和国教育法》（2015 修订）第三章第二十七条规定设立学校及其他教育机构，必须具备有组织机构和章程的条件，《中华人民共和国高等教育法》（2018 修订）第三章第二十八条中明确阐述了高等学校的章程应当规定的事项。《中共池州学院委员会关于进一步加强校园文化建设的意见》指出：“坚持和完善党委领导下的校长负责制，建立科学决策、民主管理的工作机制和现代大学制度，严格执行《池州学院大学章程》。”地方应用型大学按照相关法律法规制定的章程，通过教育部的审核批复，既保证了大学办学管理的合法性，又保证了其在社会中的独立地位。在制度文化建设中，大学章程的制定和修订是最基础性的工作，是大学治理理念的集中体现，在此基础上，衍生出大学其他各项规章制度的补充和完善，由此可见，大学章程是地方应用型大学制度文化建设的鲜明体现。

以组织机构为依托。地方应用型大学的制度文化建设不仅仅是在理论上完善大学章程，更重要的是如何在实践中发挥制度文化的作用，起到管理、引导和制约的作用，而这就依赖于大学各组织机构的构建和运行。《中华人民

① 傅林：《新时代大学制度文化建设之思》，《北京教育·高教》，2018 年第 9 期。

共和国高等教育法》（2018 修订）第四章第三十九条中规定："国家举办的高等学校实行中国共产党高等学校基层委员会领导下的校长负责制。中国共产党高等学校基层委员会按照中国共产党章程和有关规定，统一领导学校工作，支持校长独立负责地行使职权。"党委领导下的校长负责制，是新时代中国特色社会主义制度下大学组织机构的重要特征，党的领导是前提，是地方应用型大学坚持正确办学方向的保证，校长负责制是关键，是地方应用型大学各项制度和管理措施得以落实的依托，在此领导体制基础上，健全以大学章程为纲领的制度体系，形成包括决策机制、各级行政组织、学术组织等在内的长效机制，使地方应用型大学的管理科学稳定。

以民主管理为支撑。2018 年修订的《中华人民共和国高等教育法》第一章第十一条明确规定：高等学校应当面向社会，依法自主办学，实行民主管理。《中共池州学院委员会关于进一步加强校园文化建设的意见》指出："完善民主管理，完善学校内部管理制度体系建设，依法规范学校的决策体制，完善决策过程和工作规则，实现决策的程序化、科学化，特别是重大问题决策的民主化。"民主管理是当前地方应用型大学制度文化建设的重要内容，师生作为大学的主人翁，可以按照相关法律法规的规定，参与大学的民主管理和民主决策。当前，地方应用型大学的教师参与民主管理和监督的主要方式是通过教职工代表大会、工会等形式，听取学校的各项工作报告，通过多种途径和方式提出相应的意见和建议，监督学校章程和各项规章制度的制定和落实，从而维护自身的合法权益。地方应用型大学的学生则可以通过学生代表大会等形式参与和监督学校的各项工作，表达自己的建议和诉求，维护学生的合法权益。

3. 地方应用型大学反馈机制的构建

公开机制的更新。地方应用型大学要维持校园秩序，保证制度文化建设的有序推进，不仅要依靠制度文化的内部发展，同时，也依赖于有效的外部监督，而对于行使监督权的各个群体来说，信息的及时传达、校务的公开透明是必不可少的条件。《中共池州学院委员会关于进一步加强校园文化建设的意见》指出："依法完善和切实执行党务、校务公开制度，建立和完善情况通报制度、情况反映制度和重大决策征求意见制度。""加大设备和技术投入，重点建设好学校门户网站、官方微信微博等新媒体，精心设计板块，扩大信息量，突显学校特色，充分发挥网站的服务功能。健全完善网络管理、信息发布等有关规章制度，确保网络信息安全。”地方应用型大学应首先在校内实现信息公开，通过传达文件、信息栏展示、层层传递的方式让广大师生了解学校的制度文化建设现状及建设过程中的重大事件和变化。当然，在现代信息技术高度发达的今天，仅仅依靠传统的信息展示方式已经不能满足人们对所获取信息的及时性和准确性的要求了，所以，各地方应用型大学都建立了属于自己的官方网站，这也是当下各校信息公开的主要途径。校内人员和校外人士通过访问官网，可以了解各校制度建设的大致内容，包括大学章程、机构设置、日常各项工作内容等，因此，地方应用型大学官方网站的信息应及时处理和更新，以跟上制度文化建设的步伐。近些年，随着各类公众账号的普及和流行，地方应用型大学陆续开始开设官方微信公众号、QQ 公众号、官方微博等，随之成为校务公开的重要渠道，这些平台的搭建和完善也成为地方应用型大学制度建设的内容之一。

评价机制的健全。大学章程和各项规章制度的制定者主要是管理人员，然而，这些制度的受众却包括师生在内的所有大学成员，这些制度是否科学，是否得到了合理的执行，制度文化的建设是否取得了实效，制定者需要得到全面有效的评价反馈。当前，地方应用型大学可以通过各类座谈会，如教师座谈会、学生座谈会等方式收集第一手的对制度文化建设的评价，这种面对面评价的方式高效而直接，但也可能碍于人情关系的束缚和不同身份的压力，使评价者有所顾忌而无法表达真实的意见。因此，还应开发其他无记名的制度文化建设评价途径，借助当下的网络媒介，可以开发一些网络投票、调查问卷、网络意见收集信箱等平台，既易于评价者操作，又便于整合分析各项评价意见，在这些评价的基础上，才能更好地规划地方应用型大学未来制度文化建设的方向和内容。

奖惩机制的落实。地方应用型大学制度文化的落实，要靠各个群体的高度自觉，但从当前国情来看，仅仅依靠个人的自我约束，将无法保障制度的公平公正，在此基础上，合理的奖惩机制能起到一定程度的规范作用。大学通过在制度文化中落实奖励机制，可以提高各群体的责任感和荣誉感，激励其在工作和学习中发挥创造力，形成良性竞争的积极氛围；通过落实制度文化中的惩罚机制，针对各项失职和违纪行为进行相应的惩戒，既可以加强地方应用型大学的内部管理，提高依法治校的管理效率，又可以促进大学形成自律廉洁的校园风尚，这也是制度文化建设的重要指标之一。

第二节 地方应用型大学教风文化建设

价值观和价值体系一起构成了价值文化的两个层面，地方应用型大学的价值文化建设除了制度文化建设之外，还应涉及影响大学价值观形成、关系地方应用型大学价值体系构建的教风文化建设。教风是指教师在教学过程中形成的，通过教学态度、教学方法、教学反思等形式体现出的具有长期稳定性的教学风气。当前，地方应用型大学在教风文化建设方面投入了大量的精力，但是，也依然存在着诸多问题。

（一）地方应用型大学教风文化建设的现状与问题

1. 地方应用型大学的教风管理现状与问题

对教风建设不重视。一所大学的教风，会直接影响到大学的教学氛围和教学质量，也直接关系到大学能否有效完成为社会培养输送优质人才的任务。教风的形成是一个长期的过程，短期内甚至难见成效，因此把各种优良教风融入地方应用型大学的价值文化，需要大学管理者、大学教师及大学学生持之以恒的努力与坚持。当前，诸多地方应用型大学的教风建设没有得到足够的重视，容易局限于各种文字规定和空洞的口号，没有建立起完善的落实机制，很多大学重科研轻教学，教师晋升机制以科研成绩为主导，导致教师将大量精力投入在科研上，最终教风文化建设只能流于形式，从而失去了真正价值。因此，地方应用型大学要建设教风文化，首先要转变观念，要从上而下地重视，认识到教风文化建设的重要性和艰巨性，这样才能鼓励大学所有成员参与其中。

对教学管理不合理。地方应用型大学在制度文化建设中，对涉及教学的各项规章制度进行不断的补充，但依然有很多细节尚待完善。在实际的操作中，教学工作的中心地位难以落实，教学管理部门服务意识不强，办事效率低下，常常会出现课程规划不合理，缺乏连贯性，课程时间安排错乱，缺乏科学性，教学软硬件设备更新滞后，缺乏实用性等问题，导致课堂教学环境恶劣，教学过程中，各种问题层出不穷。同时，对教学过程管理松懈，碍于人情关系等压力，很多规章制度并未有效执行，使得对教师约束无效，对课堂教学监督乏力，以致很多地方应用型大学教学过程不规范，课堂教学随意化现象严重，教学秩序混乱时有出现。

对教学监督不健全。当前，几乎所有地方应用型大学都设置了各级教学督导，以发挥对教师和课堂教学的监督辅导作用，但是，教师与督导之间的联结机制却尚未健全，最终使其只能“督而不导”，反而背离了设置督导的初衷。除此之外，各地方应用型大学也都建立了教学评价机制，让学生对教师的课堂教学进行打分评价，但这项制度在实施时，学生操作随意主观，教师过度执着于成绩，忽略了其中反映的教学问题，最终也容易沦为教师评优评先的依据，而不是提高课堂教学质量的全面参考数据。

2. 地方应用型大学教风文化建设中教师的现状与问题

教学观念滞后。地方应用型大学因其办学的特殊性，地理位置一般相对偏僻，教学资源比较有限，教师与其他高校同行交流学习的机会相对较少，多数时候，只能依靠教师个人主动通过网络了解专业的研究现状和前沿知识。很多教师在工作中容易安于现状，把教书育人只视作谋生手段，而不是个人的理想追求；不重视充实自我，不积极开阔视野，因而在教学中缺乏主动性和积极性；不注重自身教学综合素质的提升，专业知识和技能更新慢，不愿向资深的优秀教师们学习，甚至一套备课笔记用终身，使得课堂教学内容陈旧，教学方法老套，无法在课堂上激发学生的学习兴趣。部分地方应用型大学的教师因为收入较低或者受拜金主义影响等原因，在社会中从事其他兼职，对教学不重视，不能投入足够的时间和精力，甚至认为课堂教学无关紧要，只要完成任务不出错就算尽职。还有教师在工作中只关注自身的职称晋升，极为重视个人的科研成绩，对于教学，只愿意承担评定职称所需要的工作量，对课堂教学质量也毫无追求，对课程知识的研究毫无兴趣，不注重在教学中为学生介绍学科最新发展成果，这些都是影响地方应用型大学教风文化建设的重要原因。

教学过程不规范。教学应是高校所有工作的核心，各高校章程中都对教学各个环节进行了明确的规定，但地方应用型大学的教师在教学执行过程中，时常操作随意，导致教学过程不规范。在课堂教学中，一些教师缺乏契约意识，不严格按照教学计划执行教学，因个人私事随意停课调课，影响教学秩序和教学进度，也容易打乱学生的学习节奏。在课堂教学中，有些教师以完成教学任务为目标，对教学效果毫不在意，备课仓促，不及时更新教学内容，课堂教学靠以读教案或教学 PPT 为主；教学时间分配不科学，不突出课程重难点知识，沿用“填鸭式”的死板教学方式，教师一言堂，学生在课堂中没有参与的兴趣和机会。不仅如此，有些教师在课堂中缺乏责任感，几乎不进行课堂管理，不在意课堂反应，教师自说自话，学生自行其是，课堂毫无纪律；期末考试为了提高学生的通过率，部分教师会在考前给学生“划范围”，甚至泄露试题；在课后，还存在一些作业不批阅、试卷批改不标准、平时成绩靠个人主观任意决定、学生课程成绩评定不客观等。以上现象都是当前地方应用型大学学风文化建设中存在的问题。

与学生缺乏沟通。为了了解当前地方应用型大学师生之间的交流现状，我们在问卷中设计了问题：“你在学习过程中跟老师的交流怎么样?”选择“很好，经常讨论问题”的人数为320人，占总人数的27.14%；选择“一般，有事才找老师谈”的人数为787人，占总人数的66.75%；选择“除了上课外从来不交流”的人数为72人，占总人数的6.11%。由数据可知，大部分学生跟老师交流的主动性不强。随着各项网络平台在生活学习中的普及，地方应用型大学学生的学习动机、学习方式、学习资源同以往相比都发生了巨大的变化，这让他们对课堂教学的形式提出了更加多样化的要求；同时，地方应用型大学的学生培养要兼顾科学理论与实践训练，这都要求教师与学生常态化地面对面交流。近些年来，高校不断扩招，地方应用型大学教师队伍迅速壮大，但对教师的入职培训和考核并没有执行十分严格的审核和监督，使得教师队伍的素质参差不齐。有的地方应用型大学依然有部分教师缺乏对学生应有的理解和支持，有些教师自身备课不足，没有能力和学生关于教学内容进行深度交流；有些教师各项事务繁忙，不愿意与学生交流，上课“一言堂”，不给学生提供课下联系的渠道，使得学生无法与之交流；还有一些教师对待学生的方式简单粗暴，一味地打压批评，学生感受不到应有的尊重和关心。以上诸多情形都破坏了学生与教师之间天然的亲近感。教师无法了解学生的学习需求，不能根据学生的实际情况及时调整教学内容、教学方法和教学计划，更无从得知学生对知识的掌握情况，学生也必然会丧失学习的主动性和积极性，往往只是迫于考勤和考试及格的压力走进教室，睡觉、玩手机等现象屡禁不止，这种教风影响下的教学质量必然堪忧。

（二）地方应用型大学教风文化建设的途径

1. 地方应用型大学教风管理体制的完善

完善师德师风建设。2018年1月，《中共中央　国务院关于全面深化新时代教师队伍建设改革的意见》（以下简称《意见》）提出：“弘扬高尚师德。

健全师德建设长效机制，推动师德建设常态化长效化，创新师德教育，完善师德规范，引导广大教师以德立身、以德立学、以德施教、以德育德。"[①] 为了深入推进落实《意见》，2019 年 11 月 15 日，教育部、中央组织部、中央宣传部等七部门联合印发了《关于加强和改进新时代师德师风建设的意见》，其中提出，"把立德树人的成效作为检验学校一切工作的根本标准，把师德师风作为评价教师队伍素质的第一标准"[②]。由此可见，地方应用型大学要规范办学，加强教风文化建设。首先，要注重师德师风建设，将师德师风作为评价教师队伍素质的第一标准并纳入规章制度中，在考核中，将师德师风作为首要的考核内容，严格执行《高等学校教师职业道德规范》，实行"师德师风一票否决制"，让制度力量真正发挥外在约束的作用，促进教师坚定理想信念，为良好教风建设提供保障；其次，在教风文化建设中要发挥思想政治教育工作的引领作用，认真学习和切实贯彻习近平新时代中国特色社会主义思想，倡导与社会发展、时代进步相统一的价值取向，引导教师树立正确的历史观和文化观，充分了解世情和国情，增强其民族自豪感和职业荣誉感，由衷地认识到教育工作的意义，从而热爱教书育人工作。

巩固教学中心地位。教学质量的提高依赖于对教学工作的重视，只有将教学作为学校一切工作的中心，才能科学地设置和安排各项具体工作，师生与课堂才能获得应有的关注。地方应用型大学的教风之所以存在诸多问题，主要原因还在于教学中心地位没有落到实处，各项规章制度没有得到有效执行，教学工作缺乏严格有效的管理，让各种不正之风有机可乘。地方应用型大学的教风文化建设要将教学工作放在中心地位，首先要真正重视课堂质量，增加教学投入，完善教学设施，及时更新教学设备，为教学工作的开展创造良好的外部环境；其次，在校园文化建设时，要营造尊师重教的良好氛围，为教学创造良好的人文环境，让教师得到足够的关心和理解，鼓励师生相互交流，形成师生充分互动、团结友爱的教风文化；最后，应关心教师的工作、生活和学习，积极提高教师的待遇，建立多劳多得、优劳优酬的机制，重视教师的成长，为教师的专业能力提高、个人深造和晋升创造机会，激发教师

① 中共中央，国务院：《中共中央国务院关于全面深化新时代教师队伍建设改革的意见》，2018 年 1 月 20 日。

② 中共中央组织部，教育部，等：《关于加强和改进新时代师德师风建设的意见》，2019 年 11 月 15 日。

的工作积极性，形成良性的教师发展机制，最终不断提高教师队伍的道德水平和业务素养。池州学院从2016年教学活动月开始，在学校开展“最美教师”评选活动，给予其相应的荣誉称号和奖励，既激发了广大教师的责任意识，又在教风建设方面起到了很好的宣传示范作用。

健全规章制度建设。地方应用型大学要加强教风文化建设，必然要加强对教师的培训和监督。首先，要加强对青年教师的培训，完善教师岗位进入机制，保证地方应用型大学教师招聘的公开、公平和公正，对于进入教师岗位的新手，实施全面的岗前培训制度，让其了解教师的相关权利与义务，具备基本的教学能力，从制度上为青年教师的成长保驾护航，为青年教师的发展进步创造条件，在此基础上，可以采取青年教师导师制、青年教师成长沙龙等形式，为青年教师增强教学能力提供指导。其次，完善教学督导制度，发挥教学督导的监督帮扶作用，规范教学秩序的同时，对于教学能力较弱的教师，教学督导组通过走访听课等形式，了解缺陷与不足，有针对性地提出改进意见，帮助其克服困难，有效地提高教学质量。最后，发挥教学评价的作用，当前教学评价往往流于形式，只是作为教师奖惩的依据，教风文化建设要积极发挥教学评价的长期追踪价值，作为教师个人自我评估的依据，亦可以作为教师教学水平变化的参考，教师可以根据评估情况及时地调整教学策略和教学方法，也能让管理者有针对性地提供援助和指导。

2. 地方应用型大学教学服务设施的建设

更新教学设备。教学过程中，教师的个人能力至关重要，而个人能力的全方位施展需要与之相配套的平台，所以，教风文化建设理应囊括各种教学设备的完善和更新。“巧妇难为无米之炊”，在网络平台教学日益盛行的今天，如果没有与时俱进的教学设施，没有高效率的信息处理平台，跟不上学生们日益信息化和多样化的学习需求，课堂教学就会被极大地束缚。地方应用型大学可以通过网络、走访兄弟院校等形式，了解最新教学平台和设备的使用效果，在此基础上，结合学校的财政情况及教师教学的实际需求，选择配备最有利于提高教学实效的设施及平台，丰富教学资源，促进线上线下教学融合，既能为教师教学提供更大的施展空间，又能激发学生的学习兴趣。

打造交流平台。当前地方应用型大学的课堂教学依然坚持以单个教师为主导的模式，而教风的提升依靠个人的单打独斗是远远不够的，因此，加强团队合作，为教师创造更多团队交流与学习的平台势在必行。地方应用型大学在教风文化建设中，可以通过推广教学典型和教学模范等形式，激励教师们向优秀同行学习，不断提高自身的水平。要通过开展教学技能大赛、评选优秀教案和课件、打造精品课程和课堂等方式，鼓励教师们不断打磨教学内容，提升自身的教学水平；与此同时，多开展集体备课和各项教学交流研讨等活动，资历不同的教师互相分享教学经验，承担不同类型课程的教师相互交流教学心得，集众人的智慧，共同面对教学中的难题和困境，以增强团队的凝聚力。

提升保障服务。地方应用型大学的教学，仅仅依靠教师和学生的配合是远远不够的，还需要教学管理部门与师生之间加强沟通与交流，不断提升保障能力和服务水平。在课程的统筹管理中，相关管理部门应充分考虑师生的利益和诉求，科学地规划人才培养方案，合理安排课时与授课时间。在实际的课堂教学中，各类教学活动的顺利开展，各项教学设施的正常使用，也需要相关部门提供高效的保障服务，为师生创造和谐稳定的教学环境。针对课堂教学，相关部门应安排专人做好教学设备的维护，以避免因设备故障引起教学事故；针对各类实训课程，应加强对实验室、研究中心等各类场所的管理，在保障安全的前提下提高利用效率，给学生提供更多提升自身能力的机会；针对各类的校外实践活动，地方应用型大学应结合地方文化和办学特色多开发各类实践基地，让师生能够将课堂延伸到校外，在开阔眼界的同时，做到将理论与实践相结合。

3. 地方应用型大学教师个人素质的提升

不断提升自身责任意识。要建立友好互信的师生关系，要求教师必须有教书育人的责任意识。为了了解当前地方应用型大学教师对学生的影响，我们在问卷中设计了问题：“您最喜欢的任课老师对您的影响主要是什么方面？（此选题为多选题）”选择“为人”的人数为 905 人，占总人数的 76.76%；选择“治学”的人数为 716 人，占总人数的 60.73%；选择“做事”的人数为 689 人，占总人数的 58.44%；选择“个性”的人数为 465 人，占总人数的 39.44%；选择“其他”的人数为 27 人，占总人数的 2.29%。从数据可以看出，选择“为人”的学生比例最大，选择“治学”“做事”“个性”的人数也较多，由此可知，大部分学生认为任课老师对自己的人生和成长具有多方面的影响力，其中人品影响最大。教学不仅仅是一份工作，对教师而言，教书的同时，也承载着众多学生的期待与希望。苏霍姆林斯基说过：“如果学生不愿意把自己的欢乐和痛苦告诉老师，不愿意与老师开诚相见，那么谈论任何教育总归都是可笑的，任何教育都是不可能有的。”教师承担着“传道授业解惑”的重任，只掌握全面的知识结构和较高的专业水平是远远不够的，只有具备了充分的责任意识，才能提升自身工作的自觉性，及时替学生排忧解难，才能给予学生最真诚的关心和爱护，真正做到从学生中来，到学生中去，以言传身教的方式发挥教育的深刻作用。

积极参加各类业务培训。“打铁还需自身硬”，教风文化建设最终要落实到教师自身素质的提高。地方应用型大学的教师如果局限于自身的教学环境，就很难拓宽自己的教学视野，也就无法提高教学能力。地方应用型大学一般地处中小城市，教学资源有限，教师的文化专业水平得不到及时更新，对学科的发展演变知之甚少，极其容易出现文化知识和专业知识陈旧、落后，新旧知识断层的现象。通过积极参加各种类型的业务培训，同不同类型院校的教师相互交流，地方应用型大学的教师可以取长补短，不断更新自己的教育理念，学习先进的教学知识和技术，研究优秀的教学方法和教学案例，丰富自身的专业素养，提高自身的专业能力；同时，在更广阔的专业背景下关注专业动向，从而奠定坚实的理论基础。

主动与学生加强沟通。教师的教学始终面向学生，学生是课堂的主体，良好的教学效果来源于师生的和谐互动。地方应用型大学的大学生思维活跃，个性鲜明，但普遍缺乏良好的自我管理能力，因此，对教师的课堂管理能力提出了极高的要求。教师要做到“因材施教”，必须对教学对象有充分的了解，而仅靠课堂的观察和配合是远远不够的，因此，要放下身段，融入学生的日常生活，尤其是在课后要通过各类平台与学生沟通，在给学生答疑解惑的同时，了解学生的日常生活及兴趣爱好，关注学生的思想动态，想学生之所想，急学生之所急。只有这样，教师才能在教学中根据学生的理论基础和个性特点选择合适的教学方法，从而激发学生的学习兴趣，最终实现以学生为中心的教学目标。

第三节 地方应用型大学学风文化建设

地方应用型大学的制度文化建设和教风文化建设最终是为人才培养服务的，因此，学风文化建设是地方应用性大学文化建设的内在动力。为了解学风的作用，我们在问卷中设计了问题：“学风对您有影响吗？”选择“影响很大”的人数为403人，占总人数的42.47%；选择“较有影响”的人数为394人，占总人数的41.52%；选择“一般”的人数为141人，占总人数的14.86人%；选择“没什么影响”的人数为6，占总人数的0.63%；选择“根本没影响”的人数为3人，占总人数的0.32%；选择“说不清楚”的人数为2人，占总人数的0.21%。由此可见，大部分学生认同学风对自己的影响，因此，加强地方应用型大学的学风文化建设尤为重要。

（一）地方应用型大学学风文化建设的现状与问题

1. 地方应用型大学学风文化建设的管理现状与问题

学校管理不严格。大学是学校和社会的中转站，处在从高中严格的班级治理向大学自我管理过渡期的学生，如果没有良好的学风引导，缺乏自制力的学生极其容易出现得过且过的心理倾向，使得宝贵的学习时间被浪费，有些学生甚至会产生负面的情绪从而走上厌学之路。当前，很多地方应用型大学为了各项评价数据，重实习就业轻课堂学习，忽视学风文化建设，在一定程度上给这些学校的价值文化建设带来不良影响。地方应用型大学当前的学风文化建设主要通过规章制度建设和落实、校风校训的制定和落实等方式来进行，而在实际操作和执行中，教师管理不到位，教学秩序混乱，规章制度变成强行约束学生的外在压力；很多规章制度并没有得到严格执行，校风校训的制定宣传表面化和形式化，以致沦为空洞的口号和训导，没有发挥积极的规范、约束和引领作用，无法获得学生的理解和认同。这些现象都是当前地方应用型大学学风文化建设面临的一大困境。

班级管理松散化。班级是大学生成长成才的组织载体，更是对大学生进行优良学风教育的重要阵地。地方应用型大学的学风与班风密不可分，班风建设是班级建设的核心，是大学价值文化建设的具体体现，班风是否良好将直接影响到班级学生的学习动机、学习目标和学习表现。当前，很多地方应用型大学班级管理松散，辅导员缺乏责任意识，与学生之间关系淡薄，不能心系学生成长，不了解学生的思想动态和学习情况。班会沦为形式，班级没有构建出建立在优良学风基础上的特色文化，班级凝聚力下降，同学之间缺乏良性竞争。班级干部本应是学生中的“领头羊”，但很多地方应用型大学的班委缺乏组织能力和奉献精神，在班级建设中没有大局意识和宏观意识，只是为了完成任务，并没有真正发挥先锋模范作用。以上种种现象，都直接导致班集体失去了发扬优良学风的基础，也使得地方应用型大学的学风建设面临着重重阻碍。

家庭管理不科学。“家庭关系在高校学生的成长过程中有着举足轻重的作用，大学生家长要努力营造和谐、健康的家庭关系，家校合作，促进大学生学习状态的提升。”① 当前，地方应用型大学的学生大多是独生子女，家庭因素直接影响着学生的成长成才。随着生活水平的不断提高，家长对孩子溺爱的情况也与日俱增，很多家庭对子女缺乏科学的引导和教育，一些家长为了让学生能够全身心地投入学习中，包揽了所有生活琐事，使得学生在进入大学后，没有养成自我管理的良好习惯，缺乏独立生活的能力。一些家长在和子女的互动中过度宠溺或者消极打压，“以考试定成败”，片面追求高分，使得学生始终是在外力作用下被迫学习，没有形成自主学习的意识。有些家长甚至给子女营造“考上了大学就可以随意玩乐”的假象，使学生们没有领会学习的意义与价值，在进入大学后，这部分学生普遍失去了学习的动力和方向。以上情况也是地方应用型大学的班级管理者和学生家长共同面临的困境。

2. 地方应用型大学学风文化建设中学生的现状与问题

自我约束能力弱。为了解地方应用型大学学生的自主学习情况，我们在问卷中设计了问题：“您在课余时间主要做什么？（多选题）”选择“学习”的人数为 864 人，占总人数的 73.28%；选择“参加社团活动”的人数为 629 人，占总人数的 53.35%；选择“健身、运动”的人数为 515 人，占总人数的 43.68%；选择“睡懒觉”的人数为 387 人，占总人数的 32.82%；选择“和同学闲聊”的人数为 349 人，占总人数的 29.6%；选择“打扑克、棋牌等”的人数为 42 人，占总人数的 3.56%；选择“和同学沟通联络感情”的人数为 380 人，占总人数的 32.23%；选择“上网”的人数为 440 人，占总人数的 37.32%；选择“其他”的人数为 37 人，占总人数的 3.14%。由数据可知，虽然大部分学生在课余时间仍然坚持学习各类知识，学习的积极性较高，但是依然有很多学生进入大学后，由于没有父母和高中阶段老师的督促和压力，以致缺乏有效的自我约束，贪图享乐，沉迷网络，一味地放纵自己，荒废学业，有些学校甚至出现了“代考勤”“代上课”等违纪行为。

① 马力，陈蒲晶：《大学生家庭关系的特点及其对学习状态的影响》，《首都经济贸易大学学报》，2019 年第 5 期。

学习目标不明确。地方应用型大学的很多学生在进入大学前对于专业没有足够的了解，填报高考志愿时没有充分结合自身的特色和兴趣，在进入大学后，不能及时调整自身的状态，没有对未来的科学规划，认为进入了大学就可以随意地玩乐，学习积极性和专业兴趣度较低；还有些学生抱着功利主义的态度，为做兼职多赚钱甚至不惜逃课旷课。以上现象都对大学学风产生了非常恶劣的影响。还有部分同学学习得过且过，目标是毕业时能取得证书，于是仅仅满足于期末考试及格，以致迟到、早退、旷课等现象屡禁不止，上课打瞌睡、看手机成为常态。追其根源，都是因为学生对学业缺乏科学的规划，失去了奋斗的目标和方向，于是就没有了积极学习的动力。

学习方法不科学。很多地方应用型大学的学生在刚进入大学时，对各类课程充满好奇，学习时积极主动，渴望能学到新知识，但是大学的各类课程众多，如果没有及时地转变学习方法，没有养成良好的学习习惯，很容易出现不能有效规划和管理时间的现象。在不同课程之间，如果没有合理地分配时间，就会大大透支自身的精力，无法做到劳逸结合，最终容易产生厌学心理。部分地方应用型大学的学生在学习中依然沿袭过去的应试模式，一切为考试服务，上课变成了简单的“划重点”，课后盲目地强行背书，当然无法从学习中获得乐趣，更无法体会不同课程知识的魅力。加之进入大学后生活环境的变化，很多同学不能及时地转变心态，容易受各种生活琐事的影响，产生负面情绪，在其影响下，也会逐渐陷入消极的学习态度。

（二）地方应用型大学学风文化建设的途径

1. 地方应用型大学学风管理体系的完善

健全制度管理。当前，地方应用型大学的学习环境相对宽松，对学生的学习管理松懈，这使很多学生抱着侥幸的心理，上课态度敷衍，课后学习散漫，所以，学风建设首先要健全学习管理制度。针对课堂教学，在完善学生的相应管理制度的同时，要强化对课上学情的监管，明确课堂纪律要求，营造积极向上的课堂氛围；完善考勤考核制度，针对“代上课”、多次无故缺勤、扰乱课堂秩序等行为，应严格按照相应的规章制度进行处理；《教育部关于深化本科教育教学改革，全面提高人才培养质量的意见》（教高〔2019〕6号，2019年10月12日）规定：“各高校要严格教育教学管理，本科生体育课考核不达标者不能毕业，严肃处理各类学术不端行为，坚决取消毕业前补考等‘清考’行为。”① 因此，地方应用型大学要加强对课程考试考核的管理，班级应在考前组织学生集体学习考试相关纪律要求，并签订考试承诺书，让学生了解违反考试规定的严重性，意识到诚信考试的必要性，让考试真正发挥促进学习和检测水平的作用。要完善对毕业设计和毕业论文的管理，毕业论文和毕业设计是大学学习的最终成果，近些年来，毕业论文抄袭代写等现象频频出现，地方应用型大学要改善学风，必须严把毕业出口关，严肃处理相关舞弊行为，使大学学习的全过程有章可依，管理严格。

规范过程性评价机制。对学生而言，学习过程的意义远大于结果，因此，要加强学风文化建设，必须细化对学习过程的管理，规范过程性考核机制。过程性评价提倡动态的因材施教，让知识的学习和能力的提高并重，促进学生的全面发展，因此，能够对学习的动机、过程和效果进行全面的考核和评价。在教学的各个阶段开展考核和评价，及时地将评价结果反馈给学生，既能让学生了解学习中的问题与不足，从而调整自身的状态，合理地规划学习时间，又能让教师实时地把握学生们的学习动态，了解自身的教学实效，从而开展高效的教学反思，有针对性地选择教学策略，适时地发挥正向引导作用，以取得更好的教学效果；同时，将实践性教学和学习作为重要内容纳入评价体系，让学习不再局限于理论，而是在实践的过程中巩固知识，加深对理论的理解，也能让理论发挥指导实践的作用，真正做到学以致用。过程性评价的关键环节在于师生持续性的互动与反馈，在这个过程中，师生不仅能够围绕学习内容和形式展开讨论，还能不断增进感情交流，形成良好的师生氛围。

加强专业规划教育。很多地方应用型大学学风较差与学生对专业缺乏规划关系甚大，只有在对专业深度认知的基础上，学生才能合理地安排时间，制订科学的学习计划。当前，很多地方应用型大学开展的新生入学教育是引导学生适应大学学习和生活的重要环节，可以帮助新生有效融入大学氛围，通过入学教育，在有经验的教师和高年级学生的指导下充分了解自己所学的专业，尽快明确学习目标，从而有效地开展专业学习，对自己未来的大学四年学业及早做出规划。在四年的课程教学中，要将学业生涯规划贯穿其中，辅以专业讲座和座谈会等形式，让学生在大学期间对自己的学习有清晰的认

① 教育部：《关于深化本科教育教学改革 全面提高人才培养质量的意见》，2019 年 10 月12 日。

知，了解学习的目标，树立明确的职业方向，从而在职业理想的激励下，发掘自身的潜能，投入更多的时间和精力巩固自己的专业知识；同时，能吸纳广博的其他知识，积极投身于学科实践，最终通过大学学习，成为知识丰富、能力全面的社会主义建设者。

2. 地方应用型大学学风文化引导的加强

以加强党团建设工作为载体。党团组织建设是地方应用型大学的重点工作之一，党团组织在发展中吸收了很多优秀学生，因此，在学风建设过程中，可以充分发挥党团组织在学生群体中的模范带头作用。在党团组织建设的各项工作中，要以全面引导、服务学生为根本目标，将组织文化和学风文化的宣传相融合，以党组织为核心，以党团建设活动为载体，带领学生开展各项学风建设活动，通过引导学生积极参与各类志愿者活动和社会实践活动，鼓励学生理论与实践相结合，培养学生服务同学、服务社会的意识。在这个过程中，要激励学生不断学习，提升自我，形成健康向上的校园风尚；同时，重视培养高素质的学生干部，切实发挥学生干部在班级中的榜样作用，带领班级营造良好的学习氛围，既可以提高学生党员的服务意识，展现党员的风貌，又可以推动地方应用型大学的学风文化建设，促进学生的全面成长。

与校园优秀文化宣传相结合。为了解校园文化对学生的影响，我们在问卷中设计了问题："校训对您有影响吗?"选择"影响很大"的人数为386人，占总人数的34.1%；选择"较有影响"的人数为496人，占总人数的43.82%；选择"一般"的人数为205人，占总人数的18.11%；选择"没什么影响"的人数为31人，占总人数的2.74%；选择"根本没影响"的人数为12人，占总人数的1.06%；选择"说不清楚"的人数为2人，占总人数的0.18%。通过数据分析可知，大部分学生认同校训对自己的影响，可见，校园文化在学生群体中的影响力相当大。"健康的校园文化，可以陶冶学生的情操、启迪学生的心智、促进学生的全面发展；健康的校园文化，是提高师生员工的凝聚力，培养良好的校风、学风的基础。"① 校园是大学生日常生活的环境，良好的校园文化能够引导学生树立积极的人生目标和理想，在地方应用型大学价值文化建设过程中，通过良好的班级和寝室文化宣传，增强学生

① 王金宝:《地方院校校园文化活动与学风建设简论》，《学校党建与思想教育》，2011年第34期。

的集体意识，以班级和寝室为载体，营造积极团结的学习氛围；通过将校风、校训与学风文化相结合，以校园历史文化图片展、杰出校友交流会、校园文化宣传片等学生喜闻乐见的方式做好宣传，营造良好的校园文化氛围，激励学生积极向上，在提升学生认同感的同时，提高学生的学习主动性，促进其全面发展。池州学院从2017年开始的“校园之星”评选中，经过个人自荐和团支部推荐、二级学院评选、评审委员会评选等程序，评选出多名“学风建设之星”“读书创作之星”等优秀学生，并在全校范围内进行宣传，既丰富了学生的校园文化生活，又进一步加强了校风和学风建设。

以各类学术活动为依托。为了了解学生参与学术活动的情况，我们在问卷中设计了问题：“你是否参加过学校的各种学术竞赛或讲座?”选择“经常参加”的人数为187人，占总人数的15.86%；选择“偶尔参加”的人数为628人，占总人数的53.27%；选择“没参加过”的人数为215人，占总人数的18.24%；选择“想过，但觉得实力不够”的人数为149人，占总人数的12.64%；选择“其他”的人数为17人，占总人数的1.44%。由数据可知，大部分学生参加学术竞赛或讲座的频率较低，甚至有30.88%的学生从来没有参加过。地方应用型大学通过邀请各类专家举办学术讲座开阔学生的专业视野，可以提升学生的专业能力，激发学生的学习积极性；通过鼓励学生参与各类学科竞赛，挖掘学生的潜能，可以培养学生的自主学习意识和动手能力；同时，还可以增强学生的团队协作能力，给学生们提供与各类院校学子互相交流和学习的机会，最终提高学生的综合能力，进一步促进学风建设。近些年来，池州学院通过邀请校内外各领域专家，在校园开展各种专题讲座，并在校园网及时公开信息，给学生提供了很好的交流与学习的平台；同时，组织学生参与各学科竞赛和各类型的创新创业大赛，取得了丰硕的成果，也为学生创造了自我发展的条件。

地方应用型大学的价值文化建设是一项任重而道远的工作，其中，制度文化建设是制度保障，教风文化建设是质量保证，学风文化建设是内在动力，三位一体，共同提升价值文化建设的全面性和深刻性。地方应用型大学的价值文化建设需要社会、学校的共同参与，依赖学生管理者、教师与学生的共同配合，在各方的共同努力下，以营造良好的校园氛围为目标，才能为师生创造良好的工作和学习环境，才能不断地为社会培养高素质人才。

第五章

工匠精神：地方应用型大学科学文化涵养论

高校是人才培养的基地，也是传承和建设的重要机构。地方应用型大学的文化建设，要以习近平新时代中国特色社会主义思想为指导，在文化建设中，要坚持实事求是、求真务实、尊重科学的原则。地方应用型文化建设的主要内容为精神文化、行为文化与环境文化。地方应用型大学立足于地方，主要为地方培养用得上、留得住的应用型人才。池州学院是地方应用型大学，它的目标是根植池州，服务于安徽，强化人才培养目标与国家和区域经济社会发展需求的适应度，构建与培养目标相适应的课程体系和实践教学体系，培养学业有专长、发展有潜力的应用型人才，更好地服务于地方经济社会发展。当今时代，科技发展迅猛，知识经济成为未来的大趋势。社会需要的是掌握一定科学知识和技术、拥有科学精神的人才，只有培养出这样的人才，才能提升地方企业的科技含量，为地方的经济发展提供智力支持和保障。应用型大学强调创新应用和管理，地方应用型高校重视培养大学生的科学精神和工匠精神，以契合办学定位的地方性和应用型。

第一节　地方应用型大学科学通识课程建设

（一）地方应用型大学科学通识课程建设的内容

通识教育课程是指除专业教育之外的基础教育课程，主要是为了开阔同学们的视野和提升各方面素养，使同学们成为了解社会、适应社会、服务社会的人才。通识课程建设的内容，主要包括课程建设规划、教学队伍建设、教学内容和课程体系改革、教学手段和方法、教材建设、理论教学与实践教学、课程文档资料、课程考核评价这八个方面。

池州学院设置了通识教育、专业教育、第二课堂三大平台，各平台又分为若干课程模块。通识教育平台分为思想政治教育、公共基础教育、俱乐部教育和素养教育四个相应的模块。其中素养教育模块主要包括大学生文学素养、大学生科学素养、大学生传统文化素养以及网络公选课等课程。大学生科学素养课，为全校文科类专业学生限选课，在第 2 学期开设，每周 1 学时，共 16 周。下面，我们从教师队伍、教学内容、教材三个方面来具体论述。

1. 教师队伍建设

在教学活动中，教师是起主导地位的。教师的言传和身教，不仅对知识的传授有很大的影响，对于学生的学习兴趣以及各方面素质的提升都有着不可替代的作用。池州学院的科学素养课，授课教师有教授、副教授、讲师、助教等，涉及的专业有物理专业、电子信息科学与技术专业、光电子信息科学与工程专业、微电子科学与工程专业、电气工程及其自动化等专业，教师队伍结构合理，专业化、规范化，教师的素质整体良好，无论是数量还是质量都能够满足全校科学素养课的教学要求。

2. 教学内容建设

科学通识课程不仅仅是增加学生的科学知识，更是培养学生的科学精神。有了科学精神，才能更好地掌握和运用科学知识，才能不断地去创新，去改造世界。池州学院科学通识课程的主要内容为近现代科学技术的兴起、科学研究方法、前沿学科的发展、科学技术发展的特点以及未来趋势。在课程教学的过程中，授课教师以讲授法、讨论法、自主学习法与任务驱动法，首先使学生获得一些自然科学的基础知识，使其有利于现代生活及个人生活的实际应用。其次学习一些自然科学的基本思想方法，开阔眼界，进一步树立辩证唯物主义观点，提高分析问题和解决问题的能力。最后培养学生的科学态度和精神，提高自身的科学素养，以适应社会的需要。此外，在教学的过程中，还会穿插其他学科的知识点。当今时代，无论是在研究领域还是在应用领域，各学科之间都是相互交叉和融合的，自然科学和人文社会科学也是互相渗透的。一些大的科研课题或工程项目，需要各个领域的人员相互沟通与合作，才能真正地把项目做大做强。例如港珠澳大桥，不仅涉及水文、测绘、土木、桥梁等专业知识，还涉及经济、社会以及环境等自然和社会因素。我们的学生要学习和掌握各方面的知识，努力成为综合应用型人才。

3. 教材建设

教材是教师教书育人的重要依据，同时也是学生获得系统知识、提高综合能力的工具。根据教学过程中学生的认知特点以及人认识过程的普遍规律，学生掌握系统的知识，一般是从对教材的感知开始的，感知越丰富，观念就越清晰，就能更加容易地理解和掌握知识。池州学院以实体课程来实施素养教育，确定“素养为基”为人才培养模式。加强素养课程建设，目的在于提高同学们的科学素养和文化素养。目前在人才培养方案中进行了设置，并编写了一系列的大学生素养教材，以素养课程建设推进素养教育，走出了一条从内涵层面着手促发展，大规模培养德、智、体、美等方面都有较高素质的创新人才之路。关于科学素养课，池州学院使用的教材是汪贤才副校长主编的《大学生科学素养》，这本教材分别介绍了现代科学技术发展简史，包括近代科学技术的兴起与近代科学技术的全面发展；科学技术方法，包括科学技术一般方法和物理科学研究方法；科学技术概况，包括天文学、激光技术、生物技术、新能源、微电子技术与计算机信息通信技术、航天技术以及科学技术发展的特点和未来趋势等，旨在全面提升大学生的科学素养。本教材是由多位教授、副教授以及科研中坚力量编写而成，花费了诸多的心血。从教材的排版、结构以及内容上都进行了再三的斟酌，更加系统化、规范化，旨在使同学们能够更加流畅地学习各种知识，并获得多方面启示。

（二）科学精神

科学精神是人对科学之本质的理解和追求。我们现在说要不断提高人们的科学素养，对大家进行科学普及，不仅是要普及科学知识，更要普及科学精神。学习科学知识的目的在于运用和创新，只有拥有创新精神的人，才能不断地去实践和发展科学，让科学为人类所用。

1. 科学精神的要素和内涵

长期以来，我们都在强调要培养一批具有科学精神的学生，国家领导人也在不断地强调科学精神的重要性，但什么是科学精神？它的具体内涵和要素是什么？如果这些问题不搞清楚，那么科学精神是很难被大家所理解和掌握的。蔡德诚先生认为定义科学精神是着实不易的，弄清楚科学的本征是定义科学精神的前提。科学本征，即科学本身的特征，蔡德诚先生认为科学有两个基本的本征：第一个就是人用有限的认知能力去认识外在的无限存在。之所以说人的认知能力是有限的，主要是用时间尺度来衡量的，人的一生充其量也就100年的时间，而人类之外的客观存在却是无限的。科学的第二个本征是科学的发展是一个不断发现、修正、补充的过程，周而复始，科学的认识是一个永无止境前进的过程。在科学本征的基础上，蔡德诚先生把科学精神定义为“在认识一切事物的过程中，对人、对己、对事物都能善于辨误识伪、用于去伪存真的那种执着的求真、求实、求真知的精神”①。此外，蔡德诚先生还从科学精神的本征和定义出发，归纳梳理出了科学精神六条要素和内涵：客观的依据、理性的怀疑、多元的思考、平权的争论、实践的检验和宽容的激励。刘华杰认为科学精神就是“实事求是，勇于探索真理和捍卫真理”②。具体来说就是求实、创新、怀疑和宽容。其中求实和创新是最重要的，不求实、不实事求是就不是科学，不创新就不可能进步和发展。同时怀疑和宽容也是必不可少的，但单纯的怀疑和单纯的宽容都是不可取的，怀疑要建立在客观依据的基础之上，包容是允许不同层次、不同观点的出现和存在。没有依据的怀疑和没有限度的包容，容易走向歪门邪道。刘兵与前人的看法不同，他认为历史是在不断变化发展的，科学本身也在随着时代的发展而不断发展，在不同的历史时期、时代背景之下，科学的内涵不同，而与科学息息相关的科学精神的内涵也在不断变化发展，是一个历史的概念。关于科学精神的相关论述，笔者比较赞同蔡德诚先生的观点。创新精神就是求实、怀疑、实证、创新和包容。科学的目的就是追求真理，真理是标志主观与客观相符合的哲学范畴，是人们对客观事物及其规律的正确反映。因此科学精神要求我们必须在尊重客观事实的基础上不断探索，寻求事物的本来面目。怀疑是一种不唯上不唯书的精神，是科学精神不可分割的一部分，要在客观事实的基础上勇于怀疑一切。人类已知的只是浩瀚海洋中很小的一部分，并且世间万物总是处在不断的变化之中，真理和谬误有时只有一线之差。关于书本和权威，我们不能先入为主地去迷信，要敢于合理地质疑前人的成果，以怀疑的眼光看待已有的观点和事物。实证就是要在实践中不断地检

① 王大珩，于光远：《论科学精神》，中央编译出版社，2001年。

② 刘华杰：《科学真理与科学规范》，《科学与无神论》，2000年第3期。

验和验证，针对提出的假设，不断地验证。只有真正被实践证明，才能让人们心服口服地接受。创新是科学精神的核心和灵魂，也是培养科学精神的目的，创新意味着发展和进步，只有不断地发展和进步，才能顺应时代发展的潮流。包容是指一项研究成果，允许其他人提出不同的观点和看法，以开放的心态来接受和面对。但无论是怀疑还是包容，都是在一定合理的范围之内，都要有客观的依据，而不是毫无根据地胡乱猜测和胡言乱语。

2. 科学精神的价值和时代使命

人类在不断追求真理的过程中，会形成一定的理性思维和实证传统，科学精神就是在这样的理性思维和实证传统中发展起来的，然后坚持以科学的态度来看待和处理问题，在科学实践中不断发展和传播，并且激励着人们摒除愚昧、求实创新。当今社会，几乎每个人都在倾听科学前进的脚步声，科学精神在科技进步和社会发展中起到了重要的精神引领和智力支撑作用，它的价值无可比拟。首先，科学精神具有强大的思想解放力，推动社会整体发展。科学文化包括科学知识、科学精神、科学方法和科学思想，其中科学精神是最核心、起支配作用的。在人类社会的发展进程中，科学不仅大力推动了社会生产力发展，还使人类逐渐树立了科学理性精神。这种科学理性的精神使人们抛弃了愚昧和迷信，不断地解放思想，形成了以科学精神为特征的先进文化，推动了整个社会的发展。翻开人类漫长的文化史，我们主要经历了神学文化、形而上学文化和科学理性文化这三个阶段，这是科学精神指导社会实践的结果。1978 年，我国作出了改革开放的伟大决策，至今已经 40 多年了。在这 40 多年里，我国发生了翻天覆地的变化，经济大幅增长，人民生活水平大幅提高。40 多年前，我们为什么要实行改革开放？为什么我们的改革开放能够如此成功？很大一个原因就在于我们在科学理性精神的指引下，把“解放思想、实事求是”作为我们的指导思想，走上了一条适合我们国情的中国特色社会主义道路。科学精神是先进文化的重要内容，推动着整个社会不断向前发展。其次，科学精神具有无比巨大的理智开化力，促进人的全面发展。巴伯曾指出，科学精神对于人类的意义是“使人类从欺诈、恐惧、迷信、过失中解放出来，人类正变得聪明起来”①，科学精神集中体现为追求真理、崇尚创新、尊重实践、弘扬理性。科学精神要求人们实事求是，坚持

① ［美］巴伯：《科学与社会秩序》，三联书店出版社，1991 年。

实践第一的原则。思考是科学精神的基础，创新是科学精神的灵魂，在科学精神的指引之下，人的智力素质不断提高，认知能力也得到跨越式的发展，从而促进了人的全面发展。最后，科学精神具有无比巨大的价值趋同力。当今世界，几乎每个人都在关注科学的进步，也是科学进步的受益人。科学精神用理性和实践检验，让所有人都心悦诚服，让保守势力无处遁形，使人们接受那些最令人震惊的结论，并且科学精神用它的强大力量，不断调整纠正人们的价值观念，把追求真、善、美作为自己最高的价值准则，将全世界各民族团结在一起，这已经成为人类精神文明进步的标尺。

实现中华民族的伟大复兴是中国共产党的历史使命，也是近代以来中华民族最伟大的梦想。科学精神是我们走向复兴、实现伟大梦想必不可少的精神气质，实现中华民族的伟大复兴也是科学精神的时代使命。

（三）科学通识课程与科学精神的关系

设置科学通识课程的目的不仅仅是丰富同学们的科学知识，更重要的是培养同学们的科学精神，有了科学精神，才能更好地掌握和运用科学知识，才能不断地去创新、去改造世界。现实生活中的大量事例也证明了科学精神的重要性。有些科技人员在某些具体的科学研究项目上可能取得了非常卓越的成就，却有可能不具备科学家应有的科学素质，因而不是真正意义上的科学家。科学知识与科学精神并不是相同的概念，人们可能掌握的只是具体的科学知识，却并没有真正掌握科学精神。科学精神仿佛看不见摸不着的东西决定我们现代化建设的方向①。中国需要科学精神，要建设社会主义先进文化，加强社会主义精神文明建设，必须宣传并弘扬科学精神，使科学精神在公众心中扎根。弘扬科学精神是科技界、教育界、传媒界乃至整个社会最重要的任务和使命。

1. 科学通识课程培养了科学精神

池州学院的科学通识课程主要有“大学生科学素养”这门课，该门课是全校文科相关专业的通识能力课程，本课程以现代科学技术发展和应用为窗口，进一步加强自然科学的基础知识学习，适当引进了当代自然科学的发展前沿和研究热点。课程主要内容为近现代科学技术的兴起、科学研究方法、前沿学科的发展、科学技术发展的特点和未来趋势。在课程教学的过程中，

① 王大珩，于光远：《论科学精神》，中央编译出版社，2001 年。

授课教师以讲授法、讨论法、自主学习法与任务驱动法，首先，使学生获得一些自然科学的基础知识，使其有利于现代生活及个人生活的实际应用；其次，学习一些自然科学的基本思想方法，开阔眼界，进一步树立辩证唯物主义观点，提高分析问题和解决问题的能力；最后，培养学生的科学态度和精神，提高自身的科学素养，以适应社会的需要。科学精神不能孤立地存在，它要依托在科学知识的传播以及科学方法的应用中。在科学通识课程中，教师通过基本科学知识的传授和科学思维的培养，潜移默化地培养学生的科学精神，促使学生真正地养成科学精神，并将这种精神运用到日常的学习和生活中，更加全面地发展。

2. 科学精神推动科学通识课程的进步

当前各个高校的通识课程教学基本上存在各种各样的问题和困境，科学通识课程教学同样也存在一些问题。例如，内容偏向应用型和专业化、课程设置不够合理。池州学院的科学通识课程是针对全校文科相关专业的通识能力课程，它的课程目标是向文科生传授一些自然科学知识，使学生掌握自然科学的基本思想和方法，培养科学态度和精神，成为全面发展的社会公民。但是在课程实施的过程中，课程内容过于专业化，没有重点，且重理论，轻实践。首先课程设置够的教师，会意识到科学通识课程和科学专业课之间的明显区别，合理科学的建设科学通识课程。根据不同的课程目标，对课程建设进行合理科学的规划，对教学内容和课程体系进行科学改革，完善教学手段和方法，不断完善教材建设，科学合理地安排理论教学和实践教学，设置合理科学的课程评价体系。其次，授课教师能够根据学生的具体情况，整合自己的科学知识，有效地实现课程目标。最后，掌握科学知识的学生，能够在上课以及日常的生活中，发现很多问题与灵感，在课堂上积极发言，给予同学们与授课教师以思考和探索，不断提高科学通识课程的教学效果。

第二节　地方应用型大学创新创业课程建设

工匠精神本质是一种职业精神，创新创业课程是创新创业人才培养的主要途径，而创新创业人才的培养离不开工匠精神的培育。要将创新创业课程建设与工匠精神相融合，使之相互联系，互为补充。

（一）创新创业课程建设

建设创新型国家，核心是要提高自主创新能力。李克强总理在2014年9月的达沃斯论坛上首次提出了“大众创业、万众创新”的号召。2015年，李克强总理在《政府工作报告》中再次提到了“大众创业、万众创新”，强调要“推动大众创业、万众创新，既可以扩大就业、增加居民收入，又有利于促进社会纵向流动和公平正义”。此后，李克强总理在世界互联网大会等座谈会上以及在各地考察时，都多次提到这一关键词。创新创业是推动社会进步的永恒动力，他希望激发全民族的创业精神和热情。当前，“大众创业、万众创新”在我国已经深入人心。加快推进创新创业课程建设，对大学生开展创新创业教育，将大学生培养为具备创新精神和创业勇气的人才，推动创新驱动发展战略，是当前高校的重要任务。

1. 创新创业课程建设的现状

关于高校创新创业课程，基本上存在着创新创业课程整体满意度不高、师资力量较弱、同学们对创新创业课程方案以及课程价值不了解等问题。池州学院的创新创业课程主要是创新创业素养课，这个课程是学校全体学生的必修课，教材是由孙佐、陈建兵主编的《大学生创新创业素养》，主要内容包括创新与创业的概念、创新意识和创新思维、创新能力训练、创业者素质、创业政策环境、创业能力、创新创业能力训练、创业实务等。这本教材采用了以案例结合理论的方式进行阐述，简单易懂，内容十分丰富，体系完整，着重培养大学生的创新创业素养。但该课程课时量比较少，以专题讲座的形式教学，使得很多内容无法详细系统地向同学们阐述，这样同学们就无法形成一个系统的知识体系。以专题讲座的形式进行这门课程教学还有一个弊端，那就是没有教学评价。池州学院规定，以专题讲座形式开课的课程不需要同学们进行教学评价。没有同学们的教学评价，我们就无法全面客观地了解同学们对于此门课程的感受，因而不能快速有效地发现授课教师教学中存在的问题。

2. 高校创新创业课程建设缓慢的原因

创新创业课程近些年来才得到高校重视，起步比较晚，而且面临众多问题，导致高校创新创业课程建设的进程比较缓慢。第一，没有建立系统完整的创新创业课程体系。创新创业课程目前在池州学院没有教学评价，教学内容、教学方式、评价体系以及师资力量之间没有一个完整的体系，各方面处于一个零散的状态，这种零散的状态很难使教学效果达到令人满意的程度。

第二，同学们的创新创业意识淡薄。意识是行动的先导，学生本人对于创新创业没有一个清晰的认识，对于创新创业课程处于一个被动学习的状态。目前，各个高校都十分重视创新创业教育，地方应用型高校更是如此，不断加大创新创业课程在人才培养中的比重。但很多学生似乎观念还没有转变，还是以传统的观念来看待创新创业课程，认为这个课程是专业课之外的“辅修课”，是教育部要求设置的课程，并没有实质性的内容，对于专业学习以及成长成才的作用不大。这种惯性思维使得高校的创新创业课程在一定程度上被边缘化。因此，扭转这种认知，是我们的当务之急。第三，创新创业课程师资力量相对薄弱。在高校，教授创新创业课程的教师没有专门的补贴，对于职称评定也没有相应的倾斜。而创新创业课程对于教师来说，是具有挑战性的课程，因为创新创业课程需要授课教师关注学科的前沿、具有创新的思维，且认真负责，受学生的欢迎。因此很多教师教授此门课程的积极性并不是很高。池州学院教授此门课程的教师基本上是由辅导员或者是部门行政人员兼任，专任的创新创业课教师较少，师资专业性不强，职称整体偏低，且流动性大。人们常说术业有专攻，授课教师自己对于创新创业素养和能力的培养没有一个完整的体系，所教授的知识可能比较零散，学生理解起来比较困难。授课教师来自不同的部门，变动性大，这使得他们平时的交流和研讨可能不是很充分，这样创新创业课程教学效果就很难得到提高。第四，没有充分利用创新创业资源。当前应用型高校的创新创业课程资源基本上依靠教授此门课程的教师和创新创业课程主管部门，与学校其他部门、政府以及企业的联系与合作比较少，甚至没有联系，这样就导致创新创业课程的资源相对单一，限制了创新创业课程的发展。

3. 大学生创新创业课程建设的对策

从有关针对高校创新创业课程建设的研究中，我们可以发现，高校创新创业课程的教学已经满足不了学生和社会的需求，必须不断加强课程建设，提高教学质量，才能增强同学们的创新创业能力，跟上时代发展的潮流。

第一，要正确定位创新创业课程，构建科学合理的创新创业课程体系。一个科学合理的创新创业课程体系，对于教师教和学生学的效率，会有一个质的提升。地方应用型高校在建立科学合理的创新创业体系的时候，要多方面考量，不仅要借鉴国内外高校创新创业课程建设的经验，还要根据当地以及周边城市发展的实际情况、定位目标来进行针对性的设计。地方应用型高校创新创业课程的目的是培养同学们的创新创业能力，以开放的思维、敏锐的观察力来创新创业，带动地方经济的发展，因此，创新创业课程仅仅满足于通识课程的基本要求是远远不够的，要对具体的教学目标、教学方式进行具体的规定，对课程的内容要进行深度的设计。

第二，提高学生对创新创业课程的价值认知。首先，地方应用型高校要加强对创新创业课程的宣传，增进同学们对创新创业课程的理解，充分认识创新创业课程的价值。地方应用型高校，培养的是拥有创新思维、动手能力强的人才，同学们必须认识到创新创业课程教育对于个体发展的重要价值和意义。其次，加大创新创业课程在整个课程体系中的比重。创新思维以及创业能力不是一蹴而就的，是在整个创新创业理论以及实践教育的过程中慢慢培养的，课时量过少根本无法培养同学们的创新创业能力，甚至会让同学们产生开设创新创业课程是形式主义的错觉。最后，合理规划理论及实践教育的比例。当前各个高校对于创新创业教育，理论与实践教育的比例比较失衡，基本上是以理论教育为主，实践教育较少甚至没有。实践教学是一种十分重要的教学方式，是学以致用的现实体现，并且是人才与社会连接的中介。高校在创新创业教育中，要增加实践教学的内容，提升同学们的实践能力。

第三，吸引优秀教师投身于创新创业课程教学。从有关研究以及池州学院创新创业课程教学师资力量的现实来看，应用型高校创新创业课程师资力量总体上素质偏低、结构不合理。针对这种现状，首先，我们要提高创新创业课程任课教师的薪资，职称评定、职务晋升以及各种福利要向创新创业课程任课教师倾斜，调动教师的积极性，吸引优秀的教师加入创新创业的教育中。其次，要加强对创新创业课程任课教师的资格审查，建立科学的遴选机制，尽可能地把思维活跃、责任心强以及了解学术前沿的教师选拔进来，提高创新创业课程的教学质量。最后，应用型高校还可以邀请企业家、创新创业导师走向课堂。企业家和创新创业导师最了解在创新创业的过程中会遇到何种困难，这样的交流会更鲜活生动，他们与具备较强理论知识的专业创新创业课程任课教师能够形成互补，从而提高同学们的创新创业能力，不断加强创新创业课程的建设。

第四，整合创新创业资源，实现多维互动。在国家大力重视创新创业教育的大背景下，各个高校均有自身的创新创业资源，例如创新创业孵化基地、创业俱乐部等等，各地政府也推出了相应的支持政策。因此，高校团委、二级学院应根据本校本专业的特点，多方面整合资源，大力推进校地、校企合作，不断推进创新创业教育。池州学院材料与环境工程学院就与东至经济开发区的六家化工企业进行了项目合作，会安排大四的学生到企业进行实习，毕业论文也可以结合实习进行选题。学校的论文指导教师定期去学生实习的企业进行指导，同时也与企业的相关人员进行沟通。学校通过这种校地、校企协作的方式，多方面整合资源，实现多维互动，一方面可以提高学生实地探索以及动手操作的实践能力，激发同学们的创新创业灵感；另一方面也可以给教师了解企业情况的机会，切实为企业培养所需的人才。此外，应用型高校的创新创业教育还要尽可能地与大学生生涯规划和就业素养教育相结合，从学生的个人成长与成才需要出发，明确人生的方向和目标，使创新创业教育成为学生自我发展的内在需求和动力。

（二）工匠精神及其当代价值

精神是一个民族的灵魂，只有在精神上不断发展，才能在历史的洪流中激流勇进。2016 年 3 月 5 日，国务院总理李克强在《政府工作报告》中强调，鼓励企业开展个性化定制、柔性化生产，培养精益求精的“工匠精神”。党的十八大以来，习近平总书记多次强调要弘扬工匠精神。党的十九届四中全会明确提出“弘扬科学精神和工匠精神”的要求。在新时代大力弘扬工匠精神，对于实现中华民族的伟大复兴具有重要的意义。

1. 工匠精神的起源

“截止到 2012 年，‘寿命’超过 200 年的企业，日本有 3416 家，为全球最多，德国有 837 家，荷兰有 222 家，法国有 196 家。”[①] 他们的长寿秘诀，就是工匠精神。一提到工匠精神，人们脑海中首先就会浮现德国、日本等国家，其实，以专注、勤奋、精益求精为核心的工匠精神在每个国家的历史文化中都能找到根源，但由于历史文化、民族特性以及自然资源的差别，每个国家的工匠文化特征略有不同。在我国，“工匠”一词最早指的是手工业者。截止到目前，我们能够发现的中国最早关于工匠的记录是春秋战国时期的《周礼 · 考工记》，这本书把社会成员分为王公、大夫、百工、农夫、妇功、商旅六大类。百工对应的就是手工业者、工匠。《周礼 · 考工记》一书认为，

---

① 吴顺：《工匠精神——传承与创新》，中央党史出版社，2018 年。

工匠与坐而论道的王公、大夫不同，他们是社会当中非常重要的一个专业阶层。专业是指工匠要熟悉、了解各类材料的形状、颜色和特性，然后根据不同材料的特征，制作出合适的器具供人使用。这种专业度是其他的社会阶层所无法替代的。我国历史上出现了一大批工匠精神的典型代表，例如建造了都江堰的水利工程专家李冰、木匠鼻祖鲁班、建造赵州桥的李春等。我国的工匠精神到手工业时期逐步形成，然后到大工业时期的衰退，再到今天工业制造的唤醒，工匠精神是一个动态发展的过程。

2. 工匠精神的内涵

要培养工匠精神，首先必须理解什么才是工匠精神。第一，工匠精神是一种高度认同、敬业乐业的精神。我国的工匠精神形成于手工业的兴起和繁荣时期。工匠的技艺一般是从家族长辈或师傅那里辛苦学习来的，工匠学艺要经过长期干杂事、当学徒的阶段，长辈或师傅才会真正地传授工匠技艺，因此他们对于这种工匠技艺都有着高度的崇敬和认同，并且珍惜这来之不易的学习机会。工匠只有对于自己的技艺和职业非常认同，才能坚持一辈子干一行，把自己的技艺当作安身立命的根本。此外，工匠之所以对自身的技艺非常认同，更深层次上是因为有着深深的自豪感，这些技艺都是十年磨一剑逐渐锤炼出来的。在这个领域，他们就是专家，制作出来的东西是独一无二的，是浇灌了思想和血泪的，他人难以企及，所以在价值评价的层面，他们对于自身的技艺是肯定和自豪的。在这样的职业认同基础之上，他们就能够做到敬业乐业。敬业是指对自身职业和工作有一种敬畏之心，甚至有一种使命感和神圣感①。在这种敬畏之心、使命感和神圣感之下，他们坚信自己所从事的工作是非常有价值的，对这个社会是非常有意义的。乐业是指人们在工作的过程中所感受到的一种愉悦情绪，工作是快乐的源泉。敬业和乐业是相互联系的，因为敬业，感受到自身的工作有价值、有意义，所以才感受到快乐。匠人在自身的工作中能感受到无限的乐趣，这种乐趣支撑着他不断地坚持、不断地创新。第二，工匠精神是一种全神贯注、全情投入的精神。工匠精神起源于手工业时期，当时，人力在自然面前还是显得十分渺小和微不足道的，自然是强大的一方，工匠如果想要凭借一己之力，去改变工作对象的状态，就必须全身心地投入。专注、耐心、执着是工匠的精神特质。德国的

① 刘建军：《工匠精神及其当代价值》，《思想教育研究》，2016年第10期。

工匠，可以称得上是工匠精神的代言人。德国的工业品除了我们熟悉的奔驰、宝马、西门子等品牌，还有众多中小企业的产品，都是力争精益求精。德国工匠基本上是选定一个行业，就会心无旁骛地扎根下去不断探索，成为本行业的“领头羊”。工匠的专注精神使得他们一辈子都把眼睛钉在一个或几个对象上，因此他们也更容易将自己的情感寄托在工作对象上。虽然在大部分人的眼中，工作对象不过是一堆堆死的材料，但在工匠的眼中，工作对象是一个个有生命的物体，有着各自独特的脾性，需要用心去挖掘它们的特性，最后才能与他们融合在一起，打造出精品。第三，工匠精神是一种精益求精、追求卓越的精神。精益求精，是从业者对每件产品、每道工序都凝神聚力、追求极致的职业品质①。工匠在打磨产品的时候，会非常细致且精益求精。因为他们在自己的手艺上和所制作的产品上感受到自身的价值。

3. 工匠精神的当代价值

工匠精神是一种高度认同、敬业乐业的精神，是一种全神贯注、全情投入的精神，也是一种精益求精、追求卓越的精神。当今社会，这些优秀的精神品质难能可贵，对个人以及社会发展，都具有重要的价值。第一，工匠精神是工业制造的灵魂。我国要实现从工业大国向工业强国的转变，顺利实施《中国制造 2025》的战略，企业倡导敬业乐业、全神贯注、精益求精的精神是关键。德国人素以严谨细致的工作态度而著称，李工真在《德意志道路》一书中总结说，近两百年来的德国现代化道路，从外部来看，是一条技术兴国、制造强国的道路；从内部来看，支撑这一道路的是“工匠精神”——对技术工艺般的狂热追求远远超越了对利润的角逐②。德国的企业家，首先把自己当作一个依靠技艺改变世界的工人，其次才是商人。在他们看来，技艺的提升、设计制作完美的产品远比经济利润更重要，完美的产品才是他们的毕生追求。德国制造业的发达与他们的工匠精神是息息相关的。日本人制造业的强大也与他们的工匠精神分不开。同样是工匠精神，在不同的国家，不同的民族，略有不同。日本人把工匠精神与他们的荣辱联系在一起，他们把能够制作出一件精品，看作是个人的无上荣耀。如果做出的产品被人发现瑕疵，那是对一个工匠的最大侮辱。这种“荣誉法则”使得他们对完美达到了神经

---

① 吴顺：《工匠精神——传承与创新》，中央党史出版社，2018 年。

② 李工真：《德意志道路：现代化进程研究》，武汉大学出版社，2005 年。

质般的追求。敬业、专注、精益求精是工业制造的灵魂，是把我国建设成为工业强国的关键。第二，工匠精神有助于人类实现自我价值。大工业时代，各种机器日益精进，对人的替代程度不断加深。且高效率、高运转、高强度、以利润为唯一目的的大工业，把工人逐步变为每条生产线上的操作机器。在这种工作方式下，他们日复一日做着同样的工作，创造力也在逐渐丧失。我们在前文提过，工匠在制作产品的过程中，会不断地探索、研究工作对象，逐步发现工作对象的特性，然后在工作对象本身特性的基础之上，加上自己的想法，将自己的情感倾注于产品上，去与工作对象不断地融合，最终打磨成为一件有温度的艺术品。在这个过程中，工匠是开心的、是乐业的，并且感受到自身的价值。这是大工业时代每天忙碌在流水线上的操作工人无法感受到的。不仅仅是从事制造业的工人，其他行业的从业者也同样需要工匠精神。专注、坚持、精益求精是每一个成功者的必备特质。第三，工匠精神是实施《中国制造 2025》战略的关键所在。当前世界工业格局正处于重大调整的时期，谁能够将互联网技术与制造业完美结合，在大数据、云计算以及 3D 打印等高精尖产业中率先完成突破，谁就能够在未来的工业中占据主动位置。对此，中国提出了《中国制造 2025》战略规划，希望能够在工业制造方面实现弯道超车，顺利完成从工业大国到工业强国的转变。实现这个目标，对中国来说，难度不小。我国的制造业一直很庞大，但不够强大。庞大是指我国是世界上唯一的拥有联合国产业分类中所列全部工业门类的国家，产品每年出口至世界各地，而且我国从事工业制造的劳动力数量也十分庞大。之所以说它不够强大，是因为我们生产出来的产品，质量问题层出不穷，在高精尖的核心领域，竞争力不强。庞大而不够强大的根源在于我国以人本主义为核心的工匠精神与以科学精神为核心的经济理性之间出现了失衡，偏颇地把经济理性作为我们发展的内驱力，忽视了人本主义在经济持续发展方面的促进作用，从而导致两者之间失衡。历史证明，品质不过关的产品基本上是电光石火，能够扬名后世的都是质量上乘、精雕细琢、包含制作者个人意志的产品。我们要实现《中国制造 2025》战略目标，必须呼唤工匠精神的回归，培养人们敬业、专注、精益求精的精神。

（三）创业创业课程建设与工匠精神的融合

在创新创业课程建设中，加大对工匠精神的培育力度，是实现制造业强国的现实要求。地方应用型高校要在创新创业的理论教育中，灌输工匠精神；

在创新创业的实践教学中，践行工匠精神。同时要注重工匠精神对创新创业课程建设的影响，促进培养创新型人才。

1. 工匠精神之创新

工匠精神不等于传统守旧，不是日复一日重复着前人的劳动，他们会在祖辈研究的基础上，不断地研究、创新，研磨和提升自己的制作工艺，从而适应市场的竞争机制，寻找新思路，不断满足消费者的多变需求。真正的工匠，必定是不断创新、匠心独运的。我们在前面论述工匠精神的内涵中提到，工匠精神就是高度认同、敬业乐业的精神，对技艺认同热爱的心推动他们不断地前进。此外，工匠精神还是精益求精、追求卓越的精神。精益求精，促使工匠在工作的过程中，不断地发现问题并解决问题，总是在不断探索的道路上，这就是创新。纵观古今中外的历史，发明家往往来自从事手工技艺的工匠。例如世界上第一座石拱桥——赵州桥的建造者李春，在建造赵州桥的时候，他借鉴前人的经验，不断总结创新，最后提出“空撞券桥”的想法，无论是从审美层面，还是从使用价值角度，都远远胜出之前的桥梁设计。工匠精神本身就包含着创新精神。

2. 加强创新创业教育，培育工匠精神

在我国，学生们在上大学之前，几乎都朝着同一个目标在奋进，那就是攻克高考关，考上一个好大学。这种应试教育以教师灌输为主，学生基本上是属于被动接受，一切都是为了考高分。生活上基本被父母包办了，学生们唯一的任务就是学习。十几年如一日的这种家庭教育和学校教育，使得绝大部分学生缺乏主动性和创造力，动手能力也比较弱。他们当中，只有少部分同学认真思考过自己以后要从事什么职业，很多同学甚至不了解自己，不知道自己擅长什么、喜欢什么，上大学以后，四年的时间匆匆而过，很快就面临着就业的问题。因此，大学期间，是给同学们提供锻炼的机会、培育工匠精神的重要时期，而创新创业课程对于加强学生的创新创业教育、培育工匠精神至关重要。首先创新创业课程是灌输工匠精神的主要途径。把工匠精神的内涵和要素贯穿到教学内容和课程体系中，让同学们在理论上对工匠精神有一个深刻的认识，然后在创新创业课程实践中践行工匠精神。高校创新创业课程的实践教学就为工匠精神的培育提供了一个良好的平台，学生在这种真实的场景和环境中不断地锻炼，将工匠精神内化为自己的道德品质和个人修养，将为今后的职业生涯打下一个坚实的基础。

关于创新创业教育，我校也有一些比较成功的案例，例如，2017 届本科毕业生曹达晟，他利用互联网这一成本最低、发展迅猛的平台，不断发掘机遇。在池州学院大学生创业孵化基地里锻炼的三年，对他来说，是最重要的“破茧成蝶”时期。孵化基地提供的优惠政策、创业导师的悉心指导以及管理者提供周到的服务，为他创新创业打下了坚实的基础。到大四的时候，他的创业已经取得了一定的成绩，年销售额超过 300 万元，为 10 多名在校大学生提供了兼职岗位。如今，他成立了合肥卡奥电子商务有限公司，带动了 30 多人就业，年销售额超过 3000 万元，公司主营电脑配件及游戏外设等。他说，在整个创业历程中，对他帮助最大的便是学校的就业创业指导中心。学校不仅为他创造了良好的创业机会，提供了良好的环境氛围，最重要的是，学校提供了可利用的资源，为他们打开了创业的大门。在各种政策资金的帮扶下，老师与同学的支持和鼓励更加坚定了他创业的信念，鼓舞他继续走下去。在学校创业遇到难题的时候，老师会为他提供一些解决问题的思路，为他指明方向，鼓励他继续前行。此外，还有一个创业事例是善睐眼镜工作室。善睐眼镜工作室由商学院 2018 届校友饶先圣（运营、全面领导工作）领头，协同商学院 2018 届校友黄鑫（财务）、2020 届校友查良（运营）以及旅游与历史文化学院 2020 届校友高顺胜（实体、仓库）等四人于 2016 年 11 月 25 日在池州学院大学生创业孵化基地共同创立，营业至今已有近四年时间。开业至今，他们利用母校所提供的各种便利条件，积极主动地进行各项经营活动，在不断发展线下业务的同时，结合所学知识将电商业务发展起来。2016 年，主营线下实体业务，同时学习电商运营知识并寻求同货源地的联系，积极与之开展合作，为后期的经营活动进行前期的铺垫。这在今后的发展中起到了极其重要的作用，例如技术的发展、资本的筹集以及团队成员之间的磨合等方面都受益匪浅。2017—2018 年，他们集中全力进行电商运营活动，从淘宝个人店铺开始起步，在日营业额突破 5000 元后，逐步转型运营企业店铺，在“双 11”期间销售额突破 2 万元。2018 年后期，他们开始尝试天猫店铺业务；线下业务也在逐步地发展起来，并且完成自主商标的申请。2019 年，饶先圣和黄鑫两位校友转战浙江义乌，主营两家天猫店铺，主要从事眼镜的批发和零售等业务。截至目前，店铺的成交额已突破千万元大关，年底有望更大的突破。饶先圣和黄鑫两位校友，在义乌现阶段发展良好，具有较大的发展空间。留校的查良和高顺胜两位校友，前面接管线下实体业务，结合我校实际教学情况，开展不同种类的经营活动。例如，6月6日的“世界护眼日”活动、军训期间开展的“寻找最美军训照”活动，以及免费为全校师生提供眼睛（镜）验光、眼镜清洗、视力咨询等服务均受到一致好评。据现有数据统计，累计服务全校师生10000人次以上。目前，后期加入的商学院2020届校友吴迪同他们一起，开辟出属于自己的淘宝业务。截至目前，累计运营5个店铺，年均销售额均突破50万元。未来一至三年内，留校的三位校友，在学校政策允许的情况下会继续保持线下业务，同时大力发展电商业务，争取实现运营3个以上店铺、单个店铺100万元的年营收额；同时寻求其他业务的发展，努力形成由单一业务发展成为不同种类业务相互协同运作的模式。应用型高校应该积极借鉴国内外创新创业教育的成功范例，大力推进创新创业课程建设，完善创新创业课程设置，逐步培养大学生的工匠精神。

3. 培育工匠精神，实现创新创业

从本质上讲，工匠精神是一种职业精神，它是职业道德、职业能力、职业品质的综合体现，是从业者的一种职业价值取向和行为表现[①]。工匠精神的专心致志、精益求精，其实是一种敬业的职业精神。在当今这个物欲横流的时代，各方面的节奏都加快，我们需要通过基础教育来培养同学们的工匠精神，使工匠精神成为潜在的文化，然后将这种工匠精神文化带进企业。小到每一个环节的把握，大到产品的研发，每个人把对高质量的追求当作自身的需要，使工匠精神融入企业，最后扎根企业。只有以工匠精神为文化的企业，才能仔细打磨产品，使产品更精美、更优质、更新颖，成为潜在的市场需求；只有坚持工匠精神的企业，最终才能在大浪淘沙中脱颖而出，实现创新创业，创立自己的品牌。为了培育同学们的工匠精神，我校创办了“匠心筷子工坊”。木工在中国千年文明史上有着浓墨重彩的一笔，明式宋式家具在科技如此发达的今天依然不可复制。我们的祖先，那些高明高超的匠人，以一颗颗非凡的匠心和道心，创造了光辉灿烂的古代文明。他们所制作的木器家具，几百年不坏。在数不清的寒暑交替中，一件件木器却能历久弥坚，这是因为他们在用心打造一件具有生命的家具。在今天，在我校，同学们通过“匠心筷子工坊”，体验标记、刨削、倒角、锯切、打磨、压标，最后涂油这七道程序，抚嗅自然实木的芬芳，聆听刨花拉出的声音，感受利索的锯断。他们通

① 吴顺：《工匠精神——传承与创新》，中央党史出版社，2018年。

过参与手工制作，体验匠人生活，用匠心用劳动去感受筷子、感受木工技艺，激发创新意识。继承和发扬从来就是最好的创新，只要奋力践行，创新就无处不在。

第三节 地方应用型大学科学研究科学创新

自然科学即发现自然、探索自然规律的科学。大学自然科学研究转化，即知识向实践的转化，是知识转化为生产力的过程，同时也是一个创新的过程。只有将潜在的生产力转化为现实的生产力，才能推动社会发展，提高国家的综合国力。自然科学研究成果的转化，是重视创新的结果。只有不断地激发创新思维，在自然科学研究上取得重大突破和进步，自然科学的研究才能得到市场的认可，顺利实现成果的转化。同时自然科学研究成果的顺利转化又不断证明了创新的重要性及其重大意义，有助于校园和社会营造良好的创新氛围。高校教师创新行为是学校创新氛围与个体交互的结果，研究表明，创新氛围与教师创新行为是正相关关系。良好的创新氛围与高校自然科学研究成果转化，两者相互促进。

（一）应用型大学自然科学研究转化及其对策

应用型大学与研究型、综合性大学有着本质的区别。应用型大学的主要目的就是培养应用型人才，为地方的经济建设和社会发展服务。因此自然科学研究转化，即将知识生产力转化为现实的生产力，提高地方的综合实力，对地方应用型大学来说至关重要。

1. 自然科学、技术科学与科学技术的区别

很多人对自然科学、技术科学以及科学技术的概念，没有一个清醒的认识，常常把它们混淆，甚至认为是同一个概念，只是叫法不同而已。自然科学是发现自然、探索自然规律的学问，是一门科学。自然科学包括三大类：基础科学、技术科学和应用科学。技术科学是关于人工自然过程的一般机制和原理的学问，是以自然科学为基础，为工程技术服务的学问①。

① 刘则渊，陈悦：《现代科学技术与发展导论》，大连理工大学出版社，2011 年。

它是自然科学的一个组成部分。科学技术只不过是把科学和技术联系在一起的统称，更侧重于技术。自然科学和技术科学都是科学，都是在回答“是什么”“为什么”的问题，强调的是客观的理性认识。而技术关心的是“做什么”“怎么做”的问题，强调的是主体的价值，是实践认识。科学与技术的研究过程和方法也有很大的差别，科学主要是从个别到一般，从特殊到普遍，从经验到理论。技术主要是从一般到个别，从普遍到特殊，从理论到经验。自然科学、技术科学以及科学技术之间有着明显的区别，不能等同看待。

2. 自然科学研究转化的环节

所谓自然科学研究，就是指自然科学工作者对自然界中的客观事物、现象及其联系进行探求、认识的过程，这也是自然科学认识主体与客体相互作用的过程①。实践证明，自然科学从理论知识向实践转化的过程，不是一蹴而就的，而是一个复杂具体的过程，要通过多种环节才能实现。前面我们也提到，自然科学分为基础科学、技术科学以及应用科学三大类，自然科学研究转化的前三个环节就是基础科学—技术科学—应用科学，即从理论基础研究到应用基础理论研究，再到应用技术理论研究。前三个环节基本上是理论的研究，理论指导实践，完善、扎实的理论可以使我们的实践少走弯路，更加快速有效地转化为生产力，以促进社会的发展。理论一步步研究成功之后，更为重要的环节就是要进行技术开发，将理论转化为实实在在的技术，然后不断发展我们的技术，最后进行产品的研制和推广。自然科学研究转化需要经过 7 个环节，即基础科学—技术科学—应用科学—技术开发—发展研究—产品研制—推广。自然科学作为一种理论，是作为知识形态的生产力，在向直接的现实的生产力转化的过程中，必须经过多种环节。如果省略了中间的环节，就会造成理论研究与生产实践的脱节，科学无法顺利地转化为生产力。

3. 应用型高校自然科学研究转化的对策

所谓地方应用型高校，一方面是为地方培养实用型的人才；另一方也通过高校的高知识人才和机器设备，为地方提供强大的智力和技术支持，推动地方经济和社会的发展。因此，自然科学研究成果的转化对于地方应用型高校来说，显得尤为重要。虽然近些年来，我国的自然科学研究成果转化逐步

---

① 孔宪毅，孔庆新：《试论自然科学研究》，《电力学报》，2003 年第 1 期。

得到重视和鼓励，但整体转化率依然不高[①]。应用型高校自然科学研究成果的转化与地方的经济发展相辅相成。

第一，建立科学有效的科研管理服务体系。自然科学研究的成果只有与物质生产力的诸要素一一匹配，才能发挥生产力要素的作用，推动整个社会的发展。要加快推进自然科学研究成果的转化，建立科学有效的科学管理服务体系就显得非常重要。高校自然科学的研究主要依托自然科学的基金项目，通过自然科学基金项目的申请，获得资金，然后不断地进行研究，很多研究成果以论文的形式呈现，然后就被束之高阁了。对自然科学研究成果的推广应用并没有十分重视。但企业极其缺乏实用有效的科学技术。这就说明高校花费大量人力、物力的研究成果与当前的市场需求不匹配。应用型高校应该不断完善科研管理服务体系，把实用性、能够带来巨大的经济效益作为一项判断自然科学研究成果价值大小的重要标准，而不以著作、专利和论文论英雄。应用型高校要以市场为导向，反向寻找需要研究的应用型课题，然后立项、研究、评审，最后推广应用，达到服务于市场的目的。

第二，加大宣传力度，积极与生产单位联合开发与推广。地方应用型高校的自然科学研究存在一定的局限性，例如研究经费紧张，研究人员擅理论、不擅实践且对社会企业缺乏一定了解的现实，都会限制高校对于自然科学的研究和成果的转化。首先高校应该不断加大宣传力度，充分发挥媒体的作用。可以将研究的成果公开出版，让更多的人知晓高校自然科学的研究成果以及其影响力，吸引大家的关注度。其次，高校要鼓励科研人员积极参加各种学术交流会以及各种科技成果交易会和展览会，以交流沟通的形式传递本校自然科学研究的方向和成果，勇敢地走出去，扩大辐射面，让更多专业以及与我们紧密相关的企业看到我们的研究成果。最后，实现高校自然科学成果的转化，要与企业生产单位积极主动地联系，在合作的过程中，可以与企业生产单位共同开发研究，这样高校就可以获得企业生产单位的资金以及其他资源的支持，而企业可以在与高校的共同开发研究中，得到高校的智力支持，不断提高科学研究水平，达到互惠互利的目的。此外，高校还可以利用自然科学的研究成果，指导单位的生产，在生产中不断检验自然研究成果是否具有推动社会发展的作用。

① 王欣：《高校科技成果转化机理与对策研究》，科学出版社，2017 年。

第三，建立合理的激励机制。有效的激励机制能够调动自然科学研究者的积极性，高校应建立合理的激励机制，不断推动自然科学研究成果的转化。首先我们要制定转化收益的分配政策。对于自然科学研究成果转化取得的收益，在扣除必要的成本和相关费用之后，要按学校、学院、个人以及生产单位相应的付出和贡献，来进行合理的分配。自然科学研究人员的劳动应该得到大家的认可并获得经济上的收益，提高自然科学研究人员将成果转化的积极性。其次，高校在职称评定方面，要向积极推动自然科学研究成果转化的研究者进行政策倾斜，把自然科学研究成果的转化作为一个重要的评判标准，逐步改善自然科学研究者的观念，从观念意识上开始重视研究成果的转化。最后，政府和高校可以设立自然科学研究成果转化奖，对于科学研究成果转化有突出贡献的人员，要给予荣誉称号以及经济上的奖励，形成重视科学研究成果转化的氛围。

第四，加强自然科学研究转化法律法规建设。国内外自然科学研究成果转化的现实显示，规范完善的法律法规，可以提高自然科学研究成果转化的成功率。国家可以针对自然科学研究的转化制定专门的法律法规，一方面引导自然科学研究成果进行转化；另一方面保护自然科学研究转化的过程，保证自然科学研究成果顺利、高效地转化为生产力，推动社会经济的可持续性发展。

（二）创新氛围的营造

前面已经多次提到创新对于高校发展的重要性，而高校要创新，就必须重视对创新氛围的营造。创新意识和创新精神往往需要一定环境的熏陶和渲染，无论是高校教师还是学生，他们的创新行为都是高校创新氛围和个体相互作用的结果。

1. 创新氛围的构成要素

氛围是人对于情景的一种心理认知，这种认知是在人与情景交互作用的过程中形成的。20 世纪 80 年代，创新氛围的概念被提出。创新氛围是指由学生、教师、管理者与领导者在创新政策、创新活动、创新实践等方面人人参与、共同努力而形成的有利于学校和个人不断向前发展的一种新的校园氛围。鼓励创新、营造创新氛围，是近些年各个高校和企业竭尽全力所做的事①。创

---

① 何洋：《试析高校创新氛围的营造路径》，《亚太教育》，2014 年第 1 期。

新氛围的构成要素，主要有三个方面：任务导向、创新支持和互动频率。创新氛围是一个系统的工程，要三个要素符合条件，才能形成创新氛围。首先，创新氛围需要任务导向。懒惰是人的本性，如果没有任务在后面进行鞭策，很多人都保持得过且过的状态。在共同任务的驱使下，大家的劲往一块凑，力往一块使，形成一股合力。其次，创新氛围需要创新支持。创新氛围需要政府、学校出台相关的政策和制度，为冲锋在前的创新人才提供坚实的后勤保障，解除他们的后顾之忧。最后，创新氛围的营造不是一个人两个人能够完成的任务，它是一群人的任务，需要我们的领导、管理人员、教师以及学生相互的交流和探讨，在互动中增强创新的影响力，同时提高创新的效率。任务导向、创新支持和互动频率三者齐全，高校才有可能营造良好的创新氛围。

2. 高校营造创新氛围必须体现时代主旋律

习近平总书记2020年1月份在云南考察时强调：教育同国家的前途命运紧密相连。我们教育的目的就是培养社会主义建设者和接班人。要坚持正确的办学方向，落实党的教育方针，加强高素质教师队伍建设，培养有历史责任感、志存高远的时代新人，为实现中华民族伟大复兴提供有力人才支撑[①]。当前高校营造创新氛围，要以习近平新时代中国特色社会主义思想为指导，深化改革创新，不断提高办学育人水平，努力开创学校建设发展的新局面。同时，高校营造创新氛围体现时代主旋律，要求我们必须了解中国的国情，一切从实际出发，实事求是。同时，要打破文化差异的壁垒，积极努力地学习国外创新教育的有益经验。在营造高校创新氛围的同时，要把中华民族的优秀传统文化融入进去，走中国特色的创新发展之路。

3. 高校创新氛围的营造路径

21世纪，创新具有举足轻重的地位，引领时代发展的潮流。无论是国家富强，还是高校的发展，都离不开创新，谁的创新能力强，谁就在21世纪占据主动地位。心理学理论认为，一个人的发展不仅受遗传因素的影响，还受后天环境的影响。环境对人的影响是潜移默化、深远持久的。学校环境对教师和学生的影响，也是不可忽视的。要想提高高校的创新能力，营造良好的

① 《习近平春节前夕赴云南看望慰问各族干部群众》，http：//zqb. cyol. com/html/2020-01/22/nw. D110000zgqnb_ 20200122_ 5-03. htm-2020。

创新氛围是关键。营造良好的创新氛围，可以从领导者、管理者、教师和学生这四个主体着手，其中，领导者处于核心地位。首先，领导者要勾勒一幅美好的创新蓝图，然后大力进行宣传，不断地向全校人员传输创新的理念；同时，对教师以及学生的创新行为要给予认可与肯定，让他们感受到自己创新的价值和意义，从而达到对学校这个组织认同的目的。此外，领导者还可以通过个人魅力给予师生极大的关怀和鼓舞，使广大师生将学校的利益放在个人利益之上，不断为学校的利益努力拼搏。其次，学校管理者要重视创造性教学以及教师个人创造力的培育。学校管理者直接管理教师，可以通过定期召开教学分享大会、教学技能大赛以及科研成果转化表彰大会，鼓励支持教师们的创造性教学和创造性行为。再次，教师是高校实际创新的主体，不能离开教师谈高校创新氛围的营造。教师可以进行集体备课。“三人行，必有我师焉”，教师之间的相互交流，可以碰撞出灿烂的火花，从而涌现出新思想。最后，学生也是高校创新氛围营造中的重要一环。同学们要参加各种挑战杯以及其他创新创业大赛，满腔热情地投身到创新的活动中去。从领导者、管理者、教师，最后到学生，大家朝着一个共同的目标逐步迈进，这样层层下来，就使得大家处于浓厚的创新氛围之中。

（三）高校自然科学研究成果转化与创新氛围的生成相辅相成、相互促进

高校自然科学研究成果转化本身就是一种创新行为，而创新行为和创新氛围之间是相互影响、相互促进的。学校创新氛围正向影响高校教师的创新行为，而高校自然科学研究成果的顺利转化，又会推动创新氛围的营造。

1. 高校创新氛围推动自然科学研究成果的转化

夏海鹰、刘梦婷以及高朝阳所写的《学校创新氛围如何影响教师的创新》一文中，通过对重庆、四川、河南等地的 5 所高校的问卷调查，得出学校创新氛围正向影响高校教师的创新行为。学校的创新氛围越浓，教师越可能将所学的知识、技能运用到工作中，转化为创新行为，发挥各种作用。知识创造是创新氛围和创新行为之间的中介。知识创造是个人或团体在组织中创造新知识、扩散新知识，并且将这些知识融入产品和服务中去的能力。知识创造行为较多的高校，学校的创新氛围越能够激发起创新行为。科学研究的成果顺利进行转化，是高校教师创新行为的一种。知识创造的调节作用部分需要通过高校教师的知识吸收能力来展现，知识吸收能力主要是指个体将内化的知识运用到工作中，以及吸收外围知识的能力。知识吸收能力可以促使个

体吸收消化外部的知识，进而转化为自己的知识。知识创造得越好，创新氛围对高校教师知识吸收能力的影响就越大，越能够推动自然科学研究的转化。

2. 自然科学研究成果的转化助推创新氛围的生成

创新氛围的生成是一个过程，影响创新氛围的因素有很多，自然科学研究成果的转化是其中之一。前面我们已经详细地阐述过，自然科学研究成果的转化需要建立科学有效的科研管理服务体系、加大宣传力度，积极与生产单位联合开发与推广、建立合理的激励机制以及政府和高校可以设立自然科学研究成果转化奖。这些对策在实施的过程中，其实就是在鼓励创新、激励自然科学研究成果的转化，也就在潜移默化中营造了创新的氛围。此外，自然科学研究成果的顺利转化，会给创造者带来收益，给人民带来便利，给社会和国家带来发展和进步。这些实实在在的益处和荣誉，会营造一种社会和高校高度重视创新价值和意义的氛围，促使创新氛围的形成。

第六章

以文化人：地方应用型大学传统文化传承论

2018年，习近平总书记在全国教育大会上强调，要坚持中国特色社会主义教育发展道路，培养德智体美劳全面发展的社会主义建设者和接班人。可见，促进学生的全面发展是教育的根本目的和崇高理想。传承中华优秀传统文化，加强人文素质教育，提高大学生人文素养，是实现全面发展的客观要求，也是实现立德树人根本任务的必由之路。

部分高校尤其是地方应用型大学，往往重视自然科学和技能知识教育，对学生的人文素养培育重视不够。除此之外，大学课程的设置多是以社会需要和市场需求为目标导向，学校对人文课程本身的授课目标缺乏准确定位，学生人文精神存在一定程度的匮乏。但是，肩负培养应用型创新人才使命的地方应用型大学，理应注重大学生的人文素养培育，因为人文素质是应用型创新人才的必备素质，是学生综合素质的重要方面。著名科学家、教育家钱伟长曾指出："我们培养的学生首先应是一个全面的人，一个爱国者，一个有文化艺术修养、道德品质高尚、心灵美好的人；其次才是一个拥有学科、专业知识的人，一个未来的工程师、专家。"

清华大学原校长顾秉林教授认为，从狭义上讲，大学文化主要是指大学精神，强调大学师生的科学素养和人文精神，表现为一种共同的行为准则①。

---

① 顾秉林：《明确方向　共同研究　创新发展》，《中国大学教学》，2003年第12期。

由此可见，推进大学文化建设有助于涵养学子的人文素养和人文气质。与此同时，人文素养教育也是大学文化建设不可或缺的重要组成部分，大学生人文素养的养成有助于实现大学文化传承的职能与使命。

第一节 地方应用型大学人文素养课程建设

课堂是育人的主阵地和主渠道，课程是人才培养体系中的基本单元，也是人才培养过程的基本载体。大学归根到底是通过课程来呼应社会发展与科学进步的。先进的文化必然要通过与时俱进的优秀课程来体现①。大学生人文素养的提升并不能自动形成，需要发挥人文素养课程的作用。人文素养课程建设是高校课程建设的重要组成部分，是高校实施人文素质教育的一项基础性工程。人文素养课程能通过人文知识的传授，使学生的人格、品质、修养得到全面提升。

（一）人文与人文素养

一个人的精神世界有三大支柱：科学、艺术、人文。科学追求的是真，艺术追求的是美，人文追求的是善。从人类三大知识领域而言，自然科学研究的重点是事实和规律，社会科学研究的重点是组织和效率，而人文科学研究的重点是价值和意义。由此可见，人文素养或人文精神是教育的重要内容。

1. 人文的概念

“人文”一词古已有之，最早出自《易经·贲卦·彖传》：“刚柔交错，天文也；文明以止，人文也。观乎天文，以察时变，观乎人文，以化成天下。”北宋理学家、教育家程颐在其所著的《伊川易传》对此进一步解释：“天文，天之理也；人文，人之道也。天文，谓日月星辰之错列，寒暑阴阳之代变，观其运行，以察四时之速改也。人文，人理之伦序，观人文以教化天下，天下成其礼俗，乃圣人用贲之道也。”这里的“天文”可以理解为天道或自然界的运行规律，“人文”是指人类社会运行所形成和应遵守的伦理规范。中国所谓的人文，在相当长的历史时期内，是儒家思想的一种价值观，其特

① 谭伟平：《大学人文教育与人文课程》，华中科技大学，2005 年。

征是重视生命，弘扬“仁道”，其核心是道德①。

在西方，15 世纪末意大利的学生就使用了一个词叫 umanista，英文即 humanist，用来称呼教古典语言和文学的教师。就像称法律教师为 legista 一样。他们所教的科目在文艺复兴时代的名称是 studia humanitatis，我们译为 the humanities（人文学），在 19 世纪指的是语法、修辞、历史、文学、道德哲学这一套科目②。可见，在西方“人文”首先是以教育学意义上的学科概念出现的，是与教育紧密联系在一起的，主要就是指培养人的内在道德素质的学问。在英语里，“人文”（“人文主义”）一词其广义指的是：“强调人的地位与价值，关注人的精神与道德，重视人的权利与自由，追求人的旨趣与理想的一般主张。”③

由此可见，人文就是尊重和肯定人的价值、追求人的个性发展、尊崇人类道德等，是人类文化中的重要组成部分。

2. 人文素养的概念

素养，是个人与外界做合理而有效的沟通及互动所需具备的条件，当知识内化到人的生活和行为中，才能称其为素养④。“素养”一词古已有之，如《汉书·李寻传》记载的“马不伏历，不可以趋道；士不素养，不可以重国”，意思就是人若是没有足够修养和能力，是没有办法使国家强盛的。

《后汉书·刘表传》提到的“越有所素养者，使人示之以利，必持众来”。宋代陆游《上殿札子》：“气不素养，临事惶遽。”这些都从不同角度反映了素养的重要性。

人文素养，主要是指人类在社会发展中，逐步形成的社会道德、价值观念、审美情趣和思维方式等内容。具体到大学生这一群体，人文素养主要表现为具备良好的思想政治素质、良好的道德修养，有端正的学习态度、劳动态度，有正确的审美观点等⑤。有学者认为人文素养内涵包括三个部分，即人文素养的基础——人文知识；人文素养的核心——人文精神；人文素养的外

① 刘淑霞：《以人为本·中华医学伦理的基本价值取向》，《中国医学伦理学》，2008 年第 3 期。

② 白月桥：《素质教育课程构建研究》，教育科学出版社，2001 年。

③ 何光沪：《月映万川——宗教、社会与人生》，中国社会科学出版社，2003 年。

④ 王石径，顾肃：《大学生人文素养培育的思考与探索——香港科技大学全人教育的启示》，《湖北社会科学》，2015 年第 6 期。

⑤ 毛维国：《地方应用型本科院校学生人文素养缺失现状及对策研究》，华东理工大学，2012 年。

显——人文行为。人文知识的内化即是人文精神，而人文精神的外化便是人文行为[①]。

（二）人文素养课程的作用

2013 年 11 月，党的十八届三中全会通过的《中共中央关于全面深化改革若干重大问题的决定》指出，改进美育教学，提高学生审美和人文素养。2018 年 9 月 10 日，习近平总书记在全国教育大会上再次强调：“坚持以美育人、以文化人，提高学生审美和人文素养。”习近平总书记和党中央对提高学生的人文素养都提出了明确要求。人文素养并不是天生的，大学生人文素养的提高，需要学校采取各类教育实践活动去教育和引导。其中，人文素养类课程发挥着重要作用。

课程是实现教育目的的重要途径，是组织教育教学活动的最主要的依据，是集中体现和反映教育思想和教育观念的载体[②]。人文课程是人文观念教育的主要渠道，也是大学人文精神回归的物质依托。丰富人文课程的思想资源，提高人文课程的质量，对于唤起大学对人文精神的重视，澄清人们对人文课程的误解，具有重要的现实意义[③]。人文素养课程具备隐性课程的特征，具有润物细无声的特点，能构筑起人才的灵魂血肉。当下各高校所开展的素质教育是依靠课程来实现的，尤其是依靠隐性课程来实现的。因此，加强大学生人文素养培育，课程建设必须先行。

1. 有利于大学生树立正确的人生观、价值观、世界观

2019 年 3 月，习近平总书记在学校思想政治理论课教师座谈会上强调，青少年阶段是人生的“拔节孕穗期”，最需要精心引导和栽培。学生的人生观、价值观、世界观会在大学期间逐渐形成并趋于稳定。而人文素养课程重在人格的塑造和情操的陶冶，课程的目标就是弘扬真善美、抑制假恶丑。人文素养课程对人生具有重要的价值导向作用，人文素养教育无疑会增加学生的人文知识，提高学生的人文素养，可以使大学生更加了解自己、充分认识自然、认识世界，进一步增强当代大学生所肩负的使命感和责任感。

大学人文素养课程在其产生、变革过程中始终保持不变的是对于其所处

① 赵磊：《当代大学生人文素养的内涵与提升》，《重庆大学学报（社会科学版）》，2003 年第 2 期。
② 王晶，李建群：《开发校外课程资源　提升学生人文素养》，《教育科学》，2004 年第 5 期。
③ 李辉，林亦平：《大学精神的人文解读与回归》，《高等工程教育研究》，2004 年第 1 期。

特定环境文化的一种承继与弘扬，并在一定程度上随机地挖掘着特定环境文化的溯源性意义，就是这种带有一定溯源性意义的课程内容对于本民族长期以来所形成的优秀的特殊的民族精神起到了承继作用，使受教育者不断受到民族精神的感染①。而这种民族精神是大学生树立起正确人生观、价值观、世界观的重要导引。

可以说，加强大学生的人文素养培养，有利于开阔大学生们的视野，坚定“四个自信”，积极践行社会主义核心价值观，主动自觉地把个人发展和中华民族伟大复兴结合起来，进而成为价值取向正确、思想积极健康、兼具责任心和道德感的优秀大学生，真正成为社会主义事业的合格建设者和接班人。

2. 有利于促进大学生全面发展

实现人的全面发展，是马克思主义追求的根本价值目标，是共产主义社会的根本特征，同时也是社会主义教育的根本目标。马克思主义关于人的全面发展，强调的不是片面的发展、畸形的发展、不自由的发展、不充分的发展，而是全面的发展、和谐的发展、自由的发展、充分的发展。而全面的发展必然离开不人文素养的培养与提升，甚至在一定程度上人文素养在人的全面发展过程中起的是基础性作用。法国哲学家马利坦认为：“所有伟大的数学家的著作中都蕴含着诗”，“没有诗的帮助，亚里士多德不可能凭经验完成他的关于菱形基本定义的推断”。中科院院士杨叔子教授也指出：“一个国家、一个民族，没有现代科学，没有先进技术，一打就垮；同时，一个国家、一个民族，没有优秀传统，没有人文精神，不打自垮。”

虽然应用型大学培养人才的目标是培养出具有较强社会适应能力和竞争能力的高素质应用型人才，注重学生实践能力，但这并不意味着，应用型大学不需要开展人文素养教育，反而要更加重视人文素养培育。因为随着经济社会的发展，原有的仅仅局限于专业的教育限制了学生的学科视野，传统的知识传授方式和能力培养方面的缺陷也降低了学生的适应力。学生受教育的实质是认识规律、遵循规律以达到认识世界和改造世界的目的，而规律本身不单受一方面的制约，这就要求人类要充分认识世界，具备综合全面的素养②。这种综合全面的素养不仅仅是知识的获取和技能的习得，理应也应当包

① 高国俊：《大学人文课程及其价值体系成长的理论研究》，兰州大学，2009 年。
② 刘沛清，刘佳：《现代大学概说》，北京航空航天大学出版社，2012 年。

括人文素养。

对大学生进行人文素养培育，能够进一步增强学生们的创新思维、系统思维、辩证思维，可以有效帮助他们更好地掌握知识和技能。除此之外，人文素养还注重人内在的精神世界的建设和精神家园的构筑，可以帮助大学生在情感、意志等方面得到充分全面健康的发展。

3. 有利于实现立德树人的根本任务

习近平总书记2018年在全国教育大会上发表重要讲话，再次强调了立德树人是中国特色社会主义教育事业的根本任务。立德树人，就是要培养德才兼备、德智体美劳全面发展的人。国家和社会发展需要的人才不仅要求具备丰富的知识、优秀的技能，更需要拥有坚定的理想信念、高尚的道德修养、健康的人格品质、浓厚的家国情怀、强烈的使命担当。“没有灵魂的专家”，绝不是也绝不能成为我们高校人才培养的目标。

树人是目的和成效，立德是方法和过程。实现立德树人的根本任务，离不开人文素养课程的滋润与涵养。人文教育虽然不直接作用于物质生产，但能产生直接影响人精神品质的效果，它教会学生以理服人、以德待人。文学素养、文化素养等人文素养课程能有效帮助大学生们正确看待自己、看待他人、看待世界，能够培养学生们的高尚情操和家国情怀，能够真正“树”有德之人。

当下某些应用型本科院校在人才培养上，表现出一种急功近利、粗糙短视的行为：他们几乎忘记了“大学”的内在逻辑，忘却了博雅通识是“大学之道”，片面追求“应用型”，技能至上，大有“作坊式”人才培养之嫌①。此外，随着经济社会的发展，原先高等教育中那种狭窄的专业教育限制了学生的学科视野，传统的知识传授方式和能力培养方面的缺陷降低了学生的适应力。而课程是人才培养体系中的基本单元，也是人才培养过程的基本载体，课程特色决定了人才培养特色。为此，作为一所地方应用型本科院校的池州学院，注重通过研究和做强实体课程来培养应用型人才和培育办学特色，以实体课程来实施素养教育，确定“素养为基”为人才培养模式，实施素养课程建设，旨在养成学生科学素养、文化素养等，目前在人才培养方案中进行了设置，并编写了《大学生传统文化素养》《大学生艺术素养》《大学生德行

① 柳友荣，胡程：《人文素养：应用型大学远航的“压舱石”》，《中国教育报》，2014年4月7日。

素养》《大学生文学素养》《大学生劳动素养》等一系列的大学生素养教材，实事求是以素养课程建设推进素养教育，走出了一条从内涵层面着手促发展、大规模培养德智体美劳等方面都有较高素质的人才的创新之路。

多年以来，为全面推进素质教育，池州学院以转变教育观念为先导，以全面提高大学生的知识、能力和素质为根本，以构建科学、系统、合理的文化素质教育课程体系为核心，不断深化教育教学改革，努力推进大学生文化素质教育，不断提高大学生的人文素养，开设“大学生传统文化素养”课程是其中的重要举措之一。教材每个专题内容都坚持“守正”和“出新”相结合，“守正”层面是系统阐述和梳理专题文化知识；“出新”层面则是注重挖掘中国传统文化的精髓，贴近学生的生活实际，着力培养大学生的民族精神、审美情趣、审美能力、创新意识和探索精神，努力揭示中国传统文化对当代大学生世界观、人生观、价值观的启发与指导意义，并力求体现“以孔子为师，以行知为友”的校训精神，彰显池州学院地方性、应用型的办学特色①。

第二节　地方应用型大学地方特色文化研究

文化传承与创新是大学的五大基本职能之一。高等教育是优秀文化传承的重要载体和思想文化创新的重要源泉。高等教育的文化功能也是高等教育的重要社会功能之一，高等教育的基本功能是文化选择与创造②。地方应用型大学是以服务于地方经济社会发展为宗旨，最大的特点就是地方性。有学者就认为，地方高校文化建设需要吸纳和融入地方文化的特质和元素。地方文化对高校文化建设、人才培养和科学研究具有重要的滋养功能③。因此，加强地方文化研究，将地方文化资源融入大学文化建设，积极发挥地方文化的育人作用，对于地方应用型大学而言尤为重要。

---

① 祝中侠，阳光宁：《大学生传统文化素养》，江苏美术出版社，2014 年。

② 潘懋元，朱国仁：《高等教育的基本功能：文化选择与创造》，《高等教育研究》，1995 年第 1 期。

③ 顾永安：《地方高校与地方文化互动发展存在的问题与机制构建》，《教育评论》，2015 年第 2 期。

（一）地方文化内涵

1. 文化与地方文化的概念

关于文化的概念，学术界有过长时期的争论。学界关于文化的概念界定达数百种之多。英国著名的文化理论家雷蒙·威廉斯就曾说过："文化是英语中最复杂的两三个词语之一。"

在古汉语中，"文化"一词是与武力相对应的，基本上指的是"文治教化"。如西汉文学家刘向在《说苑·指武》中指出的"圣人之治天下也，先文德而后武力。凡武之兴，为不服也；文化不改，然后加诛。"西晋诗人束皙在《补亡诗·由仪》提到的"文化内辑，武功外悠"。在西方，"文化"一词，英文为Culture，源于拉丁文"Cultra"，本义为耕作、培养、教育等，进而引申为对人类心灵、知识、情操、风尚的塑造与培养①。英国牛津大学人类学家泰勒认为，"所谓文化，是一个复杂的整体，它包括知识、信仰、艺术、道德、法律、风俗，以及人类作为社会的成员所具有的种种的能力与习惯"。

现在我国学术界一般从广义和狭义两个层面界定文化的概念。广义的文化指的是人类在社会历史发展过程中所创造的精神财富和物质财富的总和；狭义的文化指的是人类的精神创造的成果，是以社会意识形态为核心内容的观念体系，包括制度、组织、宗教、政治、道德、艺术等。

受自然环境、历史人文、经济社会等因素的影响，我国不同民族、不同地区形成了各不相同、各具特色的地方文化。地方文化产生、存在于一定的地域范围内，是当地人民创造的物质和精神财富的总和。从狭义上来说，地方文化特指该地域范围内的精神文化。毋庸置疑，地方文化蕴含着极大的思想、艺术、教育价值，深刻影响着当地人民的思想观念、价值道德等，也浸润着地方应用型大学的校园文化。

2. 池州地方文化资源丰富

池州市位于安徽省西南部、长江中下游南岸，2000年撤地建市，下辖贵池区和东至、石台、青阳3县以及九华山风景区，面积为8399平方公里，人口为162.3万人（其中常住人口148.5万人），是中国优秀旅游城市、国家园林城市、国家森林城市、中国人居环境奖城市、全国"双拥"模范城、全国

① 张玉龙：《大学文化建设的伦理维度》，江西人民出版社，2015年。

文明城市提名城市①。

池州市文化资源丰富。池州于唐武德四年（621）设州置府，迄今近1400年，孕育着悠久的历史文化资源，素有“千载诗人地”之誉，诗歌文化源远流长。“诗仙”李白三上九华、五游秋浦，留下《秋浦歌》等众多脍炙人口的名篇；晚唐著名诗人杜牧曾任池州刺史，留下传世佳作《清明》；中国第一部诗文总集《昭明文选》在池州诞生；孕育于此的《杏花村志》是《四库全书》收录的唯一村志。池州傩，是我国最为原始的古老戏曲之一，被誉为“戏曲的活化石”，已被收入第一批国家非物质文化遗产名录，是历史文化的瑰宝。九华山为四大佛教名山之一，佛教文化博大精深，拥有众多知名庙宇寺院。历代文人墨客纷至沓来，留下诗篇墨迹数不胜数。池州地区家风文化源远流长，历久弥新。池州东至周氏家族始终把国家前途和民族命运放在首位，形成了六世书香和百年家风，相关人物和事迹曾被中央纪委网站刊文推介。同样，中央纪委网站还曾刊文介绍池州贵池刘氏家族家规家训和代表人物晚清外交官刘瑞芬、德文翻译家刘诒娴等人勤政忧民爱国的事迹。除此之外，青阳王氏、施氏、陈氏、吴氏等家族的优秀家风也影响深远。

（二）地方应用型大学加强地方文化研究的重要意义

作为文化表征和文化传承载体的大学，无论是何种类型的大学，都受其所在区域的环境和文化历史的影响，是所在区域文化传承创新的起点和归宿②。地方应用型大学更是要立足地方、融入地方、服务于地方，因此，充分挖掘地方文化资源，加强地方文化研究，争做地方文化的传播者和阐释者是地方应用型大学的职责所在。

1. 加强地方文化研究，履行大学使命的题中应有之义

2011年4月，胡锦涛在清华大学百年校庆大会上发表重要讲话时指出：“高等教育是优秀文化传承的重要载体和思想文化创新的重要源泉。”他首次指明了大学和文化传承与创新之间的关系，明确了大学的第四项重要使命③。党的十八大以来，习近平总书记多次强调要坚定文化自信，指出要努力用中

① 中共池州市委办公室：《池州简介》，http：//www.chizhou.gov.cn/News/show/5.html。

② 何海翔：《地方高校应主动融入区域文化传承创新》，《中国高等教育》，2015年第6期。

③ 史秋衡，季玟希：《中华人民共和国成立70年来大学职能的演变与使命的升华》，《江苏高教》，2019第6期。

华民族创造的一切精神财富来以文化人、以文育人，对高校履行文化传承创新的职能和文化育人工作提出了更高的要求。

著名教育家潘懋元教授认为："文化功能是大学的基本功能，大学的一切工作其实就是为了促进文化发展。"① 高校承担着文化传承创新的重要职能，进行地方文化研究，传承创新地域文化显然也是地方应用型大学的重要职责。因为地域文化是文化自信的基石，特色鲜明的地域文化是源远流长的中华文化的有机组成部分，是中华民族的宝贵财富②。地方应用型大学一般处在地级城市，强调立足于地方办大学，办学定位也大多聚焦于"地方性"。在其创立发展的过程中，深受城市所在地的自然环境、经济社会发展水平、文化因素的影响，大学所在地区的地方文化对地方应用型大学建设发展，尤其是对校园文化建设和思想政治教育工作起着重要的作用。

因此，作为城市所在区域当地的知识和人才高地以及精神文化高地，甚至是当地最高学府的地方高校③，理应将传承创新地域文化的职责作为履行文化传承创新使命的重要内容。

2. *加强地方文化研究是形成独特办学特色、提高自身竞争力的必然要求*

"一方水土养一方人"，对于"文化"而言也是如此。不同地区的自然、社会环境和人文历史不尽相同，也就形成了风格迥异、异彩纷呈的文化大花园。正如德国历史哲学家斯宾格勒所言，每一种文化都植根于她自己的土壤，各有自己的家乡和故土的观念，有自己的"风景"和"图像"④。可以说，文化具有基因特征，是区分不同地区人员、不同社会群体的一个主要因素。对大学而言也是如此，建设独特的校园文化也是打造办学特色、提升竞争力的重要手段和方法。

正是由于地方文化所蕴含的不同基因特征，地方应用型大学可以在人才培养、科学研究、服务于地方等方面从地方文化中充分汲取营养，发掘、利用当地的文化资源和优势，解决办学资源不足、办学特点同质化等问题，从

---

① 卢丽君：《引领文化：大学功能研究的深化和升华——记厦门大学教育研究院高教所的一次学术沙龙》，《中国高等教育》，2006 第 18 期。

② 李文莲：《地域文化是文化自信的基石》，《中国教育报》，2018 年 4 月 19 日。

③ 顾永安：《地方高校与地方文化互动发展存在的问题与机制构建》，《教育评论》，2015 年第 2 期。

④ 魏饴：《以文化引领当代城市发展》，《光明日报》，2010 年 4 月 9 日。

而建设具有区域文化特色的大学。另外，将区域文化作为大学文化建设的资源，融入学校文化建设中，既能彰显区域文化的魅力，又能形成独特的大学文化和大学精神①。与此同时，地方应用型大学可以充分运用地方文化资源，结合学校办学实际，助力特色学科建设，提升学校竞争力。如安庆师范大学依托安庆地区丰富的黄梅戏文化资源，成立黄梅剧艺术学院，表演专业（黄梅戏表演方向）获批省级一流本科专业。又如安徽大学以徽学、安徽地域历史文化为研究对象，成立徽学与中国传统文化研究院，成为“双一流”建设的高端学术平台之一，徽学也成为安徽省人民政府着力建设的高等学校重点学科之一。

3. 加强地方文化研究是推进文化育人的客观需要

教育部党组2017年12月印发《高校思想政治工作质量提升工程实施纲要》，明确提出要构建文化育人质量提升体系，注重以文化人以文育人。习近平总书记也高度重视文化育人，他在全国高校思想政治工作会议上指出，要更加注重以文化人以文育人；在全国宣传思想工作会议上，他进一步强调，育新人，就是要坚持立德树人、以文化人；在全国教育大会上，他再次要求，坚持以美育人、以文化人，提高学生审美和人文素养。文化不仅对学生的思想理念有着很强的示范性和导向性，同时它还具有潜移默化、润物无声的特点，相较于其他育人手段，文化对其熏陶和感染更容易被学生所接受②。

文化育人是“三全育人”工作的重要内容，是“十大”育人体系的重要组成部分，对培养担当民族复兴大任的时代新人具有重要意义。而异彩纷呈的优秀地方文化，精神内核积极向上，与主流意识形态和社会主义核心价值观互通共融，蕴含着丰富的育人资源，是高校开展文化育人和思想政治教育工作的重要资料仓、素材库和动力源，如赣南师范学院深入开展以苏区与客家文化为载体的特色文化课程改革，创建了立体式特色文化课程体系、联动式课程教学体系，创造条件推进特色文化课程建设，取得了显著的文化育人效益③。

---

① 张小芳：《基于区域文化资源的地方高校特色发展路径》，《教育评论》，2017年第3期。

② 刘福来，李东斌：《地方高校地域文化育人体系的探索》，《社会科学家》，2016年第1期。

③ 刘福来：《地方高校特色文化课程建设的探索与实践》，《中国大学教学》，2013年第9期。

（三）池州学院开展的地方文化研究与传承创新

正如前面所述，池州市文化资源丰富，作为池州市唯一一所本科高校，池州学院发挥着“地方智库”的作用，扮演着文化池州的发掘人的重要角色。近年来，池州学院相继成立了皖南民俗文化与旅游发展研究院、家风文化研究中心等文化研究机构，积极开展地方文化研究工作。

1. 皖南民俗文化研究

2011 年 4 月，安徽省教育厅正式批准“池州学院皖南民俗文化研究中心”为安徽省高等学校人文社会科学重点研究基地建设单位。在皖南民俗文化研究中心的基础上，学校整合资源环境与旅游发展研究中心资源，于 2015 年 9 月成立皖南民俗文化与旅游发展研究院。研究院的职能定位是立足于学校的办学定位和地方经济社会发展之需，依托校内文学、史学、哲学、艺术、旅游等相关学科专业力量，凝聚校内外从事皖南历史文化研究和旅游发展研究的专家学者，积极开展皖南深厚的历史文化资源的发掘与整理、保护与传承及旅游开发利用研究，夯实学校的特色科研基础，扩大学校的学术影响，积极做好皖南优秀传统文化的教育传习工作，服务于学校教学与人才培养。

研究院现有专兼职研究人员 23 人，其中教授 10 人、副教授 8 人，具有博士学位 6 人、硕士学位 17 人，科研力量雄厚。研究院的研究方向目前确定为“皖南民间风俗研究”“皖南民间戏曲研究”和“皖南宗教文化研究”等三个方向，在池州戏曲文化、传统村落文化、宗教文化、民俗体育文化、文化资源开发等方面进行了深入系统的研究。研究基地先后与池州市委宣传部、东至县人民政府、池州市文广新局、池州市秀山门博物馆开展合作，在地方历史文化资源的发掘、整理与保护研究方面取得了一定成效。近年来，基地专兼职研究人员申报、主持了各级各类项目共 42 项，其中国家社科基金项目 4 项，出版《宗族社会与池州傩戏的关系研究》《青阳腔研究》《皖江文化十讲》《池州民间饮食习俗》《古代徽州和皖南民间信仰研究》等多部专著，先后在《戏曲研究》《戏剧》《东南文化》《历史档案》《中国地方志》《宗教学》《安徽史学》《文艺理论与批评》等学术期刊发表论文近百篇。研究院主办或协办“杏花村历史文化暨杏花村旅游文化园建设研讨会”“价值重现与传承：皖南（池州）传统村落文化保护与开发学术研讨会”“安徽（池州）地域文化论坛”等，并联合韩国国际茶禅文化研究会、中国（池州）南泉禅寺成功举办“第二届中韩南泉禅学研讨会暨第九届世界禅茶雅会”，产生了较大的学术和社会影响。

除此之外，研究中心专兼职研究人员已全面融入池州市旅游规划发展方面工作，为其提供智力支持。池州市及部分县区的旅游业发展“十一五”“十二五”“十三五”规划都是委托研究中心专家主持编制完成；池州市近年来新开发的旅游景区规划工作和传统景区规划提升都得到研究中心的智力支持，研究中心人员先后主持或参加池州市及各县区、九华山风景区等多家单位和企业委托的规划研究项目30多项，成果得到了地方政府和企事业单位的认同，在地方产生了广泛而深远的影响。

与此同时，学校还建成“皖南民俗文化展览室”，分为物质文化、非物质文化两个展室，通过大量的实物收藏、展览图片等形式，展示历史上皖南基层社会民众的生产与生活习俗，以便使学生真切感知到皖南民俗文化的深邃与珍贵，直观地认知传统文化及其价值。此外，研究中心的老师围绕皖南和池州民俗文化资源，精心指导学生积极开展创新项目训练和暑假社会实践调研并多次获奖，为皖南民俗文化保护传承工作做出积极贡献，充分发挥了文化传承与创新的大学职能。

2. 家风文化研究

家风是一种家庭文化，是民族文化的根系，是中华优秀传统文化的重要组成部分。家风中蕴含的中华优秀传统文化价值，构成了中国人精神成长的重要源头。家风是民风、政风、社会风气的源头活水。家风建设更是践行社会主义核心价值观的重要载体。池州学院坚持以文化人、以文育人，依托地方家风文化资源成立家风文化研究中心，打造“五大平台”（成立家风文化研究中心，建设高品位家风文化馆，共建家风文化实践基地，实施“传育立行”教育工程，开展家风文化进校园系列活动），真正让优秀传统“家”文化活起来、传下去，真正让家风文化发挥吸引人、凝聚人、感召人、引导人的作用①，推进优秀传统文化的融合化、个性化、本土化，让中华优秀传统文化在校园落地生根。

2017年12月，池州学院成立了“池州家风文化研究中心”，研究中心汇

① 孙晓峰：《传承弘扬优良家风　培育造就时代新人——关于家风文化进校园系列活动的思考与实践》，《池州学院学报》，2019年第4期。

聚了30余名校内外从事地方历史文化、思想政治教育及道德教育理论等领域研究的专家学者，包括“皖南地域家风文化研究”“中国传统家训文化及其理论研究”“家风文化与青少年道德教育研究”“家风文化与社会主义核心价值观研究”“地域家族文化遗产管理与开发研究”等方向。研究中心在《池州学院学报》开设“家风家训研究栏目”，收录有关家风研究方面的优秀文章。多位教师围绕家风文化，申报了教科研课题，撰写了大量学术论文。在开展文化研究的同时，研究中心还注重“走出去，引进来”，与社会各界积极开展文化研讨与交流活动，获得社会各界的肯定和好评。

2018年9月，池州学院建成了全省高校首个地域特色家风文化馆，集中展示了池州东至县周氏家族家风、贵池区梅街刘氏家族家风、青阳县杨田古代王氏家族家风、施氏家族家风及近代陈氏家族家风等典型家族家风文化。这些优良家风展现出的价值理念、道德规范和立身处世的原则，蕴含着丰富的社会正能量，具有强大的榜样性和践行性。“池州家风文化馆”自开馆以来，各级党政干部、有关专家学者和广大师生员工纷纷前来参观学习。同时，“池州家风文化馆”是池州学院传承中华优秀传统文化的重要实践教学基地，也是新生入学的通识教育阵地。参观家风文化馆已成为新生入学教育的一部分。

此外，池州学院还于2018年11月成立了“家风宣讲团”，赴社区、图书馆、学校、乡镇等地开展传承优良家风文化宣讲，积极弘扬社会主义核心价值观和中华优秀传统文化。

第三节　地方应用型大学文化社团建设

学生是学校的主人，既是校园文化的建设者，又是校园文化的受益者，在校园文化建设方面起着重要的作用。而大学生社团是学生自我管理、自我服务、自我教育的组织，富有生机、激情和活力，是高校育人事业中最活跃的因素，反映着高校的文化内涵和人文精神，是校园文化的重要切入点，同样也是育人的重要载体。作为大学生社团组织重要组成部分的文化社团，更是繁荣校园文化的主力军。

（一）大学生社团及文化社团概念

大学生社团是重要的学生组织，承担着育人功能，在促进校园文化健康发展、营造良好校风学风、提升大学生综合素质等方面发挥了不可替代的重要作用。

1. 大学生社团的概念

北大老校长许智宏教授认为："中国文化寄望'以友辅仁'，二三同志，以志趣相交结，分其趣与同道，示其志以躬行，是为社团。"① 根据2016年修订的《社会团体登记管理条例》的规定，社团是指中国公民自愿组成，为实现会员共同意愿，按照其章程开展活动的非营利性社会组织，民间性与非营利性是其两个基本特征。

共青团中央、教育部、全国学联2016年印发的《高校学生社团管理暂行办法》指出，高校学生社团是指由高校学生依据兴趣爱好自愿组成，为实现成员共同意愿，按照其章程自主开展活动的群众性学生组织。高校学生社团具有组织形式的自发性、群体目标的整合性、活动的灵活性、体制结构的松散性、成员的广泛性等特征②，是高校第二课堂不可或缺的组成部分，是高校三全育人工作的重要载体。与此同时，高校学生社团也是高校校园文化建设的重要载体和实施素质教育的有效途径③。学生社团建设的成效和活力，也是高校校园文化建设水平和整体发展的实力与活力的重要标志和体现。

2. 大学生社团的作用

如前所述，大学生社团是学生自我管理、自我服务、自我教育的组织，必然发挥着重要的教育导向作用。

大学生社团有利于大学生思想品德修养和文明养成。组成某一社团的大学生，具有共同意愿和相同兴趣，能够通过一系列诸如政策理论学习、专业知识探讨、文体活动、社会实践等活动，激发参与集体活动的乐趣和感受集体的力量，从而能够增强集体荣誉感和团队精神。与此同时，学校借助大学生社团平台，也可以开展大学生文明素质养成教育，有效提升大学生文明

---

① 沈千帆:《社团人：来自北大的青春故事》，中国画报出版社，2004年。
② 冯友梅:《高校学生社团的特点及其作用》,《学校党建与思想教育》，2004年第5期。
③ 王志坚:《高校学生社团与和谐校园文化建设》,《教育探索》，2008年第6期。

素质。

大学生社团有利于提高大学生的知识水平和综合能力。一些学术科技型社团可以激发学生的学习兴趣和学习自觉性，锻炼提升学生的理论思维和创新思维能力，可以不断提高学生们的专业技能。此外，在组织参与各项社团活动的过程中，大学生也可以进一步增强自律意识、协调能力和与人交往的能力。

大学生社团有利于繁荣校园文化。大学生社团文化是大学校园文化的重要组成部分。丰富多彩、形式多样的社团活动为高校校园文化增添了亮丽光彩。高校学生社团成员多、覆盖面广、影响力大，是开展学生活动的重要载体与平台，为发展和繁荣校园文化提供了坚实的群众基础。同时，异彩纷呈的社团活动和广大学生良好的精神风貌，为校园文化注入了巨大的生机和活力，对高校精神文明建设和文化育人工作起到了积极推动作用。

（二）大学文化类社团对大学生的积极作用

《高校学生社团管理暂行办法》指出，高校学生社团一般分为思想政治类、学术科技类、创新创业类、文化体育类、志愿公益类、自律互助类及其他类等。可见，文化类社团是大学生社团的重要组成部分，是繁荣校园文化的主力军，是建设校园文化的重要平台。如在大学十分常见的文学社、国学社、舞蹈、音乐、书画类社团等。在2016年第一届全国大中专学生社团影响力评估评选活动中，文艺类社团就占34.3%。

1. 大学文化类社团是增强大学生文化自信的重要阵地

文化自信，是更基础、更广泛、更深厚的自信，是更基本、更深沉、更持久的力量[①]。习近平总书记2016年在考察中国科学技术大学时也寄语大学生要增强文化自信。如何坚定大学生的文化自信，首要的就是要坚持民族的文化认同，认同的前提是深入了解和深刻认识中华民族文化。在高校，文化类社团是普及文化知识、传播民族文化的重要渠道和载体，文化类社团开展的丰富多彩活动能够激发和引导大学生更好地认识我们国家博大精深的文化内涵，能进一步增强对民族文化的认同，进一步坚定文化自信。

2. 大学文化类社团是加强美育教育的重要手段

美育关乎社会主义精神文明建设，关乎社会意识、社会风气，关乎广大

---

① 《习近平谈治国理政（第二卷）》，外文出版社，2017年版。

青年学生“本质力量”的发挥和素质禀赋的养成①。学校美育是培根铸魂的工作，加强美育教育是落实立德树人根本任务，培养德智体美劳全面发展的社会主义建设者和接班人的必然要求。在加强美育教育过程中，大学文化类社团扮演着不可或缺的角色。社团开展的丰富多彩的文艺实践活动，为每一名学生都提供了接受美育的机会，也在一定程度上承担普及艺术教育的功能。同时，大学文化类社团也进一步激发学生感受美、发现美、创造美，有利于促进德智体美劳有机融合。2019 年教育部下发的《关于切实加强新时代高等学校美育工作的意见》明确要求，要加强高校艺术社团建设，进一步说明高校文化类社团对美育教育的重要作用。

3. 大学文化类社团是促进大学生全面发展的重要平台

培养德智体美劳全面发展的社会主义建设者和接班人是我们教育的根本任务。因此，高校教育工作者一定要高度关注和重视大学生的全面发展。实现大学生全面发展，文化教育是必不可少的一个内容。而在其中，文化类社团发挥着重要的作用。比如，大学校园常见的音乐爱好者协会、绘画社、话剧社等学生社团，经常性开展各类文艺活动，活跃校园文化氛围，起到了陶冶大学生情操、提升大学生文艺素养的作用。

（三）池州学院文化类社团建设

池州学院学生社团分为六大类，即思想政治类、志愿公益类、自律互助类、创新创业类、文化体育类、学术科技类，共计 47 个，其中文化体育类社团有 20 个，是六大类中数量最多的，充分说明了文化类社团在校园文化建设中的重要地位。

2020 年 6 月，本课题组针对全校学生就校园文化和学生社团建设等方面进行了一次问卷调查，收回有效问卷 1179 份，在被调查的学生中，有 71. 16% 的学生加入了学生社团。认为学校“社团组织类型全面，社团多，活动参与度高”的人数为 596，占总人数的 50. 55%；认为“社团活动很重要或比较重要”的人数为 807，占总人数的 68. 28%；也有超过 40% 的学生认为学生社团的活动是校园文化建设的主要构成，应加大力度做大做强。从这些数据可以看出，我校校园文化活动的组织情况较好，影响力较大，学生的参与

① 北京大学习近平新时代中国特色社会主义思想研究院：《美育的力量》，《光明日报》，2019 年 3 月 19 日。

度较高。同时，学生也期盼进一步做大做强学生社团，为校园文化增光添彩。此外，在针对学生“喜欢什么类型社团”的调查时，文化类社团位居第二名。这一结果也反映出，文化类社团在我校学生群体中占有重要的地位，能对学生产生较大影响。

池州学院始终高度重视学生社团建设，2014 年，根据团中央《关于加强和改进大学生社团工作的意见》，结合我校实际情况，制定了《池州学院学生社团组织管理条例》，对社团成立、社团组织管理、社团活动管理、社团财务管理、社团变更及注销等方面做出明确规定。2017 年 7 月，学院对《池州学院学生社团组织管理条例》进行修订，进一步明确社团指导思想和社团经费管理等规定。2020 年，根据团中央《大学生社团建设管理办法》，学院已制定《池州学院学生社团建设管理实施细则》，进一步完善社团注册登记、指导教师选聘、社团组织建设、社团活动审批等各程序，不断健全学生社团管理制度体系。

近年来，我校高度重视文化类社团建设工作，依托地方文化资源，紧紧围绕学生成长成才和校园文化建设，积极谋划、精心组织，着力打造了一批有影响、受欢迎的文化类社团和社团活动。如 2015 年成立的“池州学院禅茶社”，以池州当地的禅文化和茶文化为载体，将中国传统艺术融合其中，通过开展一系列与禅、茶文化相关的学术研讨和社会实践活动，促进人与人、人与社会之间的交流，构建了和谐、友善的氛围和空间，极大丰富了校园文化生活，推动和谐校园建设，已成为一个弘扬传统文化、提升大学生内在修养的优秀学生社团。2018 年，该社团更是走出国门，五名学生成员远赴韩国参加世界禅茶公演，传播了中华优秀传统文化，进一步提升了学校和社团的影响力。“池州学院清泉书画社”是学校成立较早的文化类社团，原中国书法家协会主席启功先生曾为社团亲笔题赠书法座右铭。该社团坚持每周开展一次书画小课堂活动，让同学们在课余时间感受书画魅力，领略中华文化。同时，该社团还定期举行大型书画比赛、书画展览，积极组织社员参加国家级、省级书画比赛，为学校众多书画爱好者提供一个展示自我的平台，丰富了广大学子校园生活，传承弘扬了中华优秀文化。该社团曾被团省委、省教育厅、省学联授予“安徽省大学生优秀社团”荣誉称号，在全国和省内书画比赛中，许多社员荣获金、银、铜奖，并有数十名同学成功加入池州市书法家协会。成立于 2018 年的平天诗社，依托池州市文联、池州市杏花村诗社资源，其前身为池州市杏花村诗社大学生分社。近年来，该社团积极开展活动，如举办“二十四节气诗词竞赛”“重阳主题诗会”等活动，尤其是在新冠肺炎疫情期间，开展“如果‘疫’反常态，那就诗写平安”诗歌创作活动，积极传播正能量。社团成员曾获全国原创文学大赛、首届中国大学生诗歌大赛等全国性赛事奖项，池州电视台还以《高宽：少年踏浪诗海中》为题，对该社社长高宽同学进行了专题报道。此外，为强化劳动教育，提升学生的劳动能力，2020 年 9 月，学校还成立了创意手工社，组织学生积极开展相关手工创意活动，如“着华裳绘团扇，扬我华夏二十四节气之美”“打造网红教室”等活动，丰富学生的业余生活，陶冶学生情操，锻炼大学生的动手能力及思维能力，弘扬创新探索精神。

第七章

以美育人：
地方应用型大学艺术文化浸润论

党的十九大报告指出，“中国特色社会主义进入新时代，我国社会主要矛盾已经转化为人民日益增长的美好生活需要和不平衡不充分的发展之间的矛盾”，并提出“为把我国建设成为富强民主文明和谐美丽的社会主义现代化强国而奋斗”。“美好”“美丽”得到充分重视，也成为国家各项建设工作努力和奋斗的目标。落实到教育事业上，倡导美、引导美，塑造美丽国民、美丽社会、美丽中国，亦是一项需要充分重视、细致落实的宏伟事业。在2018年全国教育大会上，习近平总书记强调：“要全面加强和改进学校美育，坚持以美育人、以文化人，提高学生审美和人文素养。”这一重要论述，更加指明了新时代加强和改进美育工作的方向路径、目标任务，也对新时代教育工作者提出了明确要求。

艺术素养作为培养大学生素质文化教育的关键一环，在地方应用型大学文化建设中受到越来越多的重视。但据调查发现，地方应用型大学尚未建立完善的大学生艺术素养培养体系，限制和制约了大学生艺术素养的培养和发展。除少数艺术类专业外，大多数专业学生只能通过选修公共艺术课的形式了解艺术知识，学习方式和实践途径单一，远不能满足学生对艺术教育的需求。

新时代的素质教育是以提高人的综合素质为根本宗旨的教育，要求对学生实施德智体美劳的全面教育，着重培养学生的创新精神和实践能力。在教育者、课堂、受教育者、艺术四个因素中，艺术集真、善、美于一身，受教育者在继承知识的同时也具有了健康的人格，教育者则是主导，把握艺术教育“潜移默化”的突出特性，以艺术文化浸润来实现大学美的教育。

池州学院作为省属地方应用型大学，大力发展校园文化建设，实行教学改革，开发大学生艺术素养课程，面向全校师生推行公共艺术教育俱乐部制；组织教师进行艺术研究，将地方艺术遗产融入教育教学内容；开展文艺活动和文明实践活动，丰富校园文化生活；等等。学校尝试找到适合地方应用型大学的艺术教育实施路径，提高广大学生的艺术素养。

第一节　地方应用型大学艺术素养与审美教育

随着社会文化的不断发展，高校对人才的培养与教育提出了更高的要求，而地方应用型大学的艺术素养教育依然存在着较大的开拓空间。提高大学生的艺术素养是高校公共艺术课程建设的中心目标，围绕它展开的课程建设若能借助艺术教育平台，遵循课程建设的内在规律，从激发学生的艺术兴趣、建设全方位立体的课堂教学环境、使学生拥有艺术化的人生三方面来满足培养现代型人才的需要，能够更好地提升学生的综合素质，使学生的创造性从根本意义上得到开发。

高校公共艺术素养课程是高校艺术教育工作的重要组成部分，在探究其建设的问题上，可从两个角度认识：课程角度，高校公共艺术素养课程的性质为限定性选修课，教育对象是非艺术专业学生，教育目标是培养具有一定艺术素养、创新精神、健康人格的高素质人才；教育角度，艺术素养是审美的素养，艺术教育的本质在于突出其审美的属性，高校公共艺术教育的本质是培养具有艺术素养人才的过程。

（一）艺术与艺术素养

1. 艺术的概念

《辞海》中对“艺术”一词的解释为：“人类以情感和想象作为特性的把握世界的一种特殊方式，即通过审美创造活动再现现实和表现情感理想，在想象中实现审美主体和审美客体的互相对象化。具体说，它是人们现实生活和精神世界的形象反映，也是艺术家知觉、情感、理想、意念综合心理活动的有机产物。作为一种社会意识形态，艺术主要是满足人们多方面的审美需要，从而在社会生活尤其是人类精神领域内起着潜移默化的作用。在阶级社会里，艺术往往带有鲜明的倾向性。”① 绚丽多彩、气象万千的世界，无论是变化多端的自然景观，抑或是可歌可泣的社会运变，某一人、某一事、某一现象，一旦激起艺术家的情感反映，一旦引起艺术家的审美创造欲望，艺术作品就可能因此而生。中国古代的文论著作中，不乏对情感的论述，如《毛诗序》中说：“诗者，志之所之也，在心为志，发言为诗。情动于中而形于言，言之不足故嗟叹之，嗟叹之不足故咏歌之，咏歌之不足，不知手之舞之，足之蹈之也。”② 很显然，诗歌、音乐、舞蹈等艺术，都是在情有所感的状态下而宣泄出来的一种审美方式。

当代英国著名美学家赫伯特·里德曾说：“艺术家皆具有相同的意向，即愉悦他人的欲望。故此，艺术往往被界定为一种意在创造出愉悦性形式的东西。这些形式可以满足我们的美感。而美感是否能够得到满足，则要求我们具备相应的鉴赏力，即一种对存在于诸形式关系中的整一性或和谐的感知能力。”③ 美国作家、历史学家房龙，在其《人类的艺术》一书中对艺术做了这样的界定：“自然界与人类接触是通过万物。人类则以对万物做出反映表白自己。这种反映——表白，就是所谓的艺术。”④ 上述几种说法，都分别从艺术与人的关系的角度阐述了艺术的含义，它们令人领悟到：艺术与社会、与人生相始相终、难解难分。实践证明，人们的生活中不可能没有艺术，各种各样的人，之所以爱好艺术、欣赏艺术，绝不仅仅是为了体面点缀、时尚追逐，而是生命的必要体验、精神的营养汲取。艺术作为真善美的化身，在对世俗追求、人世纷争透出鄙夷的眼光后，而把它的高尚、纯真，赋予了追求理想的人们。

由此可见，艺术系借助于富于情感的形象塑造或意绪的渲染，真实地反映现实精神生活，并表白作者审美理想的一种特殊社会意识形态。

2. 艺术素养的概念

艺术素养（art cultivation）亦称“艺术修养”，是指人对艺术的感受、体

---

① 《辞海》（上册），上海辞书出版社，1999 年。

② 《毛诗序》，《中国历代文论选（一卷本）》，上海古籍出版社，1979 年。

③ ［英］H. 里德：《艺术的真谛》，辽宁人民出版社，1987 年。

④ ［美］房龙：《人类的艺术》，中国文联出版公司，1989 年。

验、评价和能动创造的能力。它是“审美修养”或“美学修养”的主要内容，包括对艺术理论、艺术史知识的掌握，对艺术创造、艺术鉴赏、艺术发展规律的理解，以及对艺术的感受力、想象力、判断力、理解力、创造力等。

马克思认为，如果一个人想得到艺术的享受，他本身就必须是一个有艺术修养的人。在《马克思恩格斯全集》中，他将艺术素养定义为是对艺术总体规律的把握，对某些艺术门类、样式特殊规律的把握和对艺术同社会生活，同其他意识形态相互关系的理解以及对艺术内容、形式、方法、技巧的掌握，它们都来自长期的艺术实践和艺术教育、审美教育，并受人的世界观、美学观、社会观、人生观的制约。艺术素养直接制约着艺术鉴赏的敏锐性、深邃性和艺术创造的真实性、典型性、感染性以及个性特征。

（二）艺术素养课程

2015年9月，国务院办公厅《关于全面加强和改进学校美育工作的意见》提出高校应加强公共艺术课程建设①。早在2006年，教育部关于《全国普通高等学校公共艺术课程指导方案》明确指出：“普通高等学校应将公共艺术课程纳入各专业本科的教学计划之中，要求每个学生在校学习期间，至少要在艺术限定性选修课程中选修一门并且通过考核。”②《全国学校艺术教育发展规划》（2011—2020年）又再次强调：“将公共艺术课程纳入各专业本科教学计划，开设具有特色的艺术任意性选修课程，努力提高公共艺术课程的教学质量。”③

地方应用型大学是以培养应用型人才、服务于地方建设为基本使命的地方本科院校。地方应用型大学以培养创新型复合人才为目标，在培养学生专业技能的同时，强调要切实加强学生的艺术素养教育，在用多种艺术样式推进民族精神教育的过程中，应以艺术形式为载体，以地方文化为背景，构建符合当地文化特色的艺术活动课程体系和促进学生艺术素养发展的知识体系。公共艺术课程是高校公共课程的重要组成部分，旨在提高大学生艺术素养、综合素质和创新能力。公共艺术课程的设置和实施，要与专业艺术课程有所区别，改变专业艺术课程的专业性和单一性特点，强调课程的整合性和通识

---

① 国务院：《关于全面加强和改进学校美育工作的意见》，2015年9月28日。

② 教育部：《全国普通高等学校公共艺术课程指导方案》，2006年3月8日。

③ 教育部：《全国学校艺术教育发展规划（2011—2020）》，2011年5月13日。

性。目前很多地方应用型大学纷纷开设公共艺术素养课程，依据学校基本课程整合理论，将音乐、舞蹈、美术、影视等艺术学科进行交叉融合，并在课程理念、课程内容、教学方法和课程评价等多个方面做出改革，通过不间断的研究和实践，了解实施前后学生艺术素养方面的表现，检验课程实施的效果，以更好地提高教学质量。

（三）池州学院艺术素养课程建设

教育必须为社会主义现代化建设服务，必须与生产劳动相结合，培养德智体美劳全面发展的社会主义事业的建设者和接班人。因此，如要实现教育大国向教育强国的转变，高等教育应培养具有较高道德水平的人才。针对新中国早期高等教育而言，以本科层次为主、以专业教育为特点的高等教育发挥了不可替代的作用，但随着经济社会的发展，原先高等教育中那种狭窄的专业教育限制了学生的学科视野，传统的知识传授方式和能力培养方面的缺陷降低了学生的适应力。

为进一步落实《国家中长期教育改革和发展规划纲要（2010—2020年）》提出的“促进德育、智育、体育、美育有机融合，提高学生综合素质”的战略部署，贯彻《安徽省教育厅关于在全省高校推行公共体育艺术教育俱乐部制教学改革的意见》（皖教秘高〔2018〕60号）文件精神，池州学院大力推动艺术俱乐部制改革，以实体课程来实施素养教育，确定“素养为基”为人才培养模式，实施素养课程建设，目前在人才培养方案中进行了相关设置，并编写了一系列的大学生素养教材，如《大学生传统文化素养》《大学生科学素养》《大学生劳动素养》等，实事求是地以素养课程建设推进素养教育，走出了一条从内涵层面着手促发展、大规模培养德、智、体、美等方面全面发展的人才的创新之路。

1. 明确课程理念，搭建服务平台

艺术教育作为美育的重要组成部分，是素质教育不可或缺的重要内容。池州学院将公共艺术教育教学融入人才培养的全过程，在教学过程中培养和发现学生在美育方面的兴趣、才能和潜力，从而提升学生的综合素质。学校以推动艺术俱乐部制改革为重点，进一步优化学校艺术教育资源配置，提高教学资源利用率，通过改革传统的、较为统一的课程教学模式，在艺术教育过程中配套以必要的技术训练，不是停留在单纯的知识传播、感受艺术、鉴赏艺术层面，而是面向全体学生，让每一名学生都有一项艺术技巧，在艺术

实践中提高艺术素养、提升审美能力和艺术创造能力，全面提高艺术教育质量，进而服务于应用型大学的办学定位。

2. 完善课程设置，实现资源共享

池州学院艺术俱乐部课程设置遵循个性发展和资源共享的原则。在个性发展原则中，池州学院根据应用型人才培养的办学定位和学生个体发展的需要，不断拓展艺术类课源，充分考虑因材施教，注重学生个性发展，为不同志向、不同能力和不同潜质的学生创造相应的培养环境，力争让每一个学生都有一项艺术技巧能陪伴他快乐的一生。同时，学校遵循资源共享原则，构建由师生、学院、社会广泛参与，校内资源与校外资源共建共享的体制机制，充分挖掘和有效利用每一种资源，既能满足学校艺术教育教学的需要，又能保障各项艺术赛事的开展和学生的参与，还能服务于地方体育艺术事业的发展。

3. 确定课程目标，满足学生需求

池州学院力争通过 4 年时间，达到培养学生学习艺术技能的兴趣、掌握艺术基础知识和基本技能、提高广大学生艺术欣赏及艺术实践能力的基本目标。学校争取在 4 年内，基本形成体系完备、制度健全、开放有力、特色鲜明、效果显著、持续推进的艺术教育教学工作格局；实现艺术类会员全覆盖，增强学生动手能力，能基本满足学生艺术教育需求；实现教学、训练、竞赛一体化，形成具有一定品牌效应的艺术竞赛平台，校园具有浓厚的艺术文化氛围；在人才培养上，通过俱乐部制式艺术教育，让学生掌握一定的艺术技能和艺术技巧，提高艺术素养、提升审美能力和艺术创造能力，养成对艺术的热爱和习惯。

4. 丰富课程种类，拓展选课范围

池州学院整合学校的艺术资源，陆续在全校面对全体学生开设合唱、葫芦丝、竹笛、萨克斯、口琴、非洲鼓、小钟琴、民族舞、吉他、声乐、书法、素描基础、素描写生、速写基础、速写写生、色彩基础、色彩写生、中国画基础—花鸟画、中国画基础—山水画、插画、装饰画、手机摄影、泥塑、数码摄影、影视摄像、微视频创作等艺术课程，拓展学生的选课范围。

5. 优化课程管理，落实主要任务

池州学院自 2008 年试行并成立公共艺术教学管理中心，负责全校艺术教育课程的安排和艺术活动的组织工作，承办或协办校内外相关艺术节活动的开展，并给予必要的艺术指导，以及负责师资配备管理、教材选用管理、课程体系建设。主要任务包括：构建俱乐部章程、内部管理体系和日常管理制度；遴选、聘请俱乐部指导教师；开发俱乐部教学课程；确定助教的产生条件和办法；确定课程考核办法及其相关规定；承办或协办校内外相关体育艺术活动的开展，并给予必要的技术指导。

6. 创新课程形式，实行会员制度

学校在艺术俱乐部课程组织形式上主要采取会员制和助教制。艺术俱乐部课程选修实行会员制，会员按照一定的技术等级标准分为初级会员、中级会员、高级会员、助教、艺术指导五个等级，其中，一年级为初级会员，二、三、四年级为中级会员，各俱乐部优秀学员可根据条件申请为高级会员。艺术指导负责对助教（学生）的指导和授课培训，助教负责对高级会员进行辅导培训，高级会员负责对中级会员进行辅导培训，中级会员负责对初级会员进行辅导培训，即一个体育艺术指导教师同时带多个小组，借助助教制，逐层实施教学。助教来源于艺术学院的专业学生，这些学生包括致力于考取艺术专业教师资格证者和各个艺术项目中具有较高水平的学生。

7. 扩充师资力量，趋向多元发展

艺术指导及助教主要由音乐与教育学院、美术学院、文传学院等学院专业教师及学生构成，同时积极挖掘、发展校内非艺术专业教师和学生师资力量，拓展校外教师建设，形成多元的师资队伍。学校通过有计划地引进专业教师和安排教师进修，鼓励校内兼职教师参加教学，积极外聘校外教师，鼓励艺术团体的演员、表演艺术家、画家以及志愿人员等来我校兼职，不断壮大指导教师团队。

8. 改进教学方法，完善评估体系

池州学院在艺术素养课程教育教学中，形成教、考、赛、演一体化的多元教学方式。学校采用俱乐部形式进行课程教学和实践活动，每个俱乐部有人数限制，按照先选先得的原则。第一和第二学期，采用课内俱乐部的形式，第二至第八学期，采用课外俱乐部的形式。课内俱乐部在一学年内开设，32学时，共1学分。课外俱乐部在二、三、四学年开设，不计入学分。俱乐部会员必须在考核合格和参加一定的艺术实践后方能获得相应的学分。

学校组织考核小组对会员进行考核，通过逐级形成考核小组，如艺术指导负责对助教的考核，助教负责对高级会员的考核，逐级开展。考核以会演、展演为主，考核优秀者颁发校内统一认证证书，同时引入社会或国家级别的考核机制，颁发相关证书。在学生的学分管理制度中，艺术俱乐部课程代替原有的大学生艺术素养课开设一学期（第一学年内完成），共计1学分。每学期针对各个会员级别的课程学时和教学进度由指导教师统筹安排。

9. 优化制度管理，健全保障机制

学校通过修订完善学生综合素质测评相关评价标准，切实提高艺术素质在综合评价中所占的比重，将学生艺术素质与学生综合素质测评、评奖评优结合起来。同时，学校鼓励俱乐部实现教学、训练、竞赛一体化，提高我校艺术工作水平和影响力。在课程所需器材和场地保障方面，学校根据课程特点，器材可以公用的由俱乐部提供，若器材不适合公用的由个人自备，并根据课程特点安排不同类型的教室，学校在财力许可的情况下加强相关软硬件建设，优化资源保障，进一步完善各类俱乐部基础设施建设。

（四）地方应用型大学艺术素养课程建设与审美旨趣的回归

19世纪30年代，美国哲学家约翰·杜威出版《艺术即经验》，倡导将艺术与人们日常生活紧密联系在一起，提出“艺术不是少数几个人的，需要大家共同来经验”的观点[①]，而经验涵盖了艺术活动、社会生产、人的交往、科学实验等一切人的活动。这些活动与经验感受密切相关，都是在人的经验过程中产生价值[②]。人本主义心理学家马斯洛认为艺术的审美体验，包含着审美心理学上的个体亲历性和总体实践性[③]，最终实现个体在总体中的价值，从而达到最佳审美状态。地方应用型大学开设公共艺术素养课程的目标与此完全相同，提倡大学生在审美体验中，要全身心地投入审美文化活动，实现自我在社会中的价值，追求真善美的品质，塑造完美人格。

学校将美感作为一种审美体验，当大学生接触到美的事物后会产生一种赏心悦目、怡情悦性的欣赏心态，并根据经验做出主观评价。在实践中，学生在接受艺术素养教育的同时，通过感觉器官接收外界事物的声、形、色等构成的形象信息后，在大脑中形成美的感知而产生审美意象，同时获得精神

---

① 杜威:《艺术即经验》，商务印书馆，2005年。
② 周旭:《20世纪美国公共艺术教育中的杜威思想》，《文艺研究》，2001年第7期。
③ 胡经之，王岳川:《论审美体验》，《北京大学学报（哲学社会科学版）》，1986年第4期。

上的愉悦并持久作用于意识，从而产生经验记忆。这种经验在长期的审美训练中逐渐积累，潜于内心底层，形成无意识的审美感知。每当学生接触到艺术作品或美的事物，感官反映于大脑，唤起内心的经验记忆，能够再次自然地获得美的感受。为了获得美感，学生主动接受艺术的影响，自觉地理解艺术作品表达的情感和含义，加强自我对事物存在的生活认识，在潜移默化中提高审美能力。如此，在多次实践中获取美感的技能或经历，可称之为美感经验，让师生感受到审美旨趣的回归。

池州学院通过让学生加入艺术俱乐部的形式，使之成为大学生紧张学习、生活中调节生活节奏、舒缓紧张情绪的重要工具，丰富多彩的艺术素养课程有利于学生净化心灵、涵养德行。所以，承担艺术课素养课程的教师也要担负起文化传承责任，这样才能保证应用型本科院校的学生专业能力培养和人文素养提升共同实现，形成符合区域经济社会发展所需要的素质结构，使学生成为人格完善、和谐发展的高素质应用型人才。

第二节 地方应用型大学地方艺术研究

地方应用型大学在长期的办学过程中融合地方历史文化逐步形成自己优秀的文化传统和校园文化特色，其建设没有一个永恒不变的模式，它总是围绕学校的教育思想、教育特色，遵循文化建设的规律，有目的、有计划地不断促进高校功能的实现并为其发展争取更大的优势。将艺术遗产的保护、传承、研究与校园文化建设相结合，既提高了学生艺术研究和保护艺术遗产的自觉意识，又丰富了校园文化活动的内容与形式，二者相互促进，共同发展。

地方应用型大学可以利用校园文化艺术节、民族传统节日、艺术专题展览和地方戏曲、民俗活动等专场演出，使艺术遗产传承和保护工作进课堂、进学生头脑。地方应用型大学还可以开展以“保护民间文化、感受中华文明”为主题的大学生暑期社会实践活动和开展以“民间文化推广和传承”为主题的宣传活动，利用网络优势，建立民间文化保护 QQ 群，在网络上开通“民间文化推广志愿者”主题博客等。在这些保护和传承艺术遗产的活动中，学生可以深切感受到民间文化的弥足珍贵，更加喜爱民间艺术。丰富多彩的校园文化可潜移默化地影响学生，激发学生对艺术遗产的喜爱之情，从而升华为对祖国、民族的热爱与自豪。

（一）地方艺术与地方艺术遗产

1. 地方艺术的概念

“地方艺术”这一概念在20世纪80年代已逐步形成，较早可见梅健鹰《关于地方艺术风格的问题——略谈山东淄博色瓷的特点》。他将“地方艺术风格”定义为“某一地区的艺术风貌与特色，经过长期的艺术实践与生产，展示出成熟的、独特的艺术格调”，指出了“地方艺术”在地域文化上的代表性特点。近年来，随着全球化进程的不断推进，在外来文化的强烈影响下，关于本地文化的传承和发展等问题日渐受到学者的重视。如此一来，围绕“地方”“地方艺术”概念的研究逐步增多，具有代表性的观点如黄永健对于“本土化”“地方化”的研究，其认为“地方”不仅仅是一个地理概念，同时更多包含着文化、政治、经济的意义，突出了“地方”概念的社会属性。

2. 池州地区艺术遗产丰富

池州市位于安徽省西南部的皖南山区，丘陵密集、水系发达，先秦时期属于吴国，受巫文化的影响产生了有“戏剧活化石”之称的池州傩戏。汉代池州属于丹阳郡，本地人民吸收当时从西域传入的手狮舞发展出乌石手狮舞；至唐朝开始正式设置州府，新罗国王子金乔觉远渡重洋来池州境内九华山修道诞生了兴盛的九华文化。明朝时池州地区区域文化得到高速发展，将宋朝流传下来的南戏经过改良和发展，形成名噪一时的“徽池雅调”的青阳腔。明万历年间，著名戏剧作家郑之珍在池州写下著名剧作《劝善行》三篇，讲述了青年目连地狱救母的故事，取材于当地民间风俗，尔后本地人民将剧本故事结合本地的戏剧形式排练成目连戏，流传至今。清朝时期戏剧歌曲发展至高潮阶段，池州地区吸收多种多样的不同风格的戏剧和歌曲并结合本地方言和表演形式，发展出很多的本地艺术形式，如公鸡调、文南词、石台唱曲等。祁门红茶、九华水磨玉骨绢扇、黄公酿酒技艺等精制手工工艺也一直代代传承。

池州傩戏

池州有三县一区，即东至县、青阳县、石台县和贵池区。傩戏主要存在于池州市贵池区，贵池区素有“无傩不成村”之说。在贵池地区，不同宗族哪怕是同村，其傩神会都不尽相同，人们用傩来请神祭祖、消灾纳福。这些不尽相同的傩各具个性，显示出了池州傩戏的顽强生命力和独特的艺术人文价值①。池州傩戏作为我国第一批“艺术遗产”，池州被称为“傩戏之乡”，通过对池州傩戏的研究，对传承池州傩戏乃至其他地区傩戏、促进傩戏文化的发展都具有极为重要的现实意义。

罗城民歌

罗城民歌发源于池州市，在贵池区罗城村以及周边等地盛行。作为汉族方言民歌的一种，罗城民歌于2007年被列入安徽省首批省级艺术遗产名录。罗城民歌多在山间田野即兴创作而成，记录了当地的生产生活面貌和民风民俗，彰显了村民热爱生活、热情开朗的生活态度。罗城民歌是汉族民歌的典型代表之一，在中国民间音乐中占有重要地位②。罗城民歌文化囊括了罗城民歌的历史渊源、本体特征、歌词的文学性、传承者与受众、皖南村落文化特色等，蕴含了丰富的道德理念和规范，体现了中华传统美德，积累了珍贵的热爱劳动、热爱生活的精神财富，体现了中华人文精神，罗城民歌文化的传承具有重要的时代意义。

青阳腔

青阳腔大致形成于明嘉靖年间，繁荣于明万历年间。就艺术历史源流来讲，青阳腔深受当时由外地传入池州的江西弋阳腔和浙江余姚腔的影响，并与当地的民歌、九华山民俗活动以及池州傩戏有着千丝万缕的联系。就文化地位来讲，青阳腔作为一种声腔艺术，在中国戏曲史上占有举足轻重的地位，它开辟了一个戏剧表演的新时代，即“滚调”时代。这种高亢自由的演唱艺术不仅在戏剧声腔发展史上起到承上启下的作用，而且对徽剧、赣剧、湘剧、川剧和黄梅戏等地方剧种的形成有着直接或间接的影响。青阳腔已被国家列入艺术遗产名录，正在申报世界艺术遗产名录③。

东至花灯

国家级艺术遗产东至花灯历史悠久、种类多样、造型各异、内容丰富，特色灯种主要有“六兽灯”“五猖太平灯”“磨盘灯”“八仙过海灯”“平安

---

① 周杰：《池州傩戏及其文化特质探究》，《文艺争鸣》，2011年第10期。

② 汪茂文：《池州罗城民歌传承研究》，《文化学刊》，2020年第6期。

③ 周显宝：《论青阳腔的人文背景、历史地位及美学价值（下）》，《上海音乐学院学报》，1998年第1期。

草龙灯”，一般灯种主要有狮子灯、具有民间广场表演艺术性质的旱船灯和龙船灯等。每年正月初二，灯会正式开始，舞灯初始，以祭神、祭祖为主要内涵，其后，表现形式逐渐转向驱邪逐疫、消灾纳福求平安。东至花灯内容涉及民间舞蹈、音乐、戏剧、手工技艺和宗教信仰等诸多领域①。东至花灯作为一种民俗文化形态渗透到当地民众的社会生活中，具有重要的文化意义。它既表现在生活实用价值方面，又以一种精神化的形式成为当地民众情感宣泄的载体；当它作为集体记忆的储存器时，它又是民众对集体发生认同、产生凝聚力的重要条件。

青阳生漆夹纻技艺

青阳是池州地区主要的苎麻产地，麻纺业尤为发达。当地村民自古就有种植漆树和“以漆造物、以漆造美”的习俗与工艺活动。作为四大佛教名山之一的九华山位于青阳境内，使其长期受到佛文化浸染，再加上通过生漆夹纻技艺制作的漆器兼具质地轻便、造型丰富多变、坚固美观等诸多优点，因此生漆夹纻技艺被广泛运用于诸多佛像雕塑的制作。九华山祇园寺、百岁宫、慧居寺等诸多庙宇内的佛像造型雅致，线条优美，神态娴静，至今都保存完好。夹纻技术是中国传统器型工艺中漆工艺含量最高的制作胎骨技法，而青阳生漆夹纻技艺则很好地传承了这一工艺。作为传统工艺文化的组成部分，它蕴藏了丰富的思想文化与特有的工艺语言，通过对其技艺的探究，可以剖析当地漆文化形成的社会文化背景和技术条件，在理论上，对地域科学技术史、民俗学、佛文化历史等相关领域也有着一定借鉴意义②。

（二）地方应用型大学开展地方艺术研究和传承艺术遗产的优势

1. 人才优势

作为地方优秀文化传承的主力军，地方应用型大学的师生们在地方艺术研究和本地艺术文化遗产的传承中发挥着不可替代的效力。

一方面，与其他高等院校一样，地方应用型大学，特别是地方文史类院校，无论在师资力量上，还是在智力资源上，都具有绝对的优势。地方应用型大学的学者们除了拥有一定的专业知识、科研能力和文化素养外，还在多

① 孔华：《东至花灯的历史起源和文化内涵探析》，《重庆文理学院学报（社会科学版）》，2014年第4期。

② 刘恒之：《漆艺夹纻技法研究》，清华大学，2015年。

年的科研工作中，积累了大量有关当地历史、民俗、民间文学、民间艺术等领域的学术基础和研究经验，具有相当的学术研究实力，完全有能力为本土艺术遗产的保护和传承提供专业的理论指导。

另一方面，地方应用型大学规范的人才培养机制，也可以为培养和传承艺术遗产相关的高素质专业人才提供智力支持。艺术遗产只有代代相承，才能生生不息。地方应用型大学颇具规模的大学生群体是艺术遗产保护和传承的主力军。大学生所学专业广泛，对中国传统文化有一定的认知和了解，在校期间若接受艺术遗产知识的熏陶，完全有能力通过田野调查、民间采风、基地实训等方式积极参与当地艺术遗产保护的实践活动。这不仅可以提升自身修养，增强爱国爱乡的情感，而且在一定意义上能弥补地方艺术遗产专业人才不足的遗憾，充实人力资源。

2. 资源配置优势

地方应用型大学在资源配置方面的优势突出，高校普遍设有图书馆、档案室、大礼堂、校园网、校报等文化交流设施，可以为艺术遗产资料系统化宣传和保存提供必备的文化空间。地方应用型大学大多拥有一定规模的图书馆和一定数量的专业图书管理人员，可以为艺术遗产做进一步发掘和分析。

其一，地方应用型大学图书馆大多设有地方文献书库，馆藏相当数量的地方史、民俗、地方志等图书文献。例如，池州学院图书馆馆舍面积有 1.95 万余平方米，馆内纸质图书 130 余万册，电子图书 80 余万册。此外，图书馆还设有“池州家风文化馆”“皖南民俗文化馆”等，不仅可以为皖南民俗遗产资料的专业化保存提供适宜的场所，也为其保护性研究提供最有力的资料支持。

其二，地方应用型大学图书馆与本土艺术遗产分布地相距不远，在进行民风民俗调研、采集汇编相关资料、收集相关器具、展示艺术遗产时更容易操作。

其三，地方应用型大学图书馆大多拥有高学历的专业管理人员。他们在文献整理、资料分类、信息加工等方面具有丰富的经验。专业管理人员的积极参与可以使地方艺术遗产资料得到科学的管理，减少不必要的损失。

其四，地方应用型大学图书馆在电子资源数据库建设方面的经验和技术也具有强大优势。图书馆是高校信息资源中心，除了馆藏大量纸质图书外，还通过网络系统建有一定规模的电子资源数据库，使在校师生能便捷地享用馆内馆外的信息资源，及时了解相关课题的最新研究动态。

3. 学科优势

有专业的教育机制和日渐完善的人才培养机制，在艺术研究和艺术遗产传承方面，地方应用型大学有学科优势。伴随着我国高等教育的不断发展，应用型高校的学科门类越来越齐全，学术研究机制和人才培养机制不断完善。地方应用型大学为在竞争中谋求发展，也在不断地求同存异，在专业设置等方面探索新的发展思路，比如，将教学科研与当地艺术遗产保护相结合，就是许多地方应用型大学热衷的发展思路。事实上，地方高校尤其是文史类院校中，学科的设置为艺术遗产的传播提供了广阔的渗透空间，为艺术遗产的保护提供了充足的学术支撑。一些老牌地方院校在专业建设方面卓有成就，在地方历史、民间文学、民间艺术等方面积累了丰富的教学和研究资源。地方应用型大学可以依托各学科的优势，促使师生们在中国传统文化的通识教育中相互启发，从各自的学术视野出发，投入艺术遗产保护和传承的相关课题研究，充分展示不同学科在艺术遗产传承中的作用。

4. 地缘优势

地方应用型大学在本土艺术遗产传承方面还具有地缘优势。地缘优势主要体现在两方面：

其一，地方应用型大学大多建在该地区的政治、经济、文化中心，与本土艺术遗产的发源地相距不远，交通和通信相对便利，对本土艺术遗产进行普查、建档、推广时，所需时间短，见效快。

其二，地方应用型大学的学生大多来自本省各区市。他们之间语言相通，风俗习惯也比较接近，接触本土艺术遗产时会有一种本能的熟悉感和亲近感。事实上，地方应用型大学大部分教师也来自本省，不仅具有必备的专业技能，而且熟知地方的历史文化、风土人情、民俗民风等，甚至长期从事相关课题的研究。由于地缘优势，教师组织学生利用假期回乡进行调研采风、问卷摸底或参与课题研究时都十分得心应手。

（三）池州学院开展地方艺术研究，传承艺术遗产的举措

皖南古称“吴头楚尾”，也是古代北人避乱南迁之地，吴越文化、荆楚文化、中原文化在此交融生辉，衍生出斑斓瑰丽而又极富特色的皖南区域文化。其积淀深厚的文化遗产是高校进行学术研究并服务于地方经济社会建设的极

为珍贵的文化资源。池州学院坐落在具有“千载诗人地”的皖南历史文化名城——池州市，依托地缘和学科专业优势，长期致力于皖南区域文化的研究，在池州傩戏、青阳腔、目连戏、九华山佛教、徽州民间宗教、皖南古村落及杏花村文化、江南诗文化和谱牒文化等领域取得了较为丰硕的学术成果，形成了引领地方文化的特色科研成果。

1. 池州学院艺术与教育学院开展地方文化研究

（1）池州学院艺术与教育学院版画工作室

池州学院艺术与教育学院版画工作室是美术与设计学院的主要实验室之一，始建于2013年，现所在位置——池州学院美术楼102教室，面积70平方米。工作室主要为学生提供版画作品创作实践场地，适用对象为美术学综合材料方向的本科生。工作室现有木版印刷机、丝印台、曝光机、烘干机、绷网机等，教学实践设备齐全，学生可以完成木版画和丝网版画制作。另外，版画工作室内还开设专门的综合版画课程，学生可以尽情发挥他们的绘画功底，与传统版画相结合，制作出具有“当代性”的作品。

我校艺术类专业学生在进入工作室内进行版画实践时，已具备了较强的造型能力、艺术审美能力和创新能力。学校根据学生的专业特点，培养学生正确认识艺术与生活的关系，以运用艺术的手法表现生活为着手点，进行课程设计。学生结合地方文化，融入新的设计思维，运用所学版画技法，设计并制作出带有池州地方文化特色且较为新颖的生活陶艺作品。

授课教师在版画课程的实践教学环节中，引入池州地方文化，发掘地方文化的特色和内涵，如贵池傩、杏花村、九华山、青阳腔等。在作品创作过程中，授课教师与学生进行一对一的沟通，帮助学生明确创作思路，抓住地方文化与创作载体的结合点，在作品的成型与艺术形式上给予指导。以池州地方文化为依托进行版画制作，符合学校地方性、开放性、应用型的办学定位，既促进了地方文化创意产业发展，也让学生对池州地方文化有了更深一层的理解。

（2）中华传统漆艺新时代文明实践基地

池州学院以开展美术学、设计学课程文明实践教学和文化传承为目的，提高美术学专业和艺术设计专业及其他在校学生的文明实践素养，将漆画、漆艺、装饰绘画等课程教学与文明实践有机结合。经过几年的发展，中华传统漆艺新时代文明实践基地针对漆艺的文化传播、文明实践积累了丰富的成果，取得了一定成效，建立健全科学合理的基地管理制度，并努力建设新时代漆艺文化产业推进机制和搭建文明实践创新平台，旨在为高校学生提供良好的漆艺实践基地环境，提高学生综合实践能力与文明实践素养水平。

基地推行开放式发展模式，探索创新性教学体系，联合全省高校资源协同行业协会、文化公司，把池州漆艺作为池州一个文化名片传递到全省乃至全国，建立“互联网+”的交流平台，积极推进传统漆工艺传承和发展，实现有效的传统文化保护和文化传播。基地面向多个学科、多个专业领域，学科包括艺术学、广告学、教育学等，专业领域包括美术学、设计学、工艺美术、学前教育等，涉及面较广，影响力较强。基地现已向全校开放运行，在基地学习的学生总数已经超过 300 人。基地的开放性还体现在跨专业教学方面，密切围绕多个专业互动的核心技能，努力形成一个多专业互动的综合实训平台，包括校内基地基础设施的共建和校外基地场地的共享，并将跨专业实训手段应用于校企合作教学中。

（3）蹊径文创工作室

艺术与教育学院创办蹊径文创工作室，面积约 80 平方米。工作室整合学院美术学、视觉传达设计、环境设计等专业学生创意资源，实现成果转化，变成可上市销售的文化创意产品，为全院学生创新创业及视觉传达设计专业学生的课程实践提供服务。

工作室配有绘图仪、3D 打印机、激光打印机、数码打印复印机、喷墨打印机、烫画机、热转印机、烤杯机、UV 平板打印机、巡边机、摄影棚等设备，满足工作室运行的需求。同时，工作室承担印刷、热转印相关的纵向、横向项目研究，真正实现从创意到设计，再到产品包装、推广的一体化模式，积极拓展周边市场，利用网络平台和自身优势，打造出新型现代设计的新模式。

蹊径文创工作室立足本地文化，积极探索池州非物质文化遗产，将传统文化与现代创意相结合，使优秀的传统文化得到广泛传播。不仅如此，工作室充分考虑全域旅游、非遗传承、乡村振兴、大学生专业实践等需求，不断引进新技术，打造真正体现特定城市文化创意的研发系统。

（4）秋浦印象陶艺工坊

池州学院艺术与教育学院的秋浦印象陶艺工坊始建于 2012 年，教学设备齐全，主要为视觉传达设计、环境艺术设计、美术学等艺术专业的本科生提供陶艺、陶瓷装饰等课程的实践教学服务。秋浦印象陶艺工坊按照学校地方性、开放性、应用型的办学定位，立足于传承与发展的角度，让学生在了解优秀的传统陶瓷文化的同时，帮助学生掌握独立完成陶艺制作以及烧制陶艺的制作技能。此外，秋浦印象陶艺工坊不断加强教学改革，通过让学生了解陶瓷的材料、工艺、表现特性及泥、釉、火的语言形式，培养学生的综合运用能力，并积极为地方全域旅游及文化教育事业的发展提供服务。

秋浦印象陶艺工坊的创建，立足于学校的办学定位和当代大学生的多元化发展，扎实推进传统文化建设。以池州特色文化为依托进行创作，学生创作出的生活陶艺作品实际应用到日常生活当中，可引发学生对传统文化新的思考。

2. 池州学院艺术与教育学院开展艺术类社团活动

池州学院艺术与教育学院先后成立秋浦潮美苑、时光艺术协会、飨艺舞蹈团、歆漫社团等艺术类社团。这些艺术社团是池州学院校园文化的重要组成部分。大学艺术社团以其丰富的文化活动作为载体，在学生群体中宣扬积极向上的文化理念，获得了大学生的欢迎与喜爱，并用艺术类活动特有的感染力去带动学生、熏陶学生，在丰富大学生课余生活的同时也激发了大学生对艺术遗产的理解与创新。

艺术遗产是城市精神、历史和文脉的体现，是人们对所生活的城市文化内涵的美好记忆与期许，更是城市文化品牌建设的重要资源。艺术遗产具有浓郁的地域特点以及鲜明的族群特色。高等院校是每个城市的文化聚集地，因此高等院校是艺术遗产传承的不二之选，大学生艺术社团作为校园文化的重要载体，更要承担起非物质文化遗产传承的责任。池州学院艺术社团是学生根据自己的兴趣、爱好，以自愿形式形成的群体性活动。从社团的影响、传播来说，它涉及了全校不同的学院、学科、年级，在学生中具有较高的知晓度。不同专业的学生毕业返回各自家乡，走上工作岗位，可以无形中对艺术遗产进行传递，增加了艺术遗产传播的广度。

池州学院比较突出的优势是具有一批理论科研的学者、教师，他们拥有丰富的学科专业知识以及丰富的课堂教学经验，对于推动艺术遗产传承可以给予宏观上的指导，把握研究方向，切中理论要点。同时，他们熟悉学生，了解学生，可以在校园范围内组织一支科研团队。学校走科研与实践相结合的路子，将艺术遗产的保护传承与学校学生社团充分融合，建立“大师领办、校企融合”机制，开发艺术类课程、专用教材，探索符合艺术教学特点的教育模式，提升学生对艺术遗产的了解及技能传承。

（四）地方应用型大学地方艺术研究与艺术遗产的传承反哺

地方应用型大学艺术教育不仅在传承与发展中华优秀传统文化中发挥重要作用，而且在促进大学生艺术研究与艺术遗产传承中具有独特功能。其一，学生通过对传统艺术的学习与实践，体会艺术为之带来的快乐，并能切身感受传统艺术的文化内涵与魅力，从而对其产生认同感，进而迸发出学习和研究的热情；其二，艺术教育可以敦促学生在了解中华文化精髓的同时，通过与世界各地文化的交流，吸取精华来对现有的优秀文化进行进一步的创新，推进传统文化的传承与发展。

地方应用型大学艺术研究在弘扬优秀地域文化方面更具有特殊优势。处于地域文化环境中的地方应用型大学，坐拥丰富的地域文化资源，有着得天独厚的地区优势，除了高校本应承担的教育任务以外，还应充分运用自身的优势，对地域文化进行传承、保护和发扬，积极地把地域文化融入当代高校艺术教学中，自觉地把弘扬优秀地域文化变成地方应用型大学教学研究的发光点。地方应用型大学除了运用正式的课堂教学进行艺术教育外，还可以通过开创“质量校园、特色校园、活力校园、和谐校园”等活动，传承地域传统文化中的人文理念和各种艺术形式，不断推进以地域文化为特色的校园文化建设，以富有地方人文特色的主题活动为载体，美化校园人文环境，营造校园地域人文氛围，在塑造大学生人格、美化大学生心灵的同时，培养大学生富有地域特色的人文精神、审美情趣和艺术才能。

第三节　地方应用型大学文艺活动特色

校园文化建设以“建设地方应用型高水平大学”为发展目标定位。通过实施校园文化建设方案，进一步挖掘、丰富、创新学校文化内涵，以教风、学风、校风建设为核心，以重点建设项目为抓手，以先进的精神文化、系统的制度文化、良好的行为文化、鲜明的标识文化和优良的环境文化为载体，以凝练办学理念、塑造大学精神为基础，以促进学生全面发展、培养社会主义合格建设者和可靠接班人为使命，以优化校园文化环境、拓展学校文化内涵和提升学校文化品位为重点，大力推进校园文化建设，全面提高学校的软实力和核心竞争力。

池州学院坚持以习近平新时代中国特色社会主义思想为指导，深入落实立德树人的根本任务，以社会主义核心价值体系为统领，以满足广大师生日益增长的精神文化需求为出发点和落脚点，围绕学校办学思路、办学特色以及发展目标定位，打造符合校园文化特色的文艺活动和文明实践活动，努力培养担当民族复兴大任的时代新人。学校力争实现的目标是：适应广大师生需要的校园文化活动更加丰富，校园环境更加优美舒适，校园文化建设的特色、质量和品位不断提升，广大师生的文化自觉和文化自信不断增强，有重大影响的校园文化精品不断涌现。

（一）文艺活动与文明实践对推动校园文化建设的作用

1. 提升学生的文化艺术品位

文艺活动是高校活动中不可或缺的重要组成部分，它既能体现一所大学的人文精神，更能潜移默化地影响着大学生的审美情趣。高校文艺活动作为一种特殊的教育形式，可培养学生各方面的能力，如塑造对美的正确认知，提高自我修养等。文艺活动对大学生的健康成长以及教育管理与疏导有着不可替代的作用。

高校文艺活动将审美教育与艺术实践融合，形成了类型多样、生动有趣的多种活动组织方式，体现了“以人为本”的教学理念，对学生的身心健康、综合素养的提高有着十分重要的作用①。文艺活动开展的思路源于日常生活，具有艺术性和教育性。对于学生而言，良好的文艺活动能够帮助他们在没有学习压力的情况下，不知不觉地接受文艺活动带来的影响，以微妙的方式触动内心，将所学的艺术知识与实践相结合，提升自己的文化艺术品位、增强艺术鉴赏能力；对于高校而言，良好的文艺活动能够创新大学文化，有助于营造独具人文情怀的校园文化氛围，从而更好地贯彻落实国家对于高校的育人要求。

---

① 刘贺，郭峰：《高校文艺活动发挥育人能效的导向探究》，《南方论刊》，2016 年第 11 期。

2. 提升学生的思想道德修养

目前，大多数高校对学生的思想道德教育还停留在思想道德修养、法律基础等课程层次上，缺乏理论知识与现实实践的结合。

学校通过让学生参与文明实践，使大学生在潜移默化中感受到校园文化，体会其中蕴含着的丰富的情感和道德价值，以独特的形式提高大学生的思想道德修养。诸如通过校园人文氛围建设、文化载体建设，培养人文气息，提高大学生道德情操，帮助大学生约束自己的行为，帮助高校营造具有人文气息的校园环境，从而使高校成为提高大学生思想道德修养的最佳场所①。高校文明实践与思想道德修养教育的结合，可帮助学生将课堂学到的理论知识与实践活动相结合，切实提高自己的综合素质。此外，学校还应注意弘扬社会主义核心价值观，将思想道德教育、政治教育和艺术教育结合起来，促进学生的全面发展。

3. 净化校园文化环境

文艺活动和文明实践能够净化整个校园文化环境，体现校园文化的发展水平。良好的校园文化环境对于规范学生的行为、促进学生养成良好的思想道德素养有重要作用，也是体现高校办学理念、彰显学校气质特色的重要途径。

文艺活动和文明实践以其多样的形式体现了寓教于乐的特点，为广大学生喜闻乐见；它利用自身特有的隐性和显性教育形式激励学生，倡导以人为本的育人理念，促进人与人、人与社会、人与自然的和谐发展。高质量的文艺活动和文明实践有助于激发人们团结向上的精神，形成高雅的校园文化氛围，在建设社会主义文化、构建和谐校园中能够发挥更大的作用②。良好的校园文化环境具备创新大学文化的人文因素，通过开展各种形式的文艺活动和文明实践，从而烘托出文化底蕴深厚和艺术气息浓郁的校园文化氛围，对提高师生精神文化品位发挥着独特的感染力，推动师生形成共同的思想共识和情感维系。文艺活动和文明实践以特有的艺术形式强而有力地震撼人们的心灵，使学生对真、善、美的内涵有更加准确而深刻的理解与认识，于无声中提高他们的审美水准和思想层次。

---

① 黄小丽：《提升高校文艺活动的思想政治教育功效研究》，《湖北工业大学》，2020 年第 5 期。
② 陈利平：《弘扬高雅艺术下的高校校园文化建设路径探究》，《四川戏剧》，2017 年第 8 期。

4. 提高学生参与校园文化活动的积极性

校园文艺活动和文明实践离不开学生的参与，只有学生积极参与到这些活动中来，才能获得活动带来的积极影响，诸如思想道德修养和艺术素养的提高。学校应着力提高学生参与校园文艺活动和文明实践的积极性，将课堂知识与实践活动相结合，不仅为学生传授专业知识，还培养学生美好的道德与高尚的情操，给学生提供更多接触高雅艺术的机会，营造高素质的人文环境。

（二）池州学院开展文艺活动和文明实践的现状分析

为了解地方应用型大学开展校园文化建设的实际情况和真实效果，课题组于2020年6月制定了《池州学院校园文化建设现状研究调查问卷》，在池州学院进行了抽样问卷调查，本次共回收有效问卷1179份。

为了解学生对参加文艺活动的认知度，我们在问卷中设计了问题："您认为大学生应该参加校园文化活动吗?"选择"都应该参加"的人数为325，占总人数的27.57%；选择"适当参加"的人数为773，占总人数的65.56%；选择"可参加可不参加"的人数为78，占总人数的6.62%；选择"不应该参加"的人数为3，占总人数的6.62%。由此可见，大部分学生认为应该参与文艺活动，大部分学生能认识到参与校园文化活动的重要性，因此，地方应用型大学开展文艺活动十分必要。

为调查学生参加校园文化活动的频率，我们在问卷中设计了问题："大学期间您是否参加过我校的校园文化活动?"选择"经常参加"的人数为376，占总人数的31.89%；选择"偶尔参加"的人数为744，占总人数的63.1%；选择"没参加过"的人数为59，占总人数的5%。由此可见，大学生参加校园文化活动的频率较低，学校应针对此现象找到适合且学生乐意参加的校园文化活动。

为调查学生参加校园文化活动的真实需求，我们在问卷中设计了问题："您认为参加校园文化活动的目的是什么?"选择"锻炼自己，提升个人技能"的人数为1047，占总人数的88.8%；选择"综合素质测评加分"的人数为583，占总人数的49.45%；选择"拓展社交范围"的人数为569，占总人数的48.26%。在这组数据中位居榜首的是"锻炼自己，提升个人技能"，第二是"综合素质测评加分"，第三是"拓展社交范围"。由此可见，大部分学生具备良好的人生观、价值观，学校应继续发挥积极的引导作用。

为进一步加强我校校园文化建设，我们在问卷中设计了问题："您认为我校文化活动的不足在哪里?"选择"活动场地太少"的人数为796，占总人数的67.51%；选择"经费支持不够"的人数为575，占总人数的48.43%；选择"活动新意不够"的人数为545，占总人数的46.23%。这组数据中位居榜首的是"活动场地太少"，第二是"经费支持不够"，第三是"活动新意不够"。由此可见，学校后期要加强活动场地建设，弱化时间限制，加大经费投入以及大力宣传活动、创新活动。

课题组从以上调查问卷中总结得出，我校校园文化活动的组织情况较好，大部分学生能认识到参与校园文化活动的重要性；大部分学生参与校园文化活动的积极性较高。但也有不少学生认为我校校园文化活动存在的不足之处较多，需要加强建设。

因此，在举办校园文化活动的过程中，学校既要考虑到多样性，避免类型单一，同时也要结合学生的兴趣，有针对性地开展相应的校园文化活动。

（三）加强校园文艺活动与文明实践措施

1. 以品牌校园活动为载体，为高校艺术素养提高提供平台

校园文艺活动是提升学生艺术素养的良好土壤，也是艺术教育的实践形式。学校以丰富多彩的学生文艺活动，作为提高学生综合素质、培养学生创新精神和实践能力的立足点，将艺术环境教育融入教育教学之中，以其鲜明正确的导向引导、鼓舞师生，以内在的力量凝聚、激励师生，以独特的氛围影响、熏陶师生，努力建设具有特色的品牌校园文化活动，促进学生艺术素养的培养和提高，实现学生的全面成长成才①。要力求打造校园文化活动精品，按照品牌化、特色化的原则，精心打造校级品牌文化活动，积极开展各类特色鲜明、参与面广的大学生文化、体育、艺术活动，培养大学生良好的素质，提升大学生文明素养。

2. 以引进高雅艺术进校园为契机，开展丰富多彩的校园文化活动

"高雅艺术进校园活动"旨在传承与弘扬优秀民族文化艺术、人类先进文化的成果，提高青年学生的审美情趣、艺术修养和文化素质，进而实现学生

---

① 朱毅峰：《高校校园文化品牌建设探析》，《浙江师范大学学报（社会科学版）》，2007年第3期。

的全面发展。近几年来，池州学院成功举办了多场高雅艺术进校园活动，通过邀请外来专业院校和剧团来校演出，让学生们不出校门就能欣赏到专业水准的艺术作品，提高了学生对艺术的审美能力和鉴赏能力①。同时，学校将“校园科技文化节”“宿舍文化节”等系列校园文化品牌活动作为学生实践公共艺术教育的“第二课堂”。

这些活动的开展，既满足了学生艺术欣赏、艺术表达以及艺术实践需求，又提高了各专业学生间的团结合作意识，还增强了学生的凝聚力。三年来，参加校园文化活动的学生人数每年都占全校学生总人数的80%以上。

3. 加强活动育人工作，提升学生实践能力

文艺活动和文明实践有利于培养学生健康的审美观念，对于陶冶高尚的道德情操、塑造良好的人格品质，提升他们的人文素养，具有非常重要的意义。学校应积极支持开展大学生科技、学术活动，组织学生参与“挑战杯”大学生课外学术科技作品竞赛、大学生创新创业训练计划项目、数学建模竞赛等校级、省部级和国家级赛事，着力培养学生的创新精神和实践能力。学校应强化实践教学环节，深化实践教学方法改革，组建实践团队，系统开展社会实践活动；着力加强实践育人队伍建设和实践育人基地建设，形成多层次、相对固定的社会实践基地，形成一批优秀的社会实践成果；按照“立足校园，面向社会”的原则，大力开展学雷锋活动、勤工助学活动和志愿服务活动，建立长效机制，形成常态化。

4. 加强团体文化建设，丰富公寓文化建设

加强“教工之家”建设，改善教职工活动条件，开展丰富多彩的教职工文体活动，创建和谐校园人际关系；建设好离退休活动中心，组织开展各种有益老年人身心健康的文化娱乐活动；加强学生社团建设，优化学生社团布局结构和学生社团规模，开展更多特色鲜明、有吸引力和感染力的社团活动；强化学生宿舍（公寓）文化建设，以制度建设为依托，以宿舍文化为载体，开展学习型寝室竞赛和文明宿舍评比活动，提升学生宿舍（公寓）文化建设内涵。

5. 利用地方文化元素，增强校园人文氛围

合理规划布局校园人文景观，利用地方文化元素打造校园景观，加强校

① 陶亚萍：《高雅艺术进校园路径研究》，《江苏高教》，2015年第8期。

园绿化、美化、净化、亮化工作，建设反映办学内涵和地方文化特色的雕塑、题词石（墙）等；加强宿舍区、教学楼、实验楼、图书馆等的文化氛围营造；举办讴歌学校的诗文、摄影作品、视频作品的征集和展览活动等，增强广大师生对学校的认同感。

6. 完善校园文化载体，丰富师生文化生活

重点建设好校园网、校报、校电视台、校广播等校内主流媒体，树立好学校窗口形象；加强对校内出版物以及论坛、讲座、报告会、研讨会等的管理，按照学校有关规章制度严格履行审批备案手续；重视心理健康教育中心的建设，充分发挥其功能；加强图书馆、体育馆等文化场馆建设，建设校史馆、文化广场和大学生活动中心，保证师生文化活动有场所，文化生活有阵地①。

（四）地方应用型大学文艺活动开展与文明实践的深化发展

校园文化建设是一项复杂的系统工程，文艺活动和文明实践是其重要组成部分和主要的表现形式。因此，全国各院校结合当前国家形势和自身办学特点，在开展文艺活动和文明实践的过程中，重在培育和养成学生良好的思想品德、传统文化、民族精神、行为操守和开拓创新精神等，尤其要把文艺活动和文明实践同思想道德修养教育结合起来，弘扬社会主义文化的主旋律，提高思想政治教育、心理健康教育、诚信教育、艺术教育、基础文明教育、感恩教育和民族团结教育的水平和层次。

要将“以学生为本”作为开展活动的前提和基础，倡导创新文艺活动和文明实践与培育社会主义核心价值观、弘扬真善美并举，让文艺活动烘托出良好的文化氛围，营造出优质的育人环境，激发广大师生积极向上、奋发有为的情感共鸣。校园文艺活动在整体设计和组织实施过程中，要注重具备吸引力强、形式新颖、内容丰富等特征，真正使参与活动的大学生，在心灵上受到潜移默化的影响，在思想感情上得到熏陶，在精神生活上得到充实，在道德境界上得到升华。

与此同时，要更加重视创立新的特色品牌项目，创新文化建设，在创新中不断强化人文素质和科学精神教育，发挥好校园文化的德育功能。文艺活

① 吕东春：《大学生审美教育与素质教育》，《辽宁工程技术大学学报（社会科学版）》，2014 年第 4 期。

动和文明实践不仅要开设名家讲坛，举办音乐会、舞蹈比赛、社团活动等，还要有多种教育的相通相融，形式多样、内容丰富、特点鲜明，要有自己的拳头品牌，不是内容和项目数量的简单罗列，而是作为系统工程进行推进。文艺活动和文明实践与整个校园文化之间也需要一个整合的过程。这个过程需要顶层设计，要在领导决策层面上充分重视文化艺术活动对大学生和校园文化建设的重要作用，在资金的管理和使用上加大力度，在文艺活动的形式和内容上，注重把握校园文化的高格调和正确方向。

第八章

文化自强：地方应用型大学文化发展论

当前，国际国内形势深刻变化，我国经济社会发展进入新的历史阶段。在这样的背景下，以什么样的视角认识文化、以什么样的态度对待文化、以什么样的思路推动文化繁荣发展，是我国文化建设必须解决的重大课题。文化自觉、文化自信、文化自强，涉及以什么样的视角认识文化，以什么样的态度对待文化，以什么样的思路发展文化。

文化自觉主要是指一个民族、一个政党在文化上的觉悟和觉醒，包括对文化在历史进步中地位作用的深刻认识，对文化发展规律的正确把握，对发展文化历史责任的主动担当。文化自觉是一种内在的精神力量，是对文明进步的强烈向往和不懈追求，是推动文化繁荣发展的思想基础和先决条件。“文化自觉本质上是对文化价值的觉悟觉醒，提升文化自觉需要我们对文化意义、文化地位、文化作用的深度认同，对文化建设、文化发展、文化进步的责任担当。”① 历史和现实表明，一个民族的觉醒，首先是文化上的觉醒；一个政党的力量，很大程度上取决于文化自觉的程度。可以说，是否具有高度的文化自觉，不仅关系着文化自身的振兴和繁荣，而且决定着一个民族、一个政党的前途命运。

文化自信是一个国家、一个民族、一个政党对自身文化价值的充分肯定，

① 启瑄：《提升文化自觉　增强文化自信　实现文化自强》，《红旗文稿》，2012 年第 5 期。

对自身文化生命力的坚定信念。文化自信本质上是对文化生命力的信念信心，增强文化自信需要我们有对历史传统文化、红色革命文化、民族民间文化、当代中国文化的理性审视，对世界文化、异域民族文化、现代文明成果的包容借鉴。只有对自己的文化有坚定的信心，才能获得坚持坚守的从容，鼓起奋发进取的勇气，焕发创新创造的活力。中华民族素有文化自信，正是有了对民族文化的自信心和自豪感，才能在漫长的历史长河中保持自己、吸纳外来，形成了独具特色、辉煌灿烂的中华文明。文化自强，“自”，就是立足自己的实际，依靠自己的力量，突出自己的特色，走自己的文化发展道路，建设面向现代化、面向世界、面向未来，民族的科学的大众的社会主义先进文化；“强”，就是要使我们的文化具有强大的吸引力影响力、强大的活力创造力、强大的实力竞争力，把我国建设成一个中国特色社会主义的文化强国。文化自强本质上是对文化强国的向往追求，实现文化自强需要我们有对文化道路、文化方向、文化灵魂的正确把握，对文化创造、文化传播、文化事业产业发展、文化人才队伍培养的协同推进。

教育本质上是一种文化传播，是一种文化选择与建构。文化是大学的本质，文化是大学之魂，是大学核心竞争力的重要组成部分，是彰显办学特色的重要载体。文化建设水平直接决定一所大学的水平。大学从其本质属性上说，具有文化的属性。大学不仅是人类文化发展到一定阶段的产物，大学还在长期教育和办学实践中积淀和创造了深厚的文化底蕴①。可以说，“大学的出现，是为了继承文化、传播文化、创造文化”②。著名学者王冀生也曾指出：“现代大学应当全面承担起时代赋予的文化传承、文化创新、文化育人和文化引领的重大文化使命。”③ 学者卫作辉认为，未来教育的竞争从根本上说是校园文化的竞争，学校管理的最高境界是文化管理，学校育人的最高境界是文化育人④。

由此可见，文化自觉和文化自信不仅对推动中国特色社会主义文化长远发展，具有十分重要的意义，同样也是地方应用型高校实现文化自强的重要

---

① 王冀生：《我的大学文化观》，天津大学出版社，2014 年。

② 袁贵仁：《加强大学文化研究，推进大学文化建设》，《中国大学教学》，2002 年第 10 期。

③ 王冀生：《大学是一种文化和精神的存在》，《杭州师范大学学报（社会科学版）》，2010 年第 3 期。

④ 卫作辉，于进：《学校文化管理的构建与实践研究》，《教育导刊》，2012 年第 4 期。

前提。营造浓厚的文化底蕴和文化氛围，形成独特的高校文化管理风格，形成师生员工共同的价值观，搭建促进师生共同发展的平台，培育一种内隐的、无形的、持久的、遍布于学校全部空间的、内化于师生员工的文化力量，是地方应用型高校文化建设和可持续发展的重要途径。

第一节　地方应用型大学的文化自觉

（一）文化自觉的内涵

要准确把握文化自觉，首先要理解“自觉”的概念。所谓自觉，是指人们自我意识的调适成熟，能够对自己的存在、各种责任担当、处置各种关系和问题的能力状况，以及对自己精神成熟度的高度认同的状况。由此可见，自觉不仅限于认识层面，更涉及对自身行为活动的价值觉悟。自觉一般包含三层意义：·是在“有意识”的意义上使用，即指人类有区别于动物本能的自觉意识。这是人类最普通的和最基本的自觉形式，它构成了人类自觉的最低层次，可以称之为“自觉一般”。二是在社会运动中把“个人意图和目的”视为自觉来使用，即指“个体自觉”，这种自觉表现了个体活动所具有的较为明确的目的性。三即自由，是马克思对人类自觉的最高向往。到了人们自觉地改造自己和改造世界的共产主义社会，这种自觉性才能真正实现。在自觉的这一水平上，主体不仅达到了对自然规律和社会行动规律的认识，而且依据这种认识科学地预见未来，把握自己行动的直接后果和间接后果。三种意义上的自觉，相互联系、辩证统一，将人构成了一个完整的自觉系统，这种自觉系统正是人的自觉能动性在社会发展不同水平上的表现。譬如，当人们认识和掌握了客观事物的本质和规律之后，能够预见到更长远的后果，我们就认为这种活动是高度自觉的①。文化自觉作为文化学和社会学在发展过程中衍生的一个概念，在中国近代百年历史长河中，在中国由农业文明向工业文明的转型过程中，逐渐完善了自身的内涵。早在20世纪初期，就有人提出文化自觉的概念。20世纪80年代，许苏民曾经提出中华民族文化自觉问题。但

① 石磊：《哲学新概念词典》，黑龙江人民出版社，1988年。

"文化自觉"作为一种人们普遍关注的社会思潮，是由中国著名社会学家费孝通先生于1997年在北京大学社会学人类学研究所开办的第二届社会—文化人类学高级研讨班上首次提出来的，目的是应对全球一体化的发展趋势，提出解决人与人关系的方法。费孝通认为："文化自觉是指生活在一定文化中的人对其文化有自知之明，明白它的来历、形成过程、所具有的特色和它的发展趋向……自知之明是为了增强文化转型的自主能力，取得为适应新环境、新时代而进行文化选择时的自主地位。达到文化自觉是一项艰巨的任务，要做到这一点，需要一个很长的过程。首先要认识自己的文化，理解所接触到的多种文化，才有条件在这个正在形成中的多元文化的世界里确立自己的位置，经过自主的适应，和其他文化一起，取长补短，共同建立一个有共同认可的基本秩序和一套与各种文化能和平共处、各抒所长、联手发展的共处守则。"①

20世纪90年代，费孝通提出的"文化自觉"这一概念，得到海内外学者的高度重视和普遍认同，"文化自觉"学说趋向成熟。20世纪80年代末到90年代末曾担任费孝通助手的张冠生在《"文化自觉是怎么来的"——费孝通八十年的深长思考》一文中，对费孝通提出的"文化自觉"做了细致分析。他指出："1920年，出自于自我认知的内心困惑，'文化自觉'在费孝通心中开始萌芽。20世纪40年代，费孝通贯穿中西，见微知著，较早提出全球化时代的不同文化对话问题。"②

北京大学教授汤一介先生在解读费孝通的观点和思想基础上，提出了"文化自觉"包含着确立中华民族文化主体性的深刻寓意。文化自觉无论对一个国家还是对一个民族乃至个人来说，都有极为重要的意义。因为文化是一个民族的灵魂，强盛的国家要有强大的文化做支撑；反之，失掉了文化自觉将会成为失去根基和方向而任人宰割的民族。同样，当人从欲望那里被召唤到文化面前时，人才能被解放，通过自觉的意识达到与自身的和解。文化能使人伟大、使人崇高，拥有文化的精神生活的人才能说无愧于伟大的时代。

受到费孝通对文化自觉剖析的影响，中国共产党人也开始对当代文化自觉的核心定义进行探索与归纳。2010年8月至9月，刘云山在《红旗文稿》

---

① 费孝通：《文化的生与死》，上海人民出版社，2009年。

② 张冠生：《"文化自觉是怎么来的"——费孝通八十年的深长思考》，《中国民商》，2013年第3期。

第十五期、第十六期、第十七期发表了《文化自觉、文化自信、文化自强——对繁荣发展中国特色社会主义文化的思考》一文。刘云山指出："文化自觉，主要指一个民族、一个政党在文化上的觉悟和觉醒，包括对文化在历史进步中地位作用的深刻认识，对文化发展规律的正确把握，对发展文化历史责任的主动担当。"文化自觉既是对本民族文化的起源、形成、演变、特质和发展趋势的理性把握，同时，还包括对其他国家和民族的文化有正确的认识，对世界各种文化的交流交融交锋等有正确的认识。一个民族、一个政党的文化自觉就是要自觉地认识到文化在国际竞争中的地位越来越重要，自觉地认识到文化作为社会经济重要支撑的作用越来越重要，自觉地认识到文化建设的特殊规律并遵从这个规律；就是要自觉地提高文化对历史进步、社会发展、人民幸福的主动担当和重要职责；就是要在进行文化建设过程中有明确的目的性和主动性，不仅知道要建设文化，而且知道为什么建设文化，建设什么样的文化以及怎样建设文化；就是要有深刻的文化思考、广阔的文化视野和高度的人文关怀以及社会责任感。具体而言，文化自觉是民族的自我意识，贵在自知、自省和自新。是否具有高度的文化自觉，不仅关系着文化自身的振兴和繁荣，而且决定着一个国家、一个民族、一个政党的前途命运。

由此，我们可以看出，文化自觉是生活在一定文化中的人对自身文化的自知之明，并对自身文化的起源、形成过程、现实境遇和未来发展有充分的认识，是文化主体自觉性在文化发展历程中的体现，是文化主体在文化觉醒、文化反思和文化传承与超越中体现的一种文化意识，即自知、自省、自我超越的意识。文化自觉本质上是对文化价值的觉悟觉醒，提升文化自觉需要我们有对文化意义、文化地位、文化作用的深度认同，对文化建设、文化发展、文化进步的责任担当。其本质内涵体现在以下三个方面：

1. 文化认同与选择

文化认同是文化自觉的基础和前提，要认同自身文化，必须在熟悉自身文化的基础上，深刻认识自身文化的来历、发展历程、所具特色以及对其价值予以认同。文化认同主要表现为对我国传统文化的认同，"传统文化资源是一个国家和民族的文化基因和精神家园，是一个民族进步和发展的物质根据地和创新动力源"。文化选择是在认同本民族文化的基础上，为了自身文化的繁荣发展而做出的选择、吸收其他有益文化的行为。文化认同是文化选择的基础，只有认同本民族文化精神和价值才能坚守文化的主体性，才能在多元文化交流中确定自身文化的身份认证，从而尊重其他文化的合理存在，做出正确的文化选择，做到更好地吸收精华又不失去自我的文化核心，创造出具有本民族特色的新文化。

2. 文化反思与批判

文化自觉的含义包括对自身文化的反思和批判，这种反思和批判有利于认清本民族文化发展的现实困境，革故鼎新，延续本民族文化的血脉。从某种意义上说，文化自觉就是文化反思，就是文化的自我意识、自我追问，是为了自身文化的优化发展而进行的省思。缺乏文化反思，人们就难以了解自身文化的来龙去脉和发展特色，容易导致对自身文化的故步自封和夜郎自大。文化批判是人类主动审视和反思自身的存在方式和演变过程，采取积极的文化反抗和治理应对当前所面临的文化危机，是处于文化焦虑中的人们文化自觉精神的觉醒而进行的自我拯救，它包含理论的澄清、划界与实践的解构、重构。文化批判代表着特定时期的文化和生活方式的一种审视和反省，以自觉的文化反思来检视自身文化的失范就是文化批判，是文化自觉的表现形式。缺乏文化批判意识的文化反思是不深刻、不彻底的反思，仅仅停留在认识自身文化的表面而不能辨别良莠，尤其在与世界其他文化的反复比较和较量中，更需要批判精神，用“他者”的视角反观自身，克服自身文化的盲目性。文化反思和文化批判是文化自觉的动力，文化自觉引导文化反思和文化批判，文化主体只有通过不断的反思和批判达到对自身的新认识，通向更高层次的文化自觉。

3. 文化创新与发展

文化创新是文化发展的内在动力，文化的发展只有不断地创新，才能获得永葆青春的生命力。文化创新是文化自觉的应有之义，提升文化自觉必须有文化创新的意识。而文化自觉作为一种理性的精神和行为状态，本身就富含创造力，能够理性认知自身文化过往的优秀成分，审视现实文化困境，把握未来发展趋向，自主更新、自我发展。文化自觉只有落实到文化的创新与发展的具体实践上，才能体现出文化自觉的价值，同时文化创新又激励文化主体去实现文化自觉，向未来文化开启一个新的起点。文化创新对于文化发展不是量的变化，而是质的提升，特别是文化的创造性转化、创新性发展，文化自觉的真正目的就是通过创新推动文化发展。因此，文化主体在提升文化自觉的基础上进行文化创新，一旦没有文化自觉也就谈不上文化创新。

（二）文化自觉是地方应用型大学文化建设的动力源泉

文化自觉作为一种内在的精神力量，是大学文化繁荣发展的思想基础和先决条件。大学文化集中体现了高校特有的核心价值观和内在品质，对于传承文明、推动发展、形成学校凝聚力、树立大学形象具有十分重要的作用和意义。

那么，何为大学的文化自觉？大学的文化自觉就是要寻求在文化体系的活动中有清醒的认识和理性的态度，对大学文化在历史进步中的地位和功能有深刻的认知，对大学文化发展规律和趋势有正确的把握，对发展大学文化的社会历史责任有主动的担当①。

大学文化作为一种独特的社会文化形态是现代大学的灵魂。而文化自觉作为一种内在的精神力量，理应是现代大学文化进行反思的新视角和现代大学文化建设的未来走向。文化自觉在大学文化建设中具有动力本源、自主择优、自我反思、驱动创新的功能，是大学文化繁荣发展的前提和基础。因此，必须以高度的文化自觉，推动文化理念更新、文化认同教育、文化创新实践、文化生态构建，推动地方应用型大学文化建设，为高水平大学建设提供强有力的文化支撑和保证。

池州学院是一所地方应用型大学。2020 年 6 月，课题组进行了《池州学院校园文化建设现状研究调查问卷》，问卷中 87. 28% 的学生认为校园环境比较优美，但 51. 57% 的学生认为硬件设施不够完善，还有待加强建设。根据问卷调查结果，我们可以发现，池州学院的校园文化建设整体而言效果较好，得到了大部分学生的认可和好评；大部分学生认为学校环境优美，师生关系良好，社团组织较完备，对校徽、校训、学风等认同度较高。但也存在一定的问题和不足，学校在校园物质文化建设方面投入力度、校园精神文化建设方面重视程度、校园制度文化建设方面完善程度、校园行为文化建设方面育人功能发挥程度等方面仍存在较多不足。

因此，地方应用型大学践行文化自觉应坚持以人为本，以精神文化为核心，以制度文化为保障，以行为文化为基础，以物质文化为载体，充分认识本校文化的本质、规律、特色和职责，全面系统地谋划校园文化建设，构建

---

① 钱佩忠，宣勇：《论大学的文化自觉》，《教育发展研究》，2012 年第 21 期。

人与环境相协调、人文精神与科学精神相统一的校园文化。

1. 践行文化自觉，明确大学文化的内涵

大学文化是其运行过程中由学校全体成员共同努力形成的，它影响着学生的成才、教师的成长、学校的发展和社会的进步。大学文化是一个复杂的系统，它不仅包括校园基础建设、校园景观建设、标志性景观等物质文化，还包括学校的各种规章、制度等制度性文化，更重要的一部分则是学校在办学历程中所积淀的办学理念、价值取向、校园精神等深层次的精神文化。在《池州学院校园文化建设现状研究调查问卷》中，为了了解我校开展校园物质文化建设的基本情况，课题组设计了包含“校园环境和硬件设施建设”“学校代表性建筑印象”“校园景观印象”“图书馆对校园文化氛围的影响”等在内的11个问题；为了了解我校校园精神文化建设的现状，课题组设计了包含“校徽”“校风”“校训”“办学特色”等在内的9个问题。如对“您认为我校的校园环境和硬件设施建设怎么样?”这一问题的回答，选择“设施完善先进、环境优美”的人数为178，占总人数的15.1%；选择“校园环境优美，各类设施基本完善”的人数为393，占总人数的33.33%；选择“设施不够完善，但环境不错”的人数为458，占总人数的38.85%；选择“环境建设有待加强，硬件设施也不够完善”的人数为150，占总人数的12.72%；对“您认为图书馆对校园文化氛围的影响是怎样的?”这一问题的回答，选择“影响很大”的人数为482，占总人数的40.88%；选择“较有影响”的人数为484，占总人数的41.05%；选择“一般”的人数为163，占总人数的13.83%；选择“没什么影响”的人数为27，占总人数的2.29%；选择“根本没影响”的人数为13，占总人数的1.1%；选择“说不清楚”的人数为10，占总人数的0.85%；其中选择“影响很大”和“较有影响”的累加百分比为81.93%；对“您对学校的校徽满意吗?”这一问题的回答，选择“很满意”的人数为453，占总人数的41.07%；选择“比较满意”的人数为514，占总人数的46.6%；选择“不太满意”的人数为67，占总人数的6.07%；选择“不满意”的人数为18，占总人数的1.63%；选择“说不清楚”的人数为51，占总人数的4.62%。为此，构建现代大学文化，首先要践行文化自觉，明确大学文化的内涵，坚定文化建设的方向。

2. 践行文化自觉，加强大学文化的管理

首先，领导重视，统筹规划。将大学文化建设纳入高校发展的总体规划中，以保证大学文化建设的整体性、可行性及持续性，避免盲目性和间断性。从学校发展的战略高度重视文化建设，将其放到与人才培养、学科专业建设、师资队伍建设等同等重要的位置上，纳入学校的重要发展规划和议事日程，抓好顶层设计和组织实施，投入足够的人、财、物资源，使大学文化建设真正成为一项有长远规划、有明确目标、有具体措施、有考核评估的系统工程。其次，健全制度，有章可循。在《池州学院校园文化建设现状研究调查问卷》中，对“您认为学校有必要一直更新管理制度吗?”这一问题的回答，选择“非常有必要，可以不断完善学校各方面的运行”的人数为630，占总人数的53.44%；选择“有必要，可以促进学校的发展，提高知名度”的人数为452，占总人数的38.34%；选择“无所谓”的人数为51，占总人数的4.33%；选择“没有必要，不断更换管理制度可能影响学校正常运行”的人数为46，占总人数的3.9%。由数据可知，大部分学生认为学校有必要一直更新管理制度，常新的管理制度有利于学校的发展。因此，要建立健全并不断更新大学文化管理的规章制度，完善大学文化活动的具体制度和章程，真正做到文化建设有章可循，有规可依。再次，全员参与，加大投入。通过设立大学文化建设工作领导小组，充分调动全校师生文化建设的积极性，加大人力、财力、物力的投入，将文化育人纳入人才培养的全过程，推动精神文化、物质文化、制度文化、行为文化、环境文化的全面协调发展，探索一条可持续、有特色的文化建设之路，确保大学文化建设顺利进行。

3. 践行文化自觉，强化大学文化认同教育

文化是人类基于自觉意识的灵感迸发、情感表达、观念创新，文化始终以一种无形的力量深刻地影响着有形的存在，它滋养人类、涵养社会、促进经济发展。社会发展进步到现阶段，文化对人类的影响比以往任何时候都更加广泛而深刻，文化越来越成为民族凝聚力、创造力的重要源泉，成为综合国力竞争的重要因素，成为经济社会发展的重要支撑。在《池州学院校园文化建设现状研究调查问卷》中，对“您认为本校的校规校训合理吗?”这一问题的回答，选择“非常合理，可以约束学生的行为”的人数为472，占总人数的40.03%；选择“较合理，绝大多数方面起到规范学生的作用”的人数为650，占总人数的55.13%；选择“不合理，有些规定会带来不便”的人数为46，占总人数的3.9%；选择“非常不合理，完全制约了学生的创造性”的人数为11，占总人数的0.93%。由数据可知，我校大部分学生认可校规校

训的作用，认为其能规范、约束学生的行为，对我校校规校训的合理性认同度较高。

文化认同是指对自身文化精神、文化价值、文化定位的一种认可。面对社会转型期的多元文化冲突，要加强大学文化建设，就必须采取行之有效的措施，不断深化文化认同教育，培养师生的文化归属感。一是教育认同。完善课堂教学体系，充分发挥“思想政治理论课”的主渠道作用，开设人文素质教育课，整合不同专业课的文化育人功能，加强对主流文化、传统文化、地方文化的教育，增强课堂教学的效果。二是舆论认同。发挥大学的文化资源和文化宣传优势，构建网络学习平台，编撰人文宣传读本，举办文化大讲堂和办学成果展，依托校内外的主流媒体和舆论阵地，宣传、推广、普及主流文化，引导校园舆论，加深师生对主流文化的认同。三是身份认同。要通过教职工培训、学生专业教育、办学传统教育、学校精神提炼等形式，开展职业培训和校本培训，强化师生的身份定位，使他们在承担各自文化职责的同时，加深对校本文化的认识和理解，以共同的学校精神凝聚人心。四是体验认同。坚持文化教育和文化体验相结合，组织师生积极参与各级各类社会文化服务、基层挂职锻炼、社会实践活动、校园文化活动等，通过亲身经历和体验，形成对主流文化的坚定信仰和行动自觉。

4. 践行文化自觉，引领社会文化

对地方应用型大学来说，践行文化自觉，充分发挥大学的引领功能，主要从以下两方面着手：第一，坚持正确的办学理念，积极借鉴各类先进文化，大力弘扬民族优秀文化，开拓创造新知识、新理论、新思想，丰富社会文化的内涵，促进社会文化的发展。第二，树立科学的人才培养观，注重社会责任意识的培养和教育。坚持把社会主义核心价值观作为大学文化建设的价值取向和价值追求，坚守大学的文化特质、文化品位，通过高质量文化人才的培养、高水平文化产品的创造和高层次文化活动的辐射，引领社会文化发展，使大学真正成为社会的文化高地，体现其应有的文化价值。

5. 践行文化自觉，创新大学文化

实现文化自觉基础上的文化创新，是大学文化建设的核心目标之一。为实现文化创新，首先，要促进跨文化交流。利用大学多元文化汇聚的优势，进行深刻的文化反思。一方面，大力弘扬传统文化精髓，保持传统文化的延续性，并赋予其时代内涵，实现传统价值与时代价值的统一；另一方面，理性客观地对待各种外来文化，学习吸收其优质成分，在不同文化的碰撞和冲突中，促进大学文化的融合创新。其次，要推动文化的差别化发展。每一所大学都成长于不同的文化土壤，这种文化上的天然差异性，要求在大学文化建设中，必须坚持文化发展的自主性，立足于自身的办学定位和文化传统，培育不同类型、不同形式、不同特色的大学文化，在多元复杂的文化环境中，确立自身的文化位置和发展取向，探索独具特色的文化建设之路。最后，要改革文化传播模式。根据新时期文化个体和文化传播的新特点，利用现代科技特别是网络信息技术，改变传统单向、平面的传播模式，突破时空限制，建立多向、立体、多维、互动的文化传播模式，把文化的触角延伸到社会的每个角落，不断增强大学文化的辐射力和影响力。

第二节　地方应用型大学的文化自信

文化自信是继道路自信、制度自信、理论自信之后的“第四个自信”。多元文化时代，西方社会思潮对中国文化及大学生文化自信造成了强烈的冲击和影响。青年学生是中国特色社会主义事业的接班人，是国家和民族的未来与希望。为了应对当前多元文化和多种社会思潮冲击下大学生出现的文化自卑、文化冷漠等现象，地方应用型大学应大力加强思想政治教育工作，并将文化自信培育融入学校的思想政治教育工作中；通过加强教师模范引导、改革思想政治教育教学以及共建家庭、学校、社会多维度教育合力等途径，增强大学生的文化自觉意识，培养大学生高度的文化自信。这既是坚持中国特色社会主义文化发展道路的必然要求、建设社会主义文化强国的重要路径，也是地方应用型大学文化建设的使命担当。

（一）文化自信的内涵

文化自信是习近平总书记提出的一个极为重要的时代课题，是继道路自信、理论自信和制度自信之后，中国特色社会主义的“第四个自信”，是“更基础、更广泛、更深厚的自信”。刘云山在《文化自觉、文化自信、文化自强——对繁荣发展中国特色社会主义文化的思考》中将文化自信理解成“是一个国家、一个民族、一个政党对自身文化价值的充分肯定，对自身文化生命力的坚定信念，是一种基于理性认识上的精神成熟度表现”。

可见，文化自信既怀有对本土文化的推崇礼敬之意，又兼具吸收与改造外来文化的勇气与魄力；既蕴含着对我国过去几千年文化的认可，也彰显着对未来我国文化繁荣与发展的坚定信心。文化自信本质上是对文化生命力的信念信心，增强文化自信需要我们有对历史传统文化、红色革命文化、民族优秀传统文化、当代中国文化的理性审视，对世界历史文化、异域民族文化、现代文明成果的包容借鉴。

刘云山指出：文化自信，关键是不忘本来、吸收外来、着眼将来。保持这样的文化自信，要求我们理性审视历史传统文化、红色革命文化、民族优秀传统文化、当代中国文化，积极借鉴和包容世界历史文化、异域民族文化、各国文明成果。

1. 要有对历史传统文化、红色革命文化、民族优秀传统文化、当代中国文化的理性审视

我们所讲的文化自信，首先是正确地对待自己的文化，也就是对自己国家和民族优秀文化传统有应有的礼敬和自豪，对自身文化生命力量和文化发展前景有坚定执着的信念。对传统文化的合理因素和内在价值有科学的判断，要做到看得起、不自大、善梳理。一个要自立于世界民族之林的大国，在文化上尤其不能忘了自己的根、忘了自己的本。那种看不上当代中国的制度文化、看不见中国非凡的发展成就、看不到中国文化的空前繁荣，其实是一种没有文化自信的表现。当然，看得起自己的文化，又不能自高自大，更不能故步自封，必须进行理性的审视和科学的分析。正确对待自己的文化，重要的是在认真梳理的基础之上，摒弃糟粕、保留要义、革故鼎新，不断开掘出文化新义、创造出文化新品。

2. 要有对世界历史文化、异域民族文化、各国文明成果的包容借鉴

对外来文化采取包容、借鉴、吸收的态度，是对自身文化充满自信的另一层表达。中华文化生生不息、绵延不衰，固然是其内在本质和生命力决定的，但一个重要方面在于它有海纳百川的胸襟、有兼收并蓄的传统，这实质上就是其特有的自信气度。当然，中华文化历史长河确有过封闭保守的年代，也有过闭关锁国的教训，但开放包容始终是主流。这种开放包容，要有更广阔的视野；坚持文化开放，又不能丢掉自己的根本；文化的包容借鉴，还必须是吸纳基础之上的创新再造。对外来文化关注的视野越广阔，对中华文化补充的养分就越丰厚。提高文化开放水平，就是一种坚定的文化自信，也是

一种长远的文化发展战略。在推进文化开放过程中，应当始终坚守中华民族的文化立场，按照以我为主、为我所用的要求，吸纳世界各国文明之优长，采撷其他民族文化之精华。在此基础之上，经过转化再造、创新创造，形成中国特色、中国风格、中国气派，具备中华文化特有的品格和气质，这才是在文化开放中发展中华文化的根本之道。

（二）文化自信：地方应用型大学文化建设的使命担当

大学的文化自信，是对高校文化价值的充分肯定，是对能培育出优秀高校文化的必胜信心，是对文化生命力的坚定信念。这种自信来源于对自身文化的理性认识，对外来文化的包容与吸收，对高校文化发展方向的全面把控上。

1. 当前我国大学生文化自信状况

大学生是思想较为活跃的群体，也是较易尝试新事物、接受新思想的群体。伴随着全球一体化的发展态势，形形色色的文化思潮和价值观念轮番冲击大学生固有的思想体系。一方面，互联网信息的多元化开阔了他们的眼界，为了解世界打开了新的窗口；另一方面，大学生涉世未深，对外来文化的渗透往往缺乏抵御性，其原有的并不成熟的价值观念、道德体系容易受到冲击。因此，在大学校园文化建设中，应将大力弘扬中华传统文化与培育、践行社会主义核心价值观的过程有机融合，这不仅是完善大学生个人道德的有效举措，而且是增强文化自信、自觉抵制西方腐朽思想侵蚀的有力保障，更是实现中华民族伟大复兴的思想基础和力量源泉。

当前，从总体上看，我国当代大学生的文化自信状况是较好的，但在部分学生群体中仍存在文化自卑和文化冷漠现象。

（1）文化自卑

当今社会是一个多元的社会，我们正处于一个大发展、大变革、大调整的时代，各种社会文化不断碰撞与交融。中国文化与西方文化、传统文化与现代文化都在社会快速变革的过程中相互交融。在多元文化背景下，部分大学生受到西方社会思潮的影响，坚持“西方中心论”观点，认为西方是先进、现代、开放的代名词，甚至主张“全盘西化”，否定中国传统文化及现代文化，对中国未来文化发展缺乏信心，进而陷入文化自卑的泥潭。

（2）文化冷漠

“文化冷漠”一词是由“政治冷漠”演化而来。政治冷漠是指公民对于政治问题和政治活动不关心、不参与，是公民消极的政治态度在政治行为上的表现。文化冷漠是指行为主体在主客观因素的作用下，文化意识淡薄，不关心文化的发展、不参与文化活动的消极态度和行为。

当今世界飞速发展，文化多元化、全球化进程不断加快，西方资本主义国家在向我国进行资本和技术输出的同时，也更注重其价值观念和意识形态的渗透。多元文化与多元价值观并存，在传统文化与现代文化、先进文化与腐朽文化、本土文化与外来文化等的相互交融与作用下，处于价值观形成时期的青年大学生其文化思想观念和价值标准极易受西方实用主义、自由主义和霸权主义价值观念的影响，往往会陷入文化选择的困境，导致价值观迷茫和文化信仰的缺失。

2. 以文化自信助推大学文化建设的基本路径

中华优秀传统文化自信是大学文化建设的根基。博大精深的中华优秀传统文化是我国在世界文化激荡中站稳脚跟的根基，也是大学抵御当前多元文化冲击的防火墙。《大学》开篇就阐明了大学的“灵魂”：大学之道，在明明德，在亲民，在止于至善。此处“大学”的意义与现代大学虽不尽相同，但其中大学文化的精髓，即弘扬光明正大的品德，学习和应用于生活，使人达到最完善的境界，是现代大学所认可并坚守的。校风校训是大学文化的重要载体，我国高校用于校风校训的如“知行合一”“厚德载物”“格物致知”“止于至善”等，大都来自儒家经典或古籍，这些文字不仅仅是传统文化中的精髓，同时也是构成中国大学独特的文化体现与精神世界，是大学文化对中华优秀传统文化消化与发扬最直观的表现，更是中国高等学府对于中华优秀传统文化最大的认同与自信。

革命文化自信是大学文化建设的底气。大学文化建设需要由各种文化层次组成，革命文化自信不单为大学文化建设填充了骨架，作为革命文化的参与者的大学生们所倡导的文化精神与文化理念，更是当代大学文化建设的着力点与自信心。

社会主义先进文化是以马克思主义为指导，以社会主义核心价值观为灵魂，充分展现面向现代化、面向世界、面向未来优秀品质的文化。社会主义先进文化自信为大学文化建设带来文化环境与发展动力。

高校是大学生学习生活的主要场所，也是大学生坚定自身文化信仰的基地。大学生大部分的时间都是在校园里度过的，校园文化环境直接影响着学生的思想品德和人文素养。在《池州学院校园文化建设现状研究调查问卷》中，对有关“您的学校有明示的校训吗?”这一问题的回答，选择“有”的人数为1132，占总人数的96.01%；选择“没有”的人数为9，占总人数的0.76%；选择“不太清楚”的人数为38，占总人数的3.22%。对“校训对您有影响吗?”这一问题的回答，选择“影响很大”的人数为386，占总人数的34.1%；选择“较有影响”人数为496，占总人数的43.82%；选择“一般”的人数为205，占总人数的18.11%；选择“没什么影响”的人数为31，占总人数的2.74%；选择“根本没影响”的人数为12，占总人数的1.06%；选择“说不清楚”的人数为2，占总人数的0.18%。对“您的学校有明示学风吗?”这一问题的回答，选择“有”的人数为949，占总人数的80.49%；选择“没有”的人数为44，占总人数的3.73%；选择“不清楚”的人数为186，占总人数的15.78%。对“学风对您有影响吗?”这一问题的回答，选择“影响很大”的人数为403，占总人数的42.47%；选择“较有影响”的人数为394，占总人数的41.52%；选择“一般”的人数为141，占总人数的14.86%；选择“没什么影响”的人数为6，占总人数的0.63%；选择“根本没影响”的人数为3，占总人数的0.32%；选择“说不清楚”的人数为2，占总人数的0.21%。可见，虽然大部分学生对校徽、校训、学风有一定的认知，对其认同度较高，但是仍然有部分学生不知道学校是否有校徽、校训、学风等；不少学生对我校办学理念和办学特色不了解，存在认知不准确、不全面、不深刻等问题。

因此，高校要大力加强校园文化建设，营造充满活力、积极健康的人文环境，让大学生在展示自我青春与朝气中彰显文化自信。

高校领导要在思想认识上自觉，在修养境界上自觉，在具体行动上自觉，成为文化自觉和文化自信的倡导者和推动者，坚持“以人为本”的理念，按照“总体规划、分步实施、体现个性、促进发展”的原则，以科学发展观为指导，找准定位，扬长避短，以社会主义核心价值体系为根本，以大学精神文化建设为核心，以优化育人环境、建设优良学风校风为重点，努力建设体现社会主义特点、时代特征和本校特色的校园文化，推动校园文化建设与学校事业同步发展。具体来讲，可以从以下五个方面着手：

第一，总结办学传统，培育大学精神文化。大学精神是大学文化的精髓，办学定位、办学理念都要受其制约。人才培养、科学研究、社会服务与文化传承创新构成了大学的四项重要使命。高校要发挥自身的优势和条件，积极发挥文化育人作用，提升办学特色，创新办学理念，凝练大学精神，体现在学校的日常运营和管理工作中，渗透到学生培养教育的各个环节上。经过对大学精神的理解、认同，强化师生对学校的认同感和归属感，彰显大学精神的独特性和不可模仿性。

第二，借助物化载体，传递先进文化精神。马克思说“人创造环境”，同样，环境也创造人。物质文化是大学文化的重要组成部分和重要支撑，是最能给人直观感受的部分，具体包括三个方面的内容：一是学校的形象文化，二是校园建筑、景点等配套设施，三是校园文化阵地。学校的建筑群、校园绿化带、主题雕塑等，都是传递校园文化的物化载体。

池州学院校园建筑总体规划以徽派风格为特色，具有鲜明的地方特色。从选址、设计、造型、结构、布局到装饰美化，从总体规划到单体建筑都集中反映了徽州建筑特征和地域美饰倾向。校园建筑整体呈现出婉约宜人的徽州文人气质，与环境达到了和谐统一，使人有“忘情于山水”的感受，是对徽州文化气质的深入挖掘，举重若轻，恰到好处。学校依山傍水，环境宜人，充分体现了中国传统文化中“仁者乐山，智者乐水”的精神追求。

因此，地方应用型大学要因地制宜，结合学校的地理环境、当地的风土人情和自身的办学目标，认真设计既符合学校特色及发展定位、又能传递先进文化精神的物化载体。要将校园物质环境建设与高校所提倡的校风学风、人学精神有机结合起来，坚持寓情干景、寓情于物、寓教育于景物之中，自然环境要体现美与和谐，校园建筑要与学校的整体布局和风格相统一，人文景观要体现大学的文化传统与精神，让校园的花草树木、亭台楼阁、牌匾标识都成为大学精神的体现和育人教化的载体，让校园的每一个角落都能体现学校的办学理念和校园文化的浓厚气息，使身在其中的师生们深深感受到一种强烈的文化感召力，努力营造既健康向上、富于创新活力，又有鲜明特点和学校个性的良好育人环境，充分发挥“文化校园”对学生的隐性教育功能，将文化自信的种子浸润于学生的日常生活中，产生春风化雨的作用。

第三，逐步规范，建设科学的现代大学制度文化。制度文化是大学文化的重要组成部分，是高校办学治校的基本保证，具有导向作用、制约作用和规范作用。在《池州学院校园文化建设现状研究调查问卷》中，为了解地方应用型大学制度文化建设存在的问题，我们设计了题目：“您的学校有年度更新的管理制度吗?”选择“有”的人数为797，占总人数的67.6%；选择“无”的人数为382，占总人数的32.4%。对于问题“您认为学校有必要一直更新管理制度吗?”选择“非常有必要，可以不断完善学校各方面的运行”的人数为630，占总人数的53.44%；选择“有必要，可以促进学校的发展，提高知名度”的人数为452，占总人数的38.34%；选择“无所谓”的人数为51，占总人数的4.33%；选择“没有必要，不断更换管理制度可能影响学校正常运行”的人数为46，占总人数的3.9%。由数据可知，大部分学生认为学校有必要一直更新管理制度，常新的管理制度有利于学校的发展。

因此，地方应用型大学要坚持依法治校和民主管理，科学把握学校内部学术权力和行政权力的关系、学校与社会各方面的关系，积极探索建立符合时代要求的现代大学制度，加强党委领导下的校长负责制的各项制度建设，建立规范而且具有活力的科研、教学、人事等系列管理制度，完善教代会和工会民主管理制度，依法完善和切实执行校务公开制度，建立和完善情况通报制度、情况反映制度和重大决策征求意见制度，不断扩大教职工对学校工作的知情权、参与权和监督权，营造学校心齐、气顺、风正、劲足的良好发展环境。

第四，全员参与，开展丰富多彩的文化活动。亚里士多德把道德分为“心智”和“德性”两个方面，他认为心智方面的道德以知识为基础，是可以教授的；但作为习惯方面的德性却是不能教授的，只能在生活中形成。积极参加丰富多彩的文化活动是引导大学生提高文化自信的重要环节。在《池州学院校园文化建设现状研究调查问卷》中，对“大学期间您是否参加过我校的校园文化活动?”这一问题的回答，选择“经常参加”的人数为376，占总人数的31.89%；选择“偶尔参加”的人数为744，占总人数的63.1%；选择“没参加过”的人数为59，占总人数的5%。通过数据分析可知，大部分学生参与校园文化活动的积极性较高。对“您的学校举办的校园文化活动最能影响您的是?”这一问题的回答，选择“竞技性的（如文体比赛)”的人数为241，占总人数的20.44%；选择“参与性的（如晚会、郊游)”的人数为345，占总人数的29.26%；选择“公益性的（如志愿者活动)”的人数为422，占总人数的额35.79%；选择“学术创新性的（如科技创新、创业计划)”的人数为122，占总人数的10.35%；选择“自助性的（如勤工助学)”的人数为49，占总人数的4.16%。在这组数据中，位居榜首的是“公益性的”，第二是“参与性的”，第三是“竞技性的”。因此，在举办校园文化活动的过程中，学校既要考虑到多样性，避免类型单一，也要结合学生的兴趣，有针对性地开展相应的校园文化活动。

地方应用型高校要增强校园文化全员共建的意识，指导教学、管理和服务各系统的工作人员充分认识到自己在校园文化建设中的重要责任，充分调动师生参与的积极性。要注重依托班级、社团等组织，坚持面向基层，贴近师生，大力发展班级文化、寝室文化、社团文化、学生生活园区文化和校园网络文化，让每一个师生都有参加校园文化的空间和机会，让大家真正动起来，提高活动的参与面和影响力。学校应在各种节日、纪念日开展校园文化节、文明礼貌月、主题读书日、青年志愿者服务等活动，将正确的价值观念、思想意识、文化理念、价值导向和文明健康的生活方式传播到广大青年学生中去，使大学生在良好的文化氛围中获得艺术的享受和思想的启迪。大学生的文化自信培育，须“内化于心，外化于行”，学校通过鼓励大学生参与各类校园文化创建、文化下乡、志愿者服务、社区送温暖等文化主题活动，激发学生的文化自主性，加深他们对传统文化和先进文化的价值认知，逐步成为中华文化的传承者与弘扬者。

第五，严格管理，加强校园文化阵地建设。高校要加强思想政治理论课、文化素质教育课程、学生社团、文化活动、课外活动、第二课堂、网络文化等在内的各类阵地建设，加强对校报、校刊、校园广播、校园电视台、校园网的管理和校园周边环境的整治，利用校园网络渠道加强对大学生文化自信的培养与引导，有效消除各种不良文化现象对青年学生的侵蚀和消极影响；要优化新媒体环境，加强对新媒体舆论的监管，构建有利于马克思主义意识形态传播的网络环境和文化氛围；健全新媒体管理机制，充分利用新媒体牢牢掌握网络宣传的话语权和制高点，增强大学生对马克思主义意识形态的文化认同和对中国特色社会主义的理论自信、道路自信、制度自信和文化自信；要注重规章制度建设，使校园文化活动有章可循，做到有张有弛。在《池州学院校园文化建设现状研究调查问卷》中，对“您认为本校的考核激励制度如何?”这一问题的回答，选择“公正合理”的人数为678，占总人数的57.51%；选择“科学”的人数为349，占总人数的29.6%；选择“不符合人性化的要求”的人数为86，占总人数的7.29%；选择“要求过于苛刻”的人数为27，占总人数的2.29%；选择“其他”的人数为39，占总人数的3.31%。由数据可知，大部分学生对我校考核激励制度的合理性、科学性予以较高的肯定。为此，高校要按照量化精确评价和定性模糊评价相结合的思路，建立起既科学又具有可操作性的校园文化建设评估制度，将大学文化建设纳入学校工作的考核体系，实现大学文化建设在学校层面的统筹协调和规划落实，扎实推进校园文化建设这一项系统工程。

总之，高校是追求理想、追求真理、追求知识的文化圣地，处于东西方文化交流融合的前沿阵地，是社会文化的展示台和风向标，是社会主义核心价值体系教育的重要场所。高品位的校园文化是一所大学的脊髓和灵魂，一流的校园文化是铸就世界一流大学的必要条件。大学生文化自信的培养不可能一蹴而就，它需要社会各界的长期共同努力，是一个不断培养、逐步提高的过程。建设社会主义文化强国，高校责无旁贷。高校应当增强文化自觉和文化自信，进一步加强校园文化管理，大力推动文化传承创新，始终坚持社会主义先进文化前进方向，将文化自信培育融入高校的思想政治教育工作中，增强大学生的文化自觉意识，培养大学生高度的文化自信，使他们成为社会主义事业的合格建设者和可靠接班人，为推进社会主义文化大发展大繁荣、提高国家文化软实力做出新的更大贡献。

第三节　地方应用型大学的文化自强

提升文化自觉，增强文化自信，目的是要实现文化自强。文化自强理应成为文化发展的最强音、最普遍的共识和最自觉的行动。

（一）文化自强的内涵

要理解文化自强，我们首先需要对自强的含义有一个清晰而全面的界定。自强指的是人对自己的能力和行为所产生的一种信任感情。一个人对自己从事的某项工作，有充分的信心和决心，就会克服任何前进中的障碍，达到理想的目标①。一个国家、一个民族要想由弱变强，就要克服千难万险，发奋图强，才能将理想变为现实。因此，自强心对一个人、一个民族、一个国家十分重要。历史和现实告诉我们，自强心不仅是一种美德，也是人们战胜困难、

① 宋希仁：《伦理学大辞典》，吉林人民出版社，1989 年。

取得胜利的重要精神力量。自强的决心与行动，来自对于既定目标的坚定信念和战胜困难的信心与勇气，以及相应的知识与才干。

刘云山对“文化自强”的阐述深刻而又透彻，他指出：“‘自’是立足自己的实际，依靠自己的力量，突出自己的特色，走自己的文化发展道路，建设面向现代化、面向世界、面向未来，民族的、科学的、大众的社会主义先进文化；‘强’就是要使我们的文化具有强大的吸引力影响力、强大的活力创造力、强大的实力竞争力，把我国建设成为中国特色社会主义的文化强国。”① 可见，文化自强强调的是一个国家对自己文化所持的信心和决心，能够依靠自身的力量使国家的文化具有强大的吸引力、强大的创造力和强大的竞争力，从而把国家建设成为文化强国。

文化自强本质上是对文化强国的向往追求，实现文化自强需要我们有对文化道路、文化方向、文化灵魂的正确把握，对文化创造、文化传播、文化事业和文化产业发展、文化人才队伍培养的协同推进。

（二）文化自觉、文化自信、文化自强三者的辩证关系

当前，文化自觉、文化自信、文化自强已成为中华民族伟大复兴的时代强音，三种对文化所持的态度涉及以什么样的视角认识文化，以什么样的心态理解文化，以什么样的思路发展文化。文化自觉是指用什么样的视角来认识文化，表现为要正确把握文化发展规律，主动担当文化发展的历史责任。文化自信是指用什么样的态度来对待文化，表现为充分肯定民族文化的价值和民族文化的生命力。文化自强是指用什么样的思路来发展文化，表现为要立足自己的实际，依靠自己的力量，突出自己的特色，走自己的文化发展道路。由此可见，文化自觉可以帮助人们更清楚地了解文化在新阶段的重要地位和作用，对文化的认识更清楚、更深入。文化自信使人们发自内心地尊敬、信任和珍视理想、信念以及优秀传统，信奉和坚守社会主义核心价值体系。文化自强指导我们牢牢把握文化发展的主动权，文化建设与经济建设、政治建设、社会建设协同推进。文化自觉、文化自信、文化自强是一个国家、一个民族、一个政党对自身文化价值的充分肯定，对自身文化生命力的坚定信念，三者有机统一，缺一不可。

---

① 云杉：《文化自觉　文化自信　文化自强——对繁荣发展中国特色社会主义文化的思考（下）》，《红旗文稿》，2010 年第 17 期。

1. 文化自信与文化自觉互为前提，两者密不可分

一方面，文化自觉是文化自信的前提。文化自觉着意于解决知的问题，文化自信着意于转变态度的问题，我们知道，任何知识文化体系只有在知的基础之上才能进一步向前跨越达到新的高度，没有对文化知识的认识与了解，无法谈及信。有了文化自觉，就能够辩证地认识传统文化、理性地理解文化沟通与交融的必要性和可能性，从而在更为深刻地理解世界文化前景的基础上，跳出文化自负和文化自卑的窠臼，大力发扬各民族文化之优长，努力促进不同文化之间的平衡与友好合作。对传统优秀文化的认知与了解，是实现文化自信的前提，对中国特色社会主义文化所持的信心乃至信仰，是文化自觉的自然延伸与发展。因此，我们必须高度重视文化自觉，加大对传统文化的宣传力度，让传统文化在现代继续迸发活力，让人民群众更加深入了解真正的中国文化。

另一方面，文化自信能巩固和加强文化自觉。我们所讲的文化自觉并非停留在思想层面上，意识自觉只有转化为行为自觉，重归现实生活，才能让信仰开花结果。坚持文化自信，才能真正实现高度的文化自觉。文化自信是一种文化上知己知彼的高度自觉。首先，文化自信表现为对先进文化或优秀文化因素的一种自觉追求，它能够自信地吸纳各种文化中的优秀成果为己所用，甚至具有“化腐朽为神奇”的自信和能力，而不会在进行文化交流时露出惧色，担心自己会被对方“吞噬”。其次，文化自信还表现为大胆地传播自己的文化，自觉地把自己文化中优质的东西传达到其他异质文化中，在文化的对外传播中输出自己的价值观。文化自觉和文化自信的最终目的是实现文化自强。

2. 文化自信与文化自强相互依存，相互推动

一方面，文化自信是文化自强的助推器。在实现文化自强的整个过程中，文化自信始终扮演着至关重要的角色。当文化自强在实现的过程中遇到阻碍时，文化自信会主动成为润滑剂，让各部分之间的矛盾缓解，从而使文化自强之路走得更加顺畅。文化自强非一日之功，文化自强之路较为漫长，在文化自强的漫漫路途之中，难免会产生动摇的想法。当文化自强丧失了前进的动力之时，文化自信就主动充当起前进的催化剂，给文化自强加油打气，助其树立信心。另一方面，文化自强又是文化自信的最终体现与最终目标。文化自信的实现与展现，皆源自文化自强。文化自信并非盲目从众、毫无追求

的自信，文化自信以文化自强作为目标。可以说，文化自强是文化自信的最终体现与最有力的证据。

3. 文化自信是文化自觉与文化自强的中介

一方面，文化自信是文化自觉与文化自强之间连接的桥梁。文化自觉主要解决知的问题，这固然重要，但是我们的目标绝不仅仅限于知的程度，而是要在知的基础上达到强。知如何实现强，这就需要发挥文化自信的功能与作用。文化自信借助知的平台，树立起自信，提升国人心中对文化的自豪感。另一方面，文化自信是连接文化自强与文化自觉的媒介。文化自强只有落到实处才具备存在的价值，而文化自觉恰恰为文化自强提供了现实的土壤，让文化自强能够安全着陆，在这二者之间发挥作用的正是文化自信。文化自信让人们明白了自强的含义，夯实了文化自强的根基。

自觉、自信、自强三者构成彼此内在联系、相互作用的有机统一系统，缺一不可。只有坚持文化自觉，才能真正做到文化自信，也才能健康地可持续地通向文化自强。

（三）文化自强：地方应用型大学文化建设的努力方向

学校文化自强，就是立足学校的实际，依靠学校的力量，塑造核心价值观，突出自己的特色，走自己的文化科学发展道路，使学校的文化具有强大的凝聚力、吸引力、影响力、竞争力和创造力。高校文化自觉和文化自信的最终落脚点和归宿就是实现文化自强。

在《池州学院校园文化建设现状研究调查问卷》中有关“您所在班级有班规或班级文明公约吗?”这一问题的回答，选择“有”的人数为1009，占总人数的85.58%；选择“无”的人数为170，占总人数的14.42%。对“您认为班规或班级文明公约对您有影响吗?”这一问题的回答，选择“影响很大”的人数为394，占总人数的33.42%；选择“较有影响”的人数为447，占总人数的37.91%；选择“一般”的人数为251，占总人数的21.29%；选择“没什么影响”的人数为45，占总人数的3.82%；选择“根本没影响”的人数为25，占总人数的2.12%；选择“说不清楚”的人数为17，占总人数的1.44%。由此可见，大部分学生对学校的办学理念和办学特色有一定的认知，但是这种认知可能不全面、不具体、不深刻；大部分学生对班规或班级文明公约认知较为明确，并认可班规或班级文明公约对自身产生的积极影响，但仍有部分学生不了解、不认同班规或班级文明公约；大部分学生认为我校精神文化建设方面存在缺乏趣味性和形式单一等问题。

因此，高校需要积极响应“四个回归”，在更高更宽的视野上营造大学文化，构建、培育和塑造理念先进、个性鲜明的大学精神，培养具有人文素养和大爱情怀的现代社会主体，实现大学文化的文化自强。

1. 注重大学精神文化建设，为实现高校文化自强发挥精神导向和激励作用

习近平总书记在全国高校思想政治工作会议上指出：“一所高校的校风和学风，犹如阳光和空气决定万物生长一样，直接影响着学生学习成长。”校训、校风、教风、学风，是体现学校品位的文化符号，也是一所学校的标签和名片，充分发挥“一训三风”的文化传承和导向激励功能，对培养德智体美劳全面发展的社会主义事业建设者和接班人具有至关重要的意义。在《池州学院校园文化建设现状研究调查问卷》中，对有关“您是否了解学校的办学理念和办学特色?”这一问题的回答，选择“很了解”的人数为272，占总人数的23.07%；选择“较了解”的人数为459，占总人数的38.93%；选择“一般”的人数为313，占总人数的26.55%；选择“不太了解”的人数为103，占总人数的8.74%；选择“根本不了解”的人数为15，占总人数的1.27%；选择“说不清楚”的人数为17，占总人数的1.44%。对“您认为本校的校规校训合理吗?”这一问题的回答，选择“非常合理，可以约束学生的行为”的人数为472，占总人数的40.03%；选择“较合理，绝大多数方面起到规范学生的作用”的人数为650，占总人数的55.13%；选择“不合理，有些规定会带来不便”的人数为46，占总人数的3.9%；选择“非常不合理，完全制约了学生的创造性”的人数为11；占总人数的0.93%。因此，学校要教育学生关注学校的人、物、事，研究学校发展历程、办学理念、文化特色、核心价值观等；组织校友采访团，专题采集知名校友口述资料，征集实物文献，及时整理出版；成立校史校情讲解团，通过精心策划校史馆参观项目和校园讲解项目，讲述校园历史、校园景观、学校发展、校园风貌和励志故事等；采用编撰学校文化系列丛书，拍摄校史纪录片、校园纪实片，演绎原创舞台剧，拍摄微电影、微视频等多种形式，声情并茂地讲述发生在学校的大小故事；通过梳理学校发展历史脉络，凝练学校精神，完善校史校情宣讲机制，诠释校徽、校训、校歌内涵，传承学校文化精神。大学精神文化建设应该抓紧学校办学传统这根“命脉”，深植中华优秀传统文化这片“土壤”，把培育和践行社会主义核心价值观贯穿于文化建设的全过程，进一步提炼“一

训三风”，丰富大学精神的深刻内涵和育人价值。

要重视和加强校风建设，培育良好教风、学风，形成对教职工具有凝聚作用、对学生具有陶冶作用、对社会具有示范作用的优良校风。深化社会主义核心价值观教育，坚持文化育人，将独特的、得到师生广泛认同的学校精神内化于心、外化于行，成为全校师生基本行为规范和共有精神家园，推动学校和谐、健康发展。

2. 营造良好校园环境文化，为实现高校文化自强发挥教育和感召作用

文化自信视角下的大学文化建设要求紧扣“立德树人”的根本任务，坚持价值引领。在大学环境文化建设中，应该把“人文性”融入其中，通过提高物质媒介传递文化内涵的能力，渗透人文理念，凸显人文关怀，发挥“潜在的课堂，无声的教化”功能，实现“入芝兰之室，久而自芳”的效果。学校要统筹设计，将校园文化建设与校园基础设施建设紧密结合，整体推进校园人文景观建设，规划实施文化场所及标志性建筑物建设。池州学院教学区每栋教学楼都是一个独立的文化载体，它们承载着不同的人文精神与文化内涵，如“切问近思”的博文楼，“八音克谐”的博学楼，“韦编三绝”的博弈楼，“和而不同”的博识楼，“诚意正心”的博古楼，“格物致知”的博雅楼，“化成天下”的博爱楼，都充满着浓郁的皖南书院气息和浓厚的人文气息，尽显古典文化和现代文明相结合的山水学林风采，形成我校特有的校园文化氛围。让校园内每一面墙、每一个教室以及每一处景观都具有育人功能，让一草一木、一楼一台等各种物质文化形态都蕴含大学精神，能彰显学校历史文化、人文底蕴和师生共同的价值追求，让山、水、园、林、路真正实现教育、审美和使用的完美结合，增强师生的凝聚力和认同感。

3. 构建和谐校园网络文化，为实现高校文化自强发挥宣传和引领作用

习近平总书记在全国高校思想政治工作会议上指出，“做好高校思想政治工作，要因事而化、因时而进、因势而新，要运用新媒体新技术使工作活起来”。高校要科学认识网络传播规律，加强传播手段和话语方式创新，准确把握好新时代下莘莘学子的话语体系，努力营造富于时代特色且贴近师生生活的网络文化。要坚持全方位、多渠道、立体化建设校园网、官方微信微博、微视频等宣传文化阵地，利用“池州学院校园网”“池州学院校园广播台”“池州学院微信公众号”等新媒体平台作为传播校园信息、传承校园文化的重要载体，不断拓展校园文化建设的渠道和空间。要在价值引导、思想引领、

文化育人上下功夫，不断开发大学生真正需要的网络文化作品，形成创新、开放、健康、有序的网络文化，使文化育人产生倍增力。要加强网上正面宣传，对校园网络文化进行分析、鉴别、判断，针对网络文化的特点和学生思想问题及时开展有效的网络思想政治工作。

4. 强化校园行为文化，为实现高校文化自强发挥约束和激励作用

组织开展形式多样、内容健康、格调高雅、具有学校特色的文化活动，坚持创新性、原创性和品牌化原则，为广大师生全方位的发展提供更为广阔的视野和空间，构建大学文化品牌体系，打造文化建设的新平台、新亮点，开展创建系列文化精品活动，形成独具特色的品牌。全面推进重点项目的实施，广泛宣传，多角度立体传播，增强学校在社会中的影响力和美誉度，提升学校知名度和软实力。

此外，高校要加强对广大师生的行为方式的良性引导和硬性约束，广泛开展先进模范学习宣传活动、学雷锋主题活动，培育和践行社会主义核心价值观，用真实可亲、接地气的道德形象与力量教育引领师生，不断提高师生的思想觉悟、道德水准、文明素养。在《池州学院校园文化建设现状研究调查问卷》中，对“您最喜欢的任课老师对您的影响主要是什么方面?”这一问题的回答，选择“为人”的人数为905，占总人数的76.76%；选择“治学”的人数为716，占总人数的60.73%；选择“做事”的人数为689，占总人数的58.44%；选择“个性”的人数为465，占总人数的39.44%；选择“其他”的人数为27，占总人数的2.29%。从数据可以看出，选择“为人”的学生比例最大，选择“治学”“做事”“个性”的人数也较多。由此可知，大部分学生认为任课老师对自己的人生和成长具有多方面的影响力，其中人品影响最大。因此，我们更要大力推进师德师风建设，大力倡导“遵守学术规范、坚守学术诚信、完善学术人格、维护学术尊严”的学术风气，营造浓厚的学术文化氛围。整合学校优质教育资源，增加人文素质类课程的比重，多方式、多渠道传授人文知识，提升学生人文素养，培养学生人文精神；立足学生全面发展，开展有特色、高质量的校园文化活动，不断推动中华优秀传统文化创造性转化、创新性发展，激发校园文化建设的创新创造活力，增强广大师生的中国特色社会主义文化自信，为建设“五大发展”美好安徽和社会主义现代化强国提供坚强有力的文化支撑和精神保障。

大学是优秀文化传承的载体和思想文化创新的基地。大学肩负着构建新

文化、培养新人才的重任。建设社会主义文化强国，大学必须迎接挑战、勇于担当。大学文化建设应当体现坚定文化自信这一新时代要求，以高度的文化自觉和文化自信建设大学文化，积极传承中华民族优秀传统文化，弘扬大学精神，不断拓展校园文化建设新领域，培育校园文化新品牌，逐步形成底蕴深厚、个性独特的文化建设内容，充分发挥校园文化的育人价值，通过文化传承与创新实践推动社会主义先进文化建设，实现文化自强，完成以文化人、以文育人的特殊使命。

后　记

大学校园文化是应用型大学凝聚力和创造力的源头，是增强学校核心竞争力的关键，所以要大力加强应用型大学校园文化建设。应用型大学是以培养“知识必需必备，技能熟练精通”的应用型人才为主，按照“实际、实用、实践”的原则而建立的一种新型大学。以文化的视角去研究解读应用型大学，为地方高校的转型和发展提供新角度，是高等教育工作者的使命所在。池州学院在办学历程中，依据应用型大学发展的诉求，建构了与应用型大学发展相匹配的文化，形成了具有应用型本科院校特色的校园文化。

学界对大学校园文化建设关注较多，但对于应用型大学校园文化建设研究尚处于探索阶段。本书为安徽省重大教学改革研究项目“基于科学、人文、艺术、美育融合的特色校园文化建设的实践研究”的研究成果。本书以池州学院为研究个案，针对应用型校园文化建设，从地方应用型大学文化形象营造、价值文化塑造、科学文化涵养、传统文化传承、艺术文化浸润、大学文化建设与素养教育融通以及大学文化发展等七个方面展开论述。本书虽列出了文化建设的对策，对应用型大学校园文化建设或许有些益处，但挂一漏万，错谬之处还有很多，恳请专家、学者及广大读者批评、指正。在本书编辑过程中，合肥工业大学出版社的同志们做了大量耐心细致的工作。值此本书付梓之际，一并表示诚挚的谢意。

本书编写人员分工为：第一章褚亚敏、俞念胜，第二章彭梅、郑龙发，第三章苏翔，第四章杨慧宇，第五章吴永平，第六章陈周庆，第七章孙琪，第八章陈鑫。最后由孙晓峰、俞念胜、郑龙发统稿。本书对于课题研究方面仍然有进一步深入探索的空间，课题组下一步将把文化建设理解得更透彻，把理论与实践结合得更紧密，把应用型大学校园文化建设工作做得更好、更深入。这不仅是担当，更是对文化、对校园的敬意和热爱。